高等学校"十三五"规划教材·素质教育类

大学生就业与创业指导

（第3版）

主　审　弥　曼

主　编　杨　珺　刘军林

西北工业大学出版社

西　安

【内容简介】 本教材是针对医学类本、专科学生的学业特点和就业特点编写的。全书共分九章,各章主要内容包括大学生就业形势与政策、就业市场和用人单位探析、就业准备、就业技巧、就业权益保护、资格考试和创业等相关知识。全书详细地阐述了当前医学类大学生在就业、创业过程中如何做好准备,如何利用求职技巧等相关知识,旨在帮助大学生提升自身就业、创业能力,实现自己的人生价值。

本教材既可作为医药卫生类本、专科院校的公共课教材使用,也可供就业指导教师工作、学习参考。

图书在版编目(CIP)数据

大学生就业与创业指导/杨珺,刘军林主编.—3版.
—西安:西北工业大学出版社,2018.8
　　ISBN 978-7-5612-6195-8

Ⅰ.①大… Ⅱ.①杨… ②刘… Ⅲ.①大学生—职业选择　Ⅳ.①G647.38

中国版本图书馆 CIP 数据核字(2018)第 183846 号

DAXUESHENG JIUYE YU CHUANGYE ZHIDAO

大学生就业与创业指导(第3版)

策划编辑:杨　军
责任编辑:杨　军

出版发行:	西北工业大学出版社
通信地址:	西安市友谊西路 127 号　　邮编:710072
电　　话:	(029)88493844　88491757
网　　址:	www.nwpup.com
印 刷 者:	陕西向阳印务有限公司
开　　本:	727 mm×960 mm　　1/16
印　　张:	17.5
字　　数:	280 千字
版　　次:	2018 年 8 月第 3 版　　2018 年 8 月第 1 次印刷
定　　价:	49.00 元

前 言

当前,我国高等教育已进入大众化教育阶段。随着高校招生规模的不断扩大,每年高校毕业生数量在不断增长,毕业生就业问题已成为政府和每个家庭普遍关注的问题。

为了进一步贯彻落实教育部关于在大学生中开展就业指导教育的文件精神,建立健全大学生职业发展和就业、创业指导课程体系,引导高校毕业生树立正确的就业观、创业观,我们编写了《大学生就业与创业指导》这本教材。

相对于其他专业的大学生,医药卫生类专业的大学生因其所学专业的特殊性,导致其就业的指向性较强,在求职过程中,往往面临更严格的筛选和激烈的竞争。

基于这一特点,结合医药卫生类大学生求职的实际需要,本教材全面地阐述了当前大学生——特别是医药卫生类大学生所面临的就业形势和政策,系统地介绍了医药卫生行业的发展现状、人才需求形势,以及就业、创业的基本技巧。

与其他同类教材相比,本教材具有以下三个特点:

(1)强化了指导性和实用性。

在编写教材时,尽量减少抽象的理论阐述,力争使内容简洁明了,语言通俗易懂,增强了教材的可读性,突出了教材的指导性和实用性。

(2)突出了医药行业的就业特点。

本教材主要是针对医学专业的大学生编写的。为了体现这一特点,在教材中列举了大量翔实生动的医学专业毕业生的就业、创业案例,既丰富了教材内容,又富于启发性。

(3)增大了教材的信息容量。

在教材中,除了收进大量的案例外,还在每一章中附有一些阅读性材料("读一读""链接")。同时,在附录部分还收集了当前国家有关大学生就业的政策和有关医药卫生行业的一些法律、法规,极大地拓展了教材的信息容量,增大了学生的信息获取量。

总之,在整个教材的编写过程中,我们针对医药卫生类专业大学生的特点和求职、创业的需要,总结多年从事毕业生就业工作的经验,以及近年来毕业生就业与创业的情况,立足实际,结合专业特点,尽量做到深入浅出,希望本教材能对各位即将走向求职、创业之路的大学生提供一定的帮助,也希望本教材成为高等医学院校大学生就业指导课程教师、就业指导工作人员及辅导员等一线工作者的好帮手。

本书由西安医学院原招生与就业工作处处长,现财务处处长杨珺,原就业办主任,现马克思主义学院副院长刘军林担任主编,负责全书的总体设计、大纲构思、各章的编写、统稿、改稿及定稿工作。编写分工为:杨珺编写第一至三章,刘军林编写第四至九章和附录。

在编写过程中,得到了西安医学院副院长弥曼教授的大力支持并进行了审稿,在此表示衷心的感谢!

同时,在编写过程中,还参考了一些有关的专著、教材,吸收了其中一些有价值的研究成果。在此,对辛勤劳动的专家、学者致以诚挚的谢意!

由于水平有限,书中不足之处在所难免,恳请专家、读者批评指正。

编 者

2018 年 3 月于西安医学院

目 录

第一章 认清就业形势 把握就业政策 ……………………………… 1
第一节 大学生就业形势 …………………………………………… 2
第二节 我国大学生现行就业制度和政策 ………………………… 6

第二章 职业生涯方向 制定就业策略 ……………………………… 21
第一节 确定好自己的职业生涯方向 ……………………………… 21
第二节 明确你的就业意向 ………………………………………… 24
第三节 调整就业心态，树立科学的就业观 ……………………… 25
第四节 就业信息的搜集和整理 …………………………………… 28
第五节 制定就业策略 ……………………………………………… 31

第三章 分析就业市场 了解用人单位 ……………………………… 37
第一节 大学生就业市场 …………………………………………… 38
第二节 用人单位分析 ……………………………………………… 47

第四章 把握就业技巧 应对求职挑战 ……………………………… 54
第一节 自荐信、个人简历的制作技巧 …………………………… 55
第二节 求职礼仪 …………………………………………………… 60
第三节 面试与笔试技巧 …………………………………………… 65

第五章 签订劳动合同 规避就业误区 ……………………………… 76
第一节 劳动合同制度 ……………………………………………… 76
第二节 人事代理制度 ……………………………………………… 85
第三节 国家公务员制度 …………………………………………… 88
第四节 签订就业协议书与劳动合同的方法 ……………………… 100
第五节 警惕求职陷阱 ……………………………………………… 107

第六章 确保通过资格考试 力争择业水到渠成 ········· 114
　第一节 医师资格考试 ····································· 114
　第二节 护士资格考试 ····································· 134

第七章 准备把握创业内涵 切实现解创业意义 ········· 141
　第一节 创业概述 ··· 142
　第二节 创业的要素和创业者应具备的能力 ················· 144
　第三节 新时期大学生创业的时代背景和现实意义 ··········· 147

第八章 充分做好创业准备 把握时机努力成功 ········· 150
　第一节 创业知识、项目、资金和资源的准备 ··············· 152
　第二节 创业团队建立 ····································· 156
　第三节 制定创业计划书和开业准备 ······················· 160
　第四节 大学生创业常见风险和防范技巧 ··················· 167

第九章 尽快完成角色转换 稳步成就职业人生 ········· 176
　第一节 角色认知和转换 ································· 179
　第二节 适应社会，成就自我 ····························· 185

附录 ··· 197
　附录一 大学生就业创业政策 100 问 ······················· 197
　附录二 中国执业药师职业道德准则 ······················· 228
　附录三 中华人民共和国药品管理法 ······················· 233
　附录四 中华人民共和国药品管理法实施条例 ··············· 247
　附录五 医师、中医师个体开业暂行管理办法 ··············· 261
　附录六 中华人民共和国执业医师法 ······················· 264
　附录七 中华人民共和国护士法 ··························· 270

参考文献 ··· 274

第一章　认清就业形势　把握就业政策

在任何行业中，走向成功的第一步，是对它产生兴趣。

——威廉·奥斯勒爵士

读一读

学会选择

在人生的每一个关键时刻，必须运用智慧，有所选择，有所放弃，争取做最正确的判断，这样才能更好地把握自己的命运。

大哲学家柏拉图带着他的七个徒弟来到一块麦田前，说："你们现在从这块田地里走过去，捡一枝最大的麦穗。你们只能拾一穗且谁也不准回头，如果谁捡到了，这块田地就归谁。"

"这还不简单！"徒弟们听了，很高兴地说。

"好，我就在对面等你们。"柏拉图说。

于是，那七个徒弟从田地走到对面，可是，最后他们都失败了。原因很简单，他们以为最大的麦穗在前头，所以，一路上总是匆匆向前。结果到了尽头，却发现最大的麦穗已经被自己错过——追求最大却失去最大。

大学生常常胸怀大志，理想很远大，以至于在就业时缺乏准确判断的能力，无法自我，往往是一场空。因此，在就业的道路上，要保持头脑清醒，学会辨别，善于把握机会。

首先，准确定位、目标合适。就业过程中要根据当前就业环境，对自我的评价要接近实际，认真分析自己的优势与劣势，了解自己在就业中的核心竞争力，明确自己未来的发展方向和目标，目标一定要切合实际，力所能及。

其次，把握机会、学会选择。要珍惜每一次机会，在择业的过程中要根据自己的实际情况，树立先就业再择业的观念，正确把握就业政策，可以在就业后根据自身的实际情况，再进行自我调整和选择，进一步实现自己的梦想。

第一节　大学生就业形势

一、全国大学毕业生就业形势

教育部最新数据表明,2017届全国普通高校毕业生预计795万人。2018年,高校毕业生人数将达到820万人,2018年,新成长劳动力是1500多万人,仅高校毕业生就超过了一半以上。面对复杂严峻的就业、创业形势,各地各高校不断推进创新、创业教育,完善大学生就业、创业服务,基层及企业纷纷推出优惠政策。

高校毕业生就业关乎到众多家庭的幸福和社会的安定,也是经济转型升级和创新驱动发展的一个重要支撑。党的十九大把提高就业质量作为一项重要的民生工程,指出"就业是最大的民生。要坚持就业优先战略和积极就业政策,实现更高质量和更充分就业"。

党中央、国务院高度重视高校毕业生就业创业工作,将其作为整个就业、创业工作的重中之重,出台了一系列政策措施,每年都要召开专题会议部署,各地区、各部门也做了大量工作。从总体来看,高校毕业生就业较为平稳,就业率保持在一个较高的水平。

二、医药类大学毕业生就业形势

近几年来,随着高校的扩招,医药类高等教育出现了跨越式的发展,医药类大学毕业生人数也在逐年增加,就业形势不容乐观。

(一)影响医药类毕业生就业的客观因素

(1)待就业人数的增加,新增岗位总体不足,是影响医学药学专业毕业生就业的原因之一。每年净增待就业劳动力数量远远多于新增加的就业岗位。据测算,国民经济每增长一个百分点,就会为社会提供80~100万个就业岗位。按照我国国民经济发展计划,今后几年,我国国民经济将保持7%左右的增长速度。这样,每年新增的就业岗位将达到560万个以上。但是,由于城镇每年有2000多万新增劳动力和下岗工人,劳动力供大于求的缺口将达1400~1500万。同时,农村还有1.5亿左右的剩余劳动力,他们对大学生的就业形成了巨大冲击。

就医药卫生行业而言,目前大部分二甲以上医院医疗人员数量饱和。由于医疗体制的改革,医院编制每年增幅有限,再加之国家对医院行政性拨款减少,医院新增岗位数量相对于扩招以后的医学毕业生总数而言,总体不足。

所以,提高用人门槛是大医院的用人取向。除了个别岗位外,大医院的临床科室人员基本上都要求具有硕士或博士学历,这些单位招人多考虑应急、好用,不太顾及对后继人才的培养。

(2)就业的结构性矛盾比较突出。从地区来看,东部、沿海及一些大中型城市对人才的需求较旺,待遇条件也不错,往往成为毕业生就业的首选。但是,这些地区对人才素质的要求往往很高,再加之趋之若鹜的求职者,所以,许多大学生只能是乘兴而去败兴而归。

中、西部落后地区,特别是这些地区的基层(社区)对医药人才的需求也较大,但是,由于条件艰苦,待遇一般,往往招不到合适的人才。从用人单位的角度来看,一些大的医药卫生单位(包括一些大医院和大药厂等),往往会成为医药类毕业生的首选,而一些中、小型医疗卫生单位(包括基层或社区医院、私营小医院或医药公司)往往会受到冷落。这样,就出现了"有地方没人去,有人没地方去"的就业的结构性矛盾。

(3)医疗机构人事体制改革有待进一步深化。我国当前医药事业单位基本还是沿袭过去的人事体制,人事部门引进人,卫生行政部门管理人,医药单位接收人。这样,有时就会出现一种医药单位要人,人事部门不给人(没编制),或者是需要的人来不了,不需要的人一大堆的现象。所以,这种比较滞后和僵化的用人体制有待进一步改革。

(4)一些医药用人单位不切合实际的用人观念,是学生就业难的另一个原因。随着近几年来医改的深入,一些基层医疗机构(包括县级和乡镇医疗机构)对医药人才的需求逐渐增大,特别是在中、西部等不发达地区,这些地区本来医药人才就比较缺乏,但其用人标准却不断提高,片面追求高学历和名牌大学毕业生,根本不考虑自己的实际情况。甚至有一部分用人单位出于评估、名誉和攀比的目的,通过引进医学硕士、博士,以在社会上达到一种"轰动效应"和"名牌效应"。

另一方面,在用人观念上,还存在很严重的性别歧视思想。除了一些护理、妇产科和儿科对女生需求较大外,大部分用人单位在选人时首先考虑男生,有的甚至非男生不要。而医药类专业每年的毕业生中,女生比例占35%

~45%。这样,就增加了女性毕业生的就业压力。医药用人单位只看到女生在生理等方面相对于男生存在的某些弱势,而没有看到女生具有语言能力强、思维敏捷、有耐力、韧性、细致、亲和力强等优秀素质。这种用人观念也严重破坏了就业的平等性。

(5)学校学科设置与教学管理上存在的一些缺陷,也是形成学生就业难的原因之一。在学科设置方面,一些学校不注重市场调研,一些专业的设置与市场的需求脱节。

在教学方面,偏重学生知识的灌输,将学生学习重点都安排在医学公修课上,实验课与理论课比例失调,毕业生基本上无科学研究、科研实践的培养训练,忽视学生创新能力和创新意识的培养,而大多数医疗机构对未来医药人才的要求是勇于实践、创新,动手能力强,有较强的独立工作能力,主动性强等。这就导致学生在实际操作、科技创新和科学研究上,离用人单位的要求较远,造成就业上的困难。

另一方面,必要的就业指导也是毕业生顺利就业的一个重要保障。因此,如何进一步建立系统、完善的就业指导体系,提高就业指导工作的效能,充分发挥就业指导的作用,也是摆在各高校面前的一个重要课题。

(二)影响医学生就业的主观因素

(1)就业观念比较落后。许多学生的就业观念还没有完全转变过来,"铁饭碗"思想还比较普遍。在选择单位时,大多数毕业生的首选仍然是国营的企事业单位,而不愿进入民营的公司(特别是一些中小企业)、医院去工作。

许多学生还是选择先择业后就业,特别是医学专业的学生,去医院搞临床、当医生的单一定位思想根深蒂固,对一些与医药学相关联的行业,如医药营销、医药保健、医学康复等领域关注不够。

(2)就业期望值过高。一些学生不了解当前的就业形势和自己的实际情况,择业过程中盲目攀高,追求所谓"三高六点"式的职业("三高"即起点高、薪水高、职位高,"六点"即名声好一点、牌子响一点、效益高一点、工作轻一点、离家近一点、管理松一点),这是影响就业的一大障碍。

据调查,将近有70%~80%的学生选择在省、市一级医疗卫生机构工作,20%~30%的学生选择在县、乡(镇)一级医疗卫生单位就业。在就业的地域上,大部分学生抱着"出来了就不想再回去"的观念,宁愿滞留在城市做一些与所学专业差别甚远的工作,也不愿意到基层一线去工作。

(3)学生自身素质原因。就业是学生综合素质的竞争,包括社会适应能力、社交能力、实践能力、个人特长、反应能力等。用人单位往往会对学生的这些综合素质进行考评,素质强者才会胜出。

另外,英语和计算机水平,往往也成为用人单位选择人员的重要参考标准。

(三)医药类毕业生就业的有利因素

(1)国家出台了各项促进就业的政策。党中央国务院高度重视大学生就业工作,把扩大就业作为当前和今后长时期内的重大战略任务,在制度、政策、资金等方面予以大力扶持,出台了"三支一扶""以创业带动就业"等一系列促进就业和扶持创业的政策,积极引导毕业生就业、创业。

同时,为了更有效地指导毕业生就业、创业,各高校已经建立了相对比较完善的职业规划和就业指导服务体系,为毕业生就业提供了良好的服务。

(2)新一轮的医改将为医学毕业生拓展更广阔的就业市场。我国医疗改革以扩大医疗服务范围,降低人民群众看病费用,解决群众看病难、看病贵为目的,这就会打破大医院、大城市对医疗服务体系和医药市场垄断的格局,从城市到农村,从大医院到基层县、乡(镇)医院或社区医院,医疗服务体系将会逐步趋于完善,医药市场总体将保持平稳增长,医疗保险也将由城市扩展到农村。这些举措,必将为医学类毕业生开拓更加宽广的就业市场。

(3)国家鼓励基层就业的政策,为大学生到基层建功立业开辟了新的天地。党的十九大确立了乡村振兴计划的伟大战略,在就业方面出台了一系列鼓励大学生到基层就业的政策。

加强基层(社区)基本医药卫生保健体系建设,是新医改的重点和方向,国家非常重视基层基本卫生保健制度建设,将突出发展农村医疗卫生、预防保健和中医药,作为今后卫生事业发展的三个战略重点,强化基本卫生服务工作;在卫生事业发展模式上,从以扩大规模为主的发展模式,转移到以提高卫生服务质量、服务效率为主的发展模式上来,大力加强基层卫生服务工作,城市重点补充社区,农村重点补充乡镇,突出城乡初级卫生保健工作和社区医疗服务工作,优先保证和发展基本卫生服务。

因此,今后医学药学类专业毕业生的就业方向将会发生转变,整个就业重心将下移。基层医疗卫生单位将具有巨大的发展潜力,在进入中心城市大医院工作的竞争更为激烈的情况下,基层(社区)将成为医药类毕业生建功立业的新天地。

第二节 我国大学生现行就业制度和政策

一、我国大学生现行就业制度

我国大学生就业制度经历了不同的发展阶段,从20世纪80年代以来,随着社会主义市场经济的建立和发展,改革开放的不断深入,大学生就业制度不断规范,走向成熟。

当前,我国大学毕业生就业实行以市场为导向,政府宏观调控,学校推荐,学生与用人单位双向选择的就业机制。贯彻统筹安排、合理使用、加强重点、兼顾一般的方针,坚持"公开、公正、择优、自愿"的原则,鼓励和引导毕业生到基层及边远地区、艰苦行业和国家急需人才的地方去工作。

二、大学毕业生基本就业政策

(1)非定向的本、专科(高职)毕业生,在国家就业方针、政策的引导调控下,通过"自主择业,双向选择"的办法签订就业协议,落实就业单位。

(2)毕业生如果在规定时间内没有落实单位,学校将其派回生源地(一般为家庭所在地。师范生派回生源地教育主管部门,非师范生派回生源地人事主管部门),并办理报到证。毕业生的档案、户籍关系由学校就业部门按报到证地址转出。毕业生如果在毕业后三年内找到工作,可以通过原毕业学校的就业中心办理改派手续,领取新的报到证,凭借新报到证办理落档、落户等相关手续。

(3)定向委培生按定向委培合同就业。委托、定向培养的毕业生,按合同到委托单位或定向地区就业。因特殊情况不能回委托单位或定向地区工作的,需由毕业生本人提出书面申请,原定向或委培单位出具相应证明,并按规定向学校和定向单位缴纳违约金及相应的培养费用,经学校就业工作领导小组同意,并报省教育厅审批后,方可重新就业。如审批未通过,则维持原就业计划。

(4)有病回家休养不能按时就业的毕业生,一年内治愈的,经学校指定县级以上医院证明能够坚持正常工作的,可以随下一届毕业生就业。一年以后仍然没有治愈或没有单位接收的,户籍关系和档案转至家庭所在地,自谋职业。

(5)申请自费出国的毕业生不参加就业,在学校规定的时间内办理离校手续。报到证派往原籍,毕业后档案、户籍关系由学校有关单位按报到证地址转出。

(6)提前毕业的学生就业手续的办理。学分修满可提前毕业的学生,由教务处或研究生部出具相关证明,就业中心将发放有关资料,与就近年度毕业生一同办理有关毕业手续。

(7)毕业生到各种非公有制经济性质的企业事业单位(三资企业、民营、私营、个体等)就业,该单位的人事档案关系挂靠在政府人事部门所属的人才服务机构。户口应落实在该单位所在地区的派出所。一般要在单位所属的人才机构盖章同意接收该毕业生人事档案和户口关系后,学校才能为该毕业生办理有关就业手续。选择到省内非公有制单位就业的毕业生,用人单位要求试用暂不能接纳毕业生的户口及档案材料的,毕业生凭与用人单位签订的就业协议和单位证明,学校可协助将其户口、档案材料转至省、市人才交流服务中心或当地就业主管部门。

(8)在省内自主创业的毕业生,学校可协调将其户口、档案材料转至省、市人才交流服务中心或当地就业主管部门。在其他省、市、区非公有制单位就业的毕业生和自主创业毕业生按有关政策执行。

(9)凡到西部和边远山区就业的毕业生,按当年国家政策,毕业生享有相应的优惠条件和支持奖励。

(10)报考国家公务员或专升本、研究生的毕业生,其就业按录取通知书或国家、各省市的有关政策执行。

(11)结业生、肄业生的就业原则。结业生由学校向用人单位一次性推荐就业或自荐就业,找到工作单位的,可以派遣,但在《全国普通高等学校毕业生就业报到证》上会注明"结业生"字样;在规定时间内无单位接收的,由学校将其档案、户口关系转移到家庭所在地(家庭属农村的保留非农业户口),自谋职业。

大学肄业的学生由学校发给肄业证书,国家不负责就业派遣。其档案和户口转到其生源所在地,自谋职业。

(12)毕业生违约与调整改派的规定。毕业生就业协议书明确规定了学校、用人单位和毕业生本人三方面的权利、责任和义务,毕业生一旦与用人单位签订协议书后,协议书就成为一种生效合同,具有法律效应,不能随便更改。若确有特殊情况导致毕业生单方面毁约的,必须征得原签约单位的同意,并由原用人单位开出书面解约函或签订解约协议书,经毕业生就业主管部门批准,在毕业生履行了相应违约责任后,方可列入就业方案。

毕业生派遣后(即省教育厅已签发报到证),已落实就业单位的,原则上不允许调整就业去向。如果情况特殊需要改派的,由学生本人提出申请,出具原用人单位解约证明,新就业单位的接收证明等材料,由学校毕业生就业指导服务中心上报省教育厅批准后方可办理。办理改派的时间仅限于毕业后两年之内。本人提出辞职申请的不能办理改派手续。

三、大学生就业程序

(一)就业管理部门工作的基本程序

大学生就业管理机构由三级部门组成:教育部、各省(市、自治区)和国务院有关部委、各高等学校。它们分别负责全国各地区、各部门、各学校的大学生就业工作。

各级就业管理部门工作程序大致如下:

(1)教育部根据国民经济发展和国家建设情况,确定年度就业工作意见,制定就业政策。各省(市、自治区)和国务院有关部委,根据教育部文件精神,制定本地区、本部门所属高校毕业生就业工作的具体意见。

(2)教育部及各地区、各高等学校就业管理与服务机构,每年10月份左右向社会上用人单位提供下一年度毕业生生源情况(包括毕业生所在学校、所学专业、生源地及毕业生人数等)。

(3)各地区、各部门和各高等学校就业管理与服务机构在每年11月下旬开始,召开多种形式的供需见面会,为毕业生求职就业提供方便,根据招聘录取情况,制订本校毕业生就业建议方案,并上报主管部门审批。

(4)高等学校在完成全部教学计划后,按照国家统一要求,一般在7月1日以后开始,根据就业方案为毕业生办理离校手续。

(二)高校毕业生就业工作部门的职责和工作程序

高校毕业生就业办公室或毕业生就业指导中心的主要职责和工作程序

如下：

(1)根据上级部门要求，审查本校毕业生资格，制订毕业生就业实施方案，并将毕业生资格情况和就业方案及时上报当地政府教育主管部门或教育部。

(2)开展学生就业、创业指导和服务工作。

(3)收集并及时向毕业生发布各类用人需求信息。

(4)组织校园招聘活动，为毕业生提供双向选择机会和向用人单位推荐等服务。

(5)负责毕业生就业协议书的签订工作。

(6)开展毕业教育，办理毕业生的离校手续。

(7)负责毕业生改派手续的办理。

总之，高校就业工作机构是学校与用人单位联系和沟通的桥梁及纽带，是就业信息的集散地。每位大学毕业生在就业期间，与学校就业中心多保持一些联系，多留意一下就业部门通过各种渠道发布的就业信息，及时了解最新用人信息，掌握最新就业政策，积极参加各种招聘活动。在择业过程中遇到问题时，也可以在学校就业部门得到相关的咨询和服务。

(三)用人单位的招聘程序

了解用人单位的一般招聘流程，有利于毕业生提前做好相关的应聘准备工作，提高择业效率。一般用人单位的招聘活动要经历如下流程。

1.确定招聘计划

用人单位在正式招聘之前，要根据自身的发展情况确定当年的用人计划，包括专业、岗位、人数和条件等，根据需求情况然后制订出详尽的招聘计划。

2.发布用人需求信息

用人单位确定了招聘计划后，会及时地通过各种渠道向外发布，以期各大学毕业生获取该信息，前去应聘。用人单位发布招聘信息的主要渠道有：

(1)用人单位的网站。用人单位常常先在本单位的网站上发布其招聘信息，供毕业生上网浏览。

(2)高校毕业生就业工作部门。用人单位在确定了招聘计划后，会及时与相关高校毕业生就业工作部门联系，并做用人登记，以期毕业生就业工作部门代为发布用人信息。

(3)政府人事部门的人事人才网站。用人单位也经常通过各类人事人才网站(如各级人才交流中心所属网站)发布就业信息,供毕业生查询浏览。

(4)其他各类招聘网站及报纸、电视、广播等媒体。有时,用人单位也通过一些非政府机构的营利性招聘网站(如智联招聘网)或通过报纸、电视、广播等媒体发布招聘信息。

3.举办单位宣讲会

用人单位通过学校就业部门,在学校举办各种类型的宣讲会,介绍单位概况、发展前景、用人体制、企业文化及人才需求情况和发展机遇等。同时,还解答大学生们关心的各种问题,为大学生全面了解招聘单位搭建平台。

4.收集毕业生信息

一般用人单位收集毕业生信息,主要有以下一些渠道:

(1)从教育主管部门所属高校毕业生就业指导中心获取毕业生生源信息。

(2)从各高校就业工作部门获取毕业生生源信息。

(3)通过参加供需洽谈会收集毕业生信息。

(4)通过一些招聘网络收集毕业生信息。

(5)通过毕业生自荐的方式获取其信息。

5.筛选信息

一般用人单位会从性别、专业、知识水平、能力、素质等方面,对收集到的毕业生信息进行分析处理,初选出符合自己要求的学生,进行下一轮考核。

6.笔试

笔试是用人单位考核学生是否具备本单位所要求的基本知识、能力和素质的一个手段,以此来选拔学生。一般用人单位会提前通知笔试的时间、地点和出题范围。

7.面试

用人单位考核毕业生的最后一个环节是面试。面试是对毕业生综合素质的考核。

8.签订协议

经过各项考核,用人单位最后确定了要录用的毕业生后,双方必须签订就业协议书。有些用人单位还会同时与毕业生签订用人劳动合同。

9.岗前培训

毕业生到用人单位报到后,一般面临的第一件事,就是接受单位组织的岗前培训。用人单位对毕业生进行岗前培训的目的是，让员工尽快了解单位各方面的情况，熟悉新的工作环境和生活环境，掌握技能，成为一名称职员工。

（四）大学生择业过程

大学生择业过程一般包括自我分析、确立择业目标、收集招聘信息、准备应聘材料、参加招聘会、参加笔试、参加面试、签订协议、报到等环节。择业的每一个环节，对于成功就业，都是十分重要的。

1. 自我分析

大学生首先要结合自身实际情况，客观、理智地进行自我分析。自我分析主要应当搞清楚以下几个问题。

（1）我能干什么。主要是分析自己的性格和气质。一个人的性格和气质对所从事的工作有一定的影响。如果能从事与自己性格、气质相符合的工作，就容易成功。可以通过一些测试工具对自己的性格、气质进行一定的分析。但是一般来讲，这种测试只具有一种建议功能，而不是绝对的。

（2）我会干什么。主要是对自身综合素质、能力的自我测评。比如，专业成绩和技能测评，社会实践能力及竞赛获奖情况等。要清楚在择业过程中，自己具有哪些优势，哪些劣势，应该如何扬长避短。

（3）我喜欢干什么。主要是确定自己的职业兴趣。通过一些测评，你应该初步明确，自己喜欢干什么，不喜欢干什么，明确自己的职业兴趣。

（4）我想干什么。确定自己的职业价值观，即自己想在哪一方面发展，想成为什么样的人。自己的职业"满足感"是什么，价值标准是什么。

2. 确定择业目标

自我分析是为了确立自己的择业目标。一般来讲，大学生确定自己的择业目标，应包括以下三个方面的内容。

（1）确定择业的地域范围。择业者应结合国家的宏观政策和自身的家庭因素、生活习惯，及今后的发展等客观因素，确定自己择业的地域范围：是去沿海城市就业，还是在内地就业；是留在本地就业，还是去外地就业；是去基层就业，还是留在大城市，等等。

（2）明确择业的行业范围。择业者结合自己的能力、兴趣、特长等综合素质，明确自己选择职业的行业范围。主要是考虑在本专业范围内就业，还是跨出本专业到其他行业就业；是从事本专业的技术、管理工作，还是从事教学、科研工作等。一般大学生在择业之初,大都希望在本专业所属的行业内就业、发展。但是,在后期的发展中,也不乏有转行或跨行业就业的。

(3)落实择业的单位类别。确定了地域和行业后,最后必须要落实择业的单位类别。要明确自己是去行政事业单位,还是去国有大中型企业;是选择三资企业、民营企业,还是选择中小型公司或自主创业。在确定单位的过程中,一般要根据前来招聘的单位类型和各个单位的招聘条件,结合自己的条件,最后确定自己中意的单位。

当然,择业的过程是一个动态的过程。在择业过程中,求职者必然会遇到许多不可预测的变化。但是,择业者能事先确定一个比较明确的目标,可以提高整个就业的效率,摆脱盲目被动的局面。

3.收集就业信息

大学毕业生应通过各种渠道,广泛收集就业信息。毕业生及时获取到就业信息,就掌握了求职择业的主动权,这是就业活动的重要一步。

一般就业信息主要包括三个方面的内容。

(1)国家及学校有关毕业生就业的政策和法规。如,《劳动合同法》《国家公务员暂行条例》等。

(2)当前大学生就业市场的有关信息。通常包括各行业、各单位的经营发展状况和对毕业生的需求状况、就业市场中就业活动的安排情况等。

(3)用人单位的信息。包括用人单位的人才需求、企业文化、发展前景、工作条件、福利待遇等信息。

4.准备应聘材料

在确定择业目标之后,大学生即可准备应聘材料。应聘材料包括学校推荐表、个人简历、自荐信及有关辅助证明材料等。

这几种材料分别从不同的侧面说明了应聘者的经历、成绩、身份等,是一个整体,是大学生求职择业、赢得面试的"敲门砖"。

5.参加招聘会(投寄材料)

在大学生择业活动中,招聘会在用人单位与大学生之间架起了见面、沟通的桥梁。

通过招聘会,用人单位和大学生之间进行了初步的结识,用人单位向大学生宣传单位发展情况,同时,也收集众多毕业生的自荐材料(有的单位可能向应聘学生发放登记表），为双方进一步的选择创造了条件。当然，也有一些毕业生与用人单位"一见钟情"，当场签约。

6. 参加笔试

不少用人单位在招聘过程中，采用笔试的方式对应聘者进行考核。笔试主要考核大学生运用所学知识和所掌握的技能，去处理和解决实际问题的能力及其他方面的素养。求职者应认真对待笔试。

7. 参加面试

用人单位常常通过面试考察大学生的表达能力、思维能力、决策能力、仪容仪表和其他一些不能通过笔试反映出来的综合素质。因此，大学生在面试之前要做好充分准备。

8. 签订协议

被录用的毕业生在收到录用通知书后，在规定的时间内与用人单位签订就业协议书。协议书一旦签订，就不得随意变更。如果一方提出毁约，须征得另外一方同意，并要交纳违约金。

9. 报到上班

与用人单位签订好协议，并办理完相关的毕业手续后，按照报到证规定的期限和指定的地点去单位报到上班。

四、国家鼓励高校毕业生面向西部地区、面向基层和艰苦地区就业的政策

引导和鼓励高校毕业生面向西部地区、面向基层和艰苦地区就业，是解决毕业生就业结构性矛盾的根本途径，是当前和今后一个时期就业工作的重点。对此，党中央、国务院和相关部委制定了一些针对大学毕业生通过流动实现就业的政策和保障措施。即在西部地区、基层和艰苦地区扶持创造一批就业机会，既解决大学生当前的就业问题，又促进了当地经济、社会的进步与发展。创造就业机会的成本由政府负担。

具体优惠措施主要有：

（1）对到农村基层和城市社区从事社会管理和公共服务工作的高校毕业生，符合公益性岗位就业条件，并在公益性岗位就业的，按照国家现行促进就业政策的规定，给予社会保险补贴和公益性岗位补贴。

(2) 对到农村基层和城市社区等其他社会管理和公共服务岗位就业的,给予薪酬或生活补贴,同时按规定参加有关社会保险。

(3) 对到中西部地区和艰苦边远地区、县以下农村基层单位就业,并履行一定服务期限的高校毕业生,以及应征入伍服义务兵役的高校毕业生,按规定实施相应的学费补偿和国家助学贷款代偿。

(4) 对具有基层工作经历的高校毕业生,在研究生招录和事业单位选聘时实行优先录用的政策,在地市级以上党政机关考录公务员时,也要进一步扩大招考录用的比例。

五、鼓励高校毕业生自主创业的优惠政策

就业是民生之本,创业是就业之源。原教育部部长周济2007年在全国高校毕业生就业工作会议上的讲话中指出,要"创造条件大力扶持高校毕业生自主创业"。2017年12月,《教育部关于切实做好2018届全国普通高等学校毕业生就业创业工作的通知》(教学[2017]11号)要求,各地高校和省级教育部门要深化高校创新、创业教育改革落实创新、创业优惠政策,提升创新、创业服务保障能力。

为了促进高校毕业生自主创业,政府和相关部门出台了一系列优惠政策:

1. 小额担保贷款和贴息支持

(1) 登记失业的高校毕业生自主创业,自筹资金不足的,可向当地指定银行申请不超过5万元的小额担保贷款;对从事微利项目的,还可获得贴息支持。

(2) 自愿到西部地区及县以下的基层创业的高校毕业生,自筹资金不足时,也可向当地经办银行申请小额担保贷款;对从事微利项目的,可获得50%的贴息支持。

2. 免收有关行政事业性收费

高校毕业生从事个体经营,且在工商部门注册登记日期在其毕业后两年内的,自其在工商部门首次注册登记之日起三年内,免收管理类、登记类和证照类行政事业性收费。

3. 享受培训补贴

离校后登记失业的毕业生,参加人力资源社会保障部门举办的创业培训,可享受职业培训补贴。

4.免费创业服务

有创业意愿的高校毕业生,可免费获得公共就业服务部门提供的创业指导服务,包括项目开发、方案设计、风险评估、融资服务、跟踪扶持等内容。

六、鼓励高校毕业生应征入伍的政策

根据国务院、中央军委决定,从 2009 年起,对普通高等学校应届高校毕业生实行预征制度,凡属中央部门和地方所属全日制公办普通高等学校、民办普通高等学校和独立学院的全日制普通本专科(含高职)、研究生、第二学士学位应届毕业生(不包括往届毕业生及成人高等教育、高等教育自学考试类学生、各类非学历教育的学生),只要身心健康,体魄强健,爱党、爱社会主义祖国、爱人民,遵纪守法,品德优良,年满 18 周岁及以上,都可以应征入伍。每年五六月份,高校所在地兵役机关会同有关部门进入高校,开展预征工作。

高校毕业生应征入伍一般要经过以下程序。

(1)参加兵役登记和预征报名。高校所在地县级兵役机关会同有关部门,到学校开展兵役登记,进行征兵普查工作,高校毕业生本人可向所在高校有关部门报名。

(2)在高校参加预征。五六月份,高校所在地县(区)级兵役机关会同教育、公安、卫生等部门,到高校组织身体初检和政治初审,符合基本征集条件的确定为预征对象,并填写《应届高校毕业生预征对象登记表》。身体初检时,对视力、肝功等项目进行重点检查。

(3)到户籍所在地报名应征。11～12 月份,确定为预征对象的高校毕业生,冬季征兵开始前持《应届高校毕业生预征对象登记表》到入学前户籍所在地县(市、区)征兵办公室报名应征。通过体格检查、政治审查,并符合其他征集条件的,由县(市、区)人民政府征兵办公室优先批准入伍。

高校毕业生应征入伍服义务兵役,除享有优先报名应征、优先体检政审、优先审批定兵及其他优待安置政策外,还享受优先选拔使用、考学升学优惠、补偿学费或代偿国家助学贷款等优惠政策。

表1 中央部门组织实施的基层就业项目

项目名称 细则	选聘高校毕业生到村任职工作	农村义务教育阶段学校教师特设岗位计划	高校毕业生"三支一扶"计划	大学生志愿服务西部计划
组织实施部门	中组部牵头,教育部、财政部、人力资源社会保障部共同组织实施	教育部牵头、财政部、人力资源社会保障部、中央编办共同组织实施	人力资源社会保障部牵头,中组部、教育部、财政部、农业部、卫生部、扶贫办、共青团中央共同组织实施	共青团中央牵头,教育部、财政部、人力资源社会保障部共同组织实施
招募对象与条件	30岁以下应届和往届的全日制普通高校专科以上学历的毕业生。重点是应届毕业生,毕业一至两年的本科生、研究生,原则上为中共党员。非党员的优秀团干部、优秀学生干部也可选聘	1.以高等师范院校和其他全日制普通高校应届毕业生为主,可招少量应届师范类专业专科毕业生 2.取得教师资格,具有一定教学实践经验,年龄在30岁以下的高校毕业生 3.报名者应同时符合教师资格条件要求和招聘岗位要求	主要为全国普通高校应届毕业生	普通高校应届毕业生

第一章 认清就业形势 把握就业政策

续 表

项目名称 细则	选聘高校毕业生到村任职工作	农村义务教育阶段学校教师特设岗位计划	高校毕业生"三支一扶"计划	大学生志愿服务西部计划
招募方式	程序为：个人报名、资格审查、组织考察、体检、公示、决定聘用、培训上岗	公开招聘、合同管理。方式可有专场招聘会、网上招聘会、组织设岗所在地有关部门到高校招聘等多种方式	公开招募、自愿报名、组织选拔、统一派遣	全国公开招募、自愿报名
数量规模	从2008年开始，每年选聘2万名，连续5年，共选聘10万名高校毕业生	从2006年开始，用5年时间实施。2006年共安排2～3万个特设岗位，以后每年根据实际情况另行确定招聘人数。2009年中央"特岗计划"项目计划安排5～7.5万个特设岗位，鼓励各地启动实施地方项目	从2006年开始，每年选派2万名高校毕业生，连续5年，共选聘10万名高校毕业生	从2003年开始，每年派遣7000名左右的高校毕业生。目前已实施6年，共选派约4万名高校毕业生。平均每年保持约1万名学生在岗
岗位	一般安排村党支部书记助理、村委会主任助理、村团组织书记、副书记、村党组织书记、副书记等职务	特设岗位教师原则上安排在县以下农村初中，适当兼顾乡镇中心学校	支农、支教、支医和扶贫	到西部贫困县的乡镇从事教育、卫生、农技、扶贫，以及青年中心建设和管理等工作

续表

项目名称 细则	选聘高校毕业生到村任职工作	农村义务教育阶段学校教师特设岗位计划	高校毕业生"三支一扶"计划	大学生志愿服务西部计划
服务期间身份	选聘的毕业生为"村组特设岗位"人员，系非公务员身份	特设岗位教师	"三支一扶"志愿者	西部计划志愿者
户档管理	1.到西部和艰苦边远地区农村任职的，户口可留在现户籍所在地 2.档案由县委组织部门或县级人事部门所属人才服务机构免费代理 3.党团关系转到所在村	1.聘任期间，特设岗位教师的户口和档案的管理，由省级政府根据当地实际情况确定 2.档案关系原则上统一转至工作学校所在地	1.户口由省级"三支一扶"办公室指定的机构统一管理；也可根据本人意愿转回入学前户籍所在地 2.人事档案原则上统一转至服务单位所在地县级政府人事部门。党团关系转至服务单位	1.户口可保留在学校两年；也可转回户籍所在地 2.档案由户籍存放地的人才服务机构免费代理
日常管理	1.选聘的毕业生工作管理及考核比照公务员有关规定进行，由乡镇党委、政府负责 2.乡镇党委、政府负责选聘生的住宿及日常生活管理和服务	聘期内，由地方教育行政部门对其进行跟踪评估	用人单位负责安排工作岗位，承担日常管理工作。县级人事部门负责年度和服务期满考核工作。服务期满考核合格，经省级办公室审核颁发证书	县级成立领导小组和项目管理办公室，主要负责协调指导服务单位工作和对志愿者进行日常管理

续表

项目名称＼细则	选聘高校毕业生到村任职工作	农村义务教育阶段学校教师特设岗位计划	高校毕业生"三支一扶"计划	大学生志愿服务西部计划
待遇（补贴和保险）	1.项目经费由中央和地方财政共同承担 2.比照乡镇从高校毕业生中新录用公务员试用期满后工资水平确定工资、生活补贴，在艰苦边远地区的，按规定发放地区津贴。中央对到西部地区的毕业生每人每年1.5万元，中部地区1万元，东部地区0.5万元，不足的由地方财政补贴。同时，中央财政按人均2000元的标准发放一次性安置费 3.参加养老社会保险 4.任职期间，办理医疗、人身意外伤害商业保险	1.特设岗位教师聘任期间，执行国家统一的工资制度和标准。中央财政按人均年1.896万元的标准拨付。凡特设岗位教师工资性年收入水平高于1.896万元的，高出部分由地方政府承担工资支出 2.其他津贴补助由各地根据当地同等条件公办教师收入和中央补助水平综合确定。同时，提供必要的交通补助、体检费和按规定纳入当地社会保障体系，享受相应社会保障待遇，政府不安排商业保险	1.所需经费由地方财政安排专项经费予以支付。中央财政通过转移支付予以支持 2.服务期间给予一定的生活、交通补贴，统一办理人身意外伤害保险和住院医疗保险	1.所需经费由中央财政统一支付 2.服务期间享受一定的生活补贴（含交通补贴和人身意外伤害、住院医疗保险），平均每人每月800元 3.服务期间计算工龄

续表

项目名称\\细则	选聘高校毕业生到村任职工作	农村义务教育阶段学校教师特设岗位计划	高校毕业生"三支一扶"计划	大学生志愿服务西部计划
期满就业政策	选聘工作期限一般为2～3年。工作期间县级组织人事部门与其签订聘任合同。工作期满后，经组织考核合格、本人自愿，可继续聘任。不再续聘的，引导和鼓励其就业、创业等	1.聘任期为3年，鼓励期满后继续扎根基层从事农村教育事业 2.聘期结束后可留在当地任教 3.重新择业的，各地要为其重新选择工作岗位提供方便条件和必要帮助 4.可推荐免试攻读教育硕士等	总的原则是志愿服务、期满自主择业。在派遣前均签订服务协议，服务期限为2～3年 相关的优惠政策主要有： 1.原服务单位有空岗时聘用服务期满考核合格的"三支一扶"大学生 2.规定事业单位有职位空缺需补充人员时，应拿出一定职位专门吸纳等	总的原则是鼓励扎根基层，或者自主择业和流动就业，服务期限为1～3年 1.考中央国家机关和东中部公务员优先录取，考西部公务员加5分 2.服务期满颁发服务证书等

注：本表所列之优惠政策除附录一第2条、第24条所列优惠政策以外，均为各基层就业项目实施文件所规定的优惠政策。

第二章　职业生涯方向　制定就业策略

立志是事业的大门,工作是登门入室的旅途。

——巴斯德

医药代表面试必须记住的三个"4"

1.4P:指代的是 product(产品)、price(价格)、place(地点,即分销,或曰渠道)和 promotion(促销)四个英文单词。

2.4C:分别指代 customer(顾客)、cost(成本)、convenience(便利)和 communication(沟通)。

3.4RS:(关联、反应、关系、回报)营销新理论,阐述了一个全新的营销四要素:

(1)与顾客建立关联;

(2)提高市场反应速度;

(3)关系营销越来越重要了;

(4)回报是营销的源泉。

(摘自《中国大学生就业》2010 年第 7 期)

第一节　确定好自己的职业生涯方向

大学生在踏入大学校门的第一天起,他(她)就应对自己将来的职业生涯开始做出规划,而一个即将离开学校的大学毕业生,面临的首要问题则是要做出自己职业生涯的第一个选择——明确自己的职业生涯方向。如果说,人生是一个不断选择的过程的话,那么,职业的选择应该是人一生中比较重要的选择。摆在 21 世纪的大学毕业生面前的职业方向,往往是多样的:就业、升学深造、出国留学、自由职业、自主创业等等,该选择哪一种,你想好了吗?

一、就业

就业是目前大多数毕业生的选择。通过学校推荐,参加各种"供需见面,双向选择"的招聘会,签订就业协议后就业。

大学生毕业后积极就业,对于国家、社会和每个家庭,都有着极其重要的现实意义。大学毕业生可以将自己所学的知识和技能应用到实际工作中去,创造价值,创造财富,奉献社会。同时,也能获得相应的报酬,可以回报自己的家庭。当前,我国经济和社会正处于快速发展时期,需要大量高层次人才,大学毕业生是社会主义经济建设和文化建设的主力军,是中华民族实现腾飞的希望所在。所以,大学生毕业后积极投身于祖国需要的行业和岗位,有着极为重要的社会意义。

一般来说,对于未来的职业选择,主要考虑以下几个方面:

1. 职业意愿和兴趣

职业意愿即自己想干什么,属于价值观范畴。明确了职业意愿,也就明确了自己的择业标准和奋斗目标。职业兴趣也即自己喜欢干什么,恰当的职业兴趣会成为职业选择和职业发展的强大动力。如果将自己的职业意愿和职业兴趣统一起来,将有助于职业的选择和发展。

2. 自我评价和定位

明确了职业意愿和兴趣还远远不够,还必须进行客观的自我评价和定位。包括对自身能力、素质的客观评价,专业水平和占有资源的客观评价,职业岗位空缺与需求的客观分析等。把职业意愿、兴趣与自我评价结合起来,才能对自己未来的职业做出一个科学的定位。有的毕业生只注重或夸大自己的意愿和兴趣,突出了自身的主观能动性,而忽略了自己的客观条件和实际情况,没有把客观的自我评价与自己的职业意愿和兴趣结合起来,最终只能导致自己择业的失败。

3. 扬长避短,比较鉴别

在选择职业时,要明确自己的长处和短处。在各类职业间进行比较,将职业的具体要求与自己的特长对照起来,选择那些更符合自己客观条件、特长和专业发展,经过努力能很快胜任的职业。当个人的素质符合某种职业的主要条件时,职业选择就比较容易成功。

4.与时俱进,不断调整

择业是一个与时俱进、不断调整的过程,即使是自己理想的单位和职业,也要采取分步跃进、逐渐实现的策略。同时,由于情况的变化及主观考虑不够全面等原因,一个人必须通过不断地搜寻和转变,才可能发现真正令自己满意的职业。

【小贴士】

李开复老师认为,大学生寻找的第一份工作应该具有以下几个方面的优势:

(1)能够帮助自己继续学习;

(2)可以让自己在五年后有更好的发展机会;

(3)符合自己的兴趣和理想,或能够帮助自己发现兴趣和理想。

二、深造

有些大学生毕业后没有直接就业,而是选择了继续学习深造。比如,专科的毕业生选择了升本继续学习,本科的毕业生选择了考研,一部分硕士研究生选择了考博士,还有一部分人选择了出国深造。通过深造,提高自身学历和知识水平,能够获得更强的就业竞争力、更大的发展潜力和更多的就业机会。

但是,毕业生同时必须认识到,深造只是为了更好就业的一种途径,就业才是最终的目标。

三、创业

创业是就业的另一种模式,不同的是,创业者不是被动地找"饭碗"(就业机会),而是主动地给自己和他人创造"饭碗"(就业机会)。目前,国家提倡和鼓励大学生自主创业,并为此出台了一系列优惠政策。有一部分大学生响应国家号召,走上了创业之路。大学生自主创业是创造就业机会,缓解就业压力的一条重要途径。但是,创业是有风险的,每一个同学在创业之前,一定要有充分的准备。

四、待就业

一些同学在毕业之后由于某种原因而选择了暂时不找工作。待就业只是一种暂时状态,最终会走向其他三种途径(就业、深造、创业)。

第二节　明确你的就业意向

在就业之前首先要明确自己就业的行业、地域、单位和岗位等就业意向。

一、明确就业行业

随着社会发展,行业分工愈来愈细。就医药行业而言,随着人们健康观念和健康状况的不断转变,也出现了许多新的行业领域。例如,健康咨询、健康护理、医学保健等,有些医学专科也从综合性医院中分离出来独立发展。例如,医院的影像、检验专业分离出来发展成为独立的体检中心等。从行业发展的角度来看,有些行业属于适应市场和社会发展的朝阳行业,有些则属于面临淘汰的夕阳行业。行业与行业之间的差别很大,对人才的需求差别也很大。毕业生就业之初选择行业很重要,也更需要谨慎。一般在选择行业时,要尽可能了解行业发展的趋势和前景。

二、确定地域

由于各地区经济发展水平的差异和不平衡状态,使得就业地域的选择,也成了影响大学毕业生就业的一个重要因素。从目前大学毕业生就业的情况来看,全国各大中型城市和东部沿海发达地区是大学生就业的首选地区,而西部地区,特别是一些边疆少数民族地区,广大农村基层地区,则成了大学毕业生不太愿意去的地方。

一般来说,毕业生在就业过程中选择就业地域时,应综合考虑地域的环境,包括政策环境、人才环境、生活环境、工作条件和生活成本等因素。应把这些因素与自己的实际情况结合起来,从总体上进行分析权衡,最后才能做出科学的选择。例如,一个南方籍的学生,一般是不想选择在新疆等一些西部边远省区去就业的。但是,这对于新疆籍的学生而言,在自己家门口就业,也为一件好事。

三、确定单位

毕业时该选择一个什么样的单位,作为自己职业发展的平台呢?是国家机关、事业单位,还是外资、合资企业或民营企业?实际上,每个单位都有优势和劣势,适合自己的才是最好的。

怎样才能找到适合自己的好工作呢?这需要用到我们在大学生职业规划中讲到的知识,尽可能地把自己的职业意愿、职业兴趣、职业技能,及自己的客观情况,与自己所选择的单位结合起来,做到人职匹配。

四、确定岗位

确定行业和工作单位后,还要明确自己的工作岗位及工作职责。结合每个岗位的特点和自己的特长、兴趣爱好和专业技能,找到人职匹配的岗位。这样,才有利于发挥出自己的优势,获得长远发展。

每个单位的职能与岗位设置都不相同。根据单位的职能和岗位设置,结合个人职业定位和就业意向,就可以选定具体的职业方向了。

第三节 调整就业心态,树立科学的就业观

不良的就业心态和不合理的就业观念,是当前大学生就业难的原因之一。因此,要顺利实现就业,获得良好的职业发展,必须合理调整就业心态,树立起科学的就业观。

一、克服不良的求职心理和就业观念

(一)大学生就业表现出来的不良求职心理

(1)急功近利心理。一些大学毕业生在求职时,过于看重工作的薪酬待遇及社会地位等,表现出一种急功近利的心理特点。这是一种不切合自身实际的心理状态。

(2)胆怯、自卑心理。有些同学缺乏自信心,老是感觉到自己有些方面不如别人,害怕用人单位不要自己。因此,在求职时往往会表现出一种自卑和胆

怯的心理。

(3)自暴自弃、压抑的心理。有些同学由于在求职过程中遇到一些挫折而形成一种自暴自弃、压抑的心理状态,对找工作抱有一种"破罐子破摔"的无所谓态度。

(二)大学生在就业过程中表现出来的不良就业观

(1)依赖型。据统计,近几年毕业的大学生中出现了一批不愿意找工作而依赖父母生活的"啃老族"。这些同学有些是在找工作过程中遇到一些挫折,而形成一种消极逃避的态度,有些是压根就暂时不准备找工作,抱有一种"还想玩几年"的想法。这些同学在就业过程中不是采取积极主动的态度,而是单纯依赖家庭或学校,这是一种不良的就业观。当前,我国大学生就业实行"市场导向,政府调控,学校推荐,学生和用人单位双向选择"的就业制度,毕业生必须摆脱消极逃避和依赖家庭或学校的观念,应该树立信心,依靠自身的实力,准确定位,主动推销自己。

(2)一步到位型。当前,随着市场经济体制改革的深入,各种社会保障体制的建立和健全,人才的合理流动,已经成为不断优化人力资源配置的一种主要方式。这就要求毕业生转变过去"一步到位定终身"的就业观念,树立"先就业,后择业,先生存,后发展"的观念,不断地学习发展,不断提高自己,要有随时做好重新择业上岗的思想准备。

(3)专业对口型。有些同学在就业时过于看重工作与专业的对口,而忽略自身的专业、学历层次的局限及就业的实际情况,最终导致就业受挫。

例如,一些临床医学专科的毕业生认为,自己所学的专业是临床医学,就应该到医院去工作,而不愿意到其他医学相关的行业(如医药营销行业等)去工作。这是一种狭隘的就业观,当前的实际情况是,医院对临床医学专业专科层次的毕业生的需求量是很小的,除了一小部分基层或社区卫生院外,市、县的大中型医院对此是几乎没有用人计划的。

(4)盲目攀高型。就业应从自己的实际情况出发,但在择业过程中,许多学生没有考虑这一点,盲目攀高,追求所谓的"三高六点"("三高"即起点高、薪水高、职位高,"六点"即名声好一点、牌子响一点、效益高一点、工作轻一点、离家近一点、管理松一点),在择业地域上,只愿留在繁华的大中型城市不愿到基层或社区就业。对此,毕业生要处理好理想与现实之间的矛盾,不要盲目攀高,应理性就业。

(5)地域限制型。地域也是影响毕业生就业的一个重要因素。有些同学在择业过程中太看重地域,而形成一种不科学的就业观。就目前来看,东部沿海等发达地区及一些大中型城市是毕业生择业的首选地域。西部地区,特别是一些边疆和基层艰苦地区,则是许多毕业生不愿意去的地方。此外,有些毕业生在选择就业地域时,还表现出一种"恋家"情结,只想在本省的一些大中城市找一份工作,而不愿远离家门。

二、树立科学的就业观

1.实事求是地评估自己

毕业生应对自己的职业兴趣、职业意愿、专业水平、能力等综合素质,和其他客观实际情况做出实事求是的评估,恰当地定位择业期望值。这是科学择业的前提和基础。只有这样,才能找到适合自己的工作。

2.学会承受挫折,保持坚定的信心

就业是一种竞争,大学毕业生参与这场竞争,就难免会遇到挫折,所以每一个就业的大学毕业生应当有充分的心理准备来应对择业中的挫折。要勇于面对现实,把挫折看成是锻炼意志、增强竞争能力的一场考验;要及时总结经验教训,认真分析失败的原因,调整自己的心态和择业目标,鼓足勇气,重新投入,争取新的机会;要保持坚定的自信心,看到自己的有利条件,充分发挥优势,找到适合自己的位置。

3.相机而动,不过分局限于工资和地域

大学毕业生要积极地投身于广阔的就业市场中,充分利用当前国家积极的就业政策,以主动出击的态势,积极参与就业竞争,做好参与竞争的各种准备,切实把握好就业机会。每年的11月中旬至次年2,3月是各用人单位与大学生签约的高峰期,各毕业生同学一定要把握好这个时段。同时,毕业生也应改变一些不科学的就业观,不要太看重工资待遇和工作地域,一切要从自己的实际出发,相机而动,相机而定。

4.学会取舍,注重发展

大学生应该对自己的职业定位有个准确的了解和把握,不要陷入盲目攀比的误区,整天忙于奔波在各个招聘会场找工作,但总是"这山望见那山高",

即使联系到了一个不错的单位,但是,还总觉得下一个也许会更好。有些同学可能同时和多家用人单位有意向,整天疲于周旋,结果往往是顾此失彼,弄得自己精疲力竭,到头来常常是两手空空,不仅失去了诚信,也失去了本该把握的机会。实事求是的自我定位,明明白白的了解单位,切实提高职业素养和求职技能,在众多的用人单位面前要有所取舍,选择最适合自己的单位和职位,为自己的长远发展开辟更广阔的空间。

5.响应国家号召,支援国家建设

近几年来,国家出台了一系列促进就业的相关政策。比如,鼓励大学生到西部、基层就业的政策等,大学毕业生应密切关注国家、地方上关于就业的政策导向,抓住有利于自身发展的机遇,把自己的职业选择和国家的需要充分地结合起来,把自己的职业生涯置于时代与民族发展的广袤空间之中,利国、利民、利己。

第四节 就业信息的搜集和整理

一、就业信息的含义

21世纪是信息的时代,对于就业尤其如此,谁能拥有更多、更有效的就业信息,谁就将赢得择业的主动权。特别是在我国目前毕业生就业体制尚未成熟,信息沟通渠道不太健全的情况下,就业信息的搜集就显得更为重要。

一般来讲,就业信息包括国家或地区发布的政策、法规等宏观就业信息和用人单位发布的微观就业信息,二者对择业者都具有一定的价值。

宏观就业信息主要包括:国家促进就业的各项方针、政策及关于就业的各种法律法规,还包括国家或地区经济、社会的方针、政策、规定等信息。这类信息为人们认清就业形势,制订求职目标和策略,提供了重要的参考价值。

微观就业信息包括一些具体用人单位的招聘信息、地方和学校具体的就业政策和就业法律、法规等相关规定。其中用人单位的招聘信息是最主要的。

二、就业信息搜集与筛选

1.就业信息的搜集

搜集就业信息主要有两种方法。一种方法是撒网式搜集法。即对凡是与自己的专业有关联的就业信息做全面搜集,然后进行筛选和整理,以备使用。这种搜集方法获取的信息量大,但较耗费时间和精力。第二种方法是定向式搜集法。用这种方法搜集信息首先要确定自己的择业方向和选择单位的标准,然后确定搜集信息的方向,按照方向进行搜集。这种方法搜集的信息相对要少一些。

2.就业信息的筛选

搜集相关的就业信息是必要的,但更重要的,是对广泛搜集来的信息进行整理、分析,择优利用。

一般来说,毕业生搜集到的原始就业信息都比较杂乱,所以,毕业生应根据自己的实际情况和需求,对信息进行有目的、有针对性的筛选处理,使获得的信息更准确、全面和有效,使之更好地为自己的求职服务。

毕业生在筛选信息时,应注意以下几个方面。

(1)选出可用的信息。可用信息主要是指与自己各方面情况相符,适合自己、对自己有利用价值的就业信息。

(2)突出重要的信息,兼顾冷门信息。可用的就业信息可能有多个,哪一个才是最重要的?要对其进行比较、筛选,标注出重点信息,重点信息重点对待,一般信息则仅做参考。当然,也应适当扩大信息搜集的范围,不能仅局限于热门单位和周边较近的地区,否则,会降低就业的成功率。有些冷门职位,或许会成为你的最佳选择,也可以不妨试试。

(3)坚持适用性原则。最适合自己的信息才是可用的信息,重要的信息。信息的筛选应该坚持适用的原则。不适合自己的信息,再具有吸引力,也应坚决剔除。

(4)注意信息的时效性。就业信息一般都具有一定的时间期限,整理信息时要注意这一点,以免过期。

三、搜集就业信息的渠道

现在,就业信息多种多样,获得就业信息的途径很多,但是,每个人的时间和精力有限,不可能穷尽所有的信息。在选择获取就业信息的渠道时,应该把握两个原则——一是便捷,二是权威。

搜集就业信息主要有以下几种渠道。

(1)各级政府就业机构、各高校的毕业生就业工作主管部门、社会职介中心。

各级政府都有负责就业的专门机构,如各级政府人事部门所设置的人才交流中心。教育系统中从国家教育部到各省教育厅及各高校,也设有毕业生就业指导中心等就业服务机构。毕业生可从这些部门获得有关就业政策的咨询、必要的就业指导和就业信息。

(2)各类人才市场、校园宣讲会和毕业生供需见面会。

各级各类人才市场、高校举办的用人单位校园宣讲会和供需见面会,为高校毕业生提供了大量的就业信息与求职机会,成为当前高校毕业生搜集就业信息和求职就业的主渠道。

(3)新闻媒体。报纸、杂志、电视、广播等新闻媒体是毕业生搜集就业信息的另外一个途径。各类用人单位常常通过大众传播媒介发布本系统、本地区或本单位的用人信息。

(4)实习、见习。当前,各高校都给即将毕业的学生安排了一定的实习和见习时间,并把其作为教学任务的一部分。实习、见习为即将毕业的大学生提供了搜集就业信息的渠道和实现就业的机会。有些学生在实习或见习后,就留在所实习或见习的单位工作了。

(5)人脉关系。亲朋好友、同学、家人及老师(特别是分管毕业生就业工作的老师)等人脉关系,是毕业生获取社会需求信息的主要途径之一。所以,大学生应拓宽社交范围,扩大人脉关系,从中充分挖掘有价值的就业信息。

(6)网络媒体。网络已经成为毕业生求职的主要渠道和方式。当前,主要的就业类网站包括:各级政府的人事人才网,各高校就业信息网,各类专门的人才招聘网站,如智联招聘网,及各种综合类的搜索网站和门户网站等。

【小贴士】

毕业生就业常用网站

1.中国高校就业联盟网(http://www.job9151.com);

2.中国人才网(http://www.chinatalent.com.cn);

3.中国人力资源网(http://www.hr.com.cn);

4.中华英才网(http://www.chinahr.com);

5.智联招聘网(http://www.zhaopin.com);

6.前程无忧网(http://www.51job.com);

7.医药英才网(http://www.healthr.com);

8. 深圳人才网（http://www.szhr.com.cn）；
9. 广州人才网（http://www.020job.com）；
10. 南方人才网（http://www.job168.com）；

第五节　制定就业策略

就业需要勇气和智慧。为了实现就业愿望，大学毕业生需要学会利用各种途径和方法，正确地宣传和展示自己，采取不同的求职方式，制定切实有效的求职策略。

一、参加招聘会

各种形式的招聘会是目前用人单位和应聘者双向选择的普遍形式和重要平台。大学毕业生通过参加招聘会，可以了解相关的用人信息，选出符合自己意愿的用人单位。同时，通过自我展示，可能会赢得用人单位的青睐，获得面试机会。一般来讲，参加招聘会时应注意以下几方面的问题。

首先，应熟悉会场，找出理想单位的位置。一般的招聘会必然是由众多的应聘者和用人单位参与的喧哗的会场，参加这样的招聘会，应先查看一下会场的平面图，找出自己想要应聘的单位，明确目标，有的放矢。当然，也可以在应聘目标单位之前，先试投一下其他招聘单位，权且当作演练。

其次，要熟悉目标单位的招聘材料，适时恰当地推出自己。在正式应聘之前，应先认真阅读一下目标单位的招聘介绍材料，了解其公示的相关招聘信息。比如，招聘条件、招聘岗位、招聘人数等，当熟悉了这些情况后，适时地（一般要等前一个面试者面试完之后）与招聘人员交谈，态度要诚恳，可以介绍自己的情况，也可以问一些得体的问题，但一定要突出自己应聘该单位的某些优势、特长和兴趣。最后，要适时地留下自己的简历。

第三，参加招聘会应重视自身言谈举止和形象仪表。言谈举止和形象仪表，是一个人综合素质的外在表现，也是最容易给用人单位留下第一印象的地方。毕业生在应聘前应掌握一些必要的面试礼仪和谈话技巧，在应聘面试时，可以适当地"包装"一下自己，尽量给用人单位留下形象端庄、言谈得体的好印象。

最后，参加招聘会还应有自己的判断和决策。往往在一个招聘会场符合招聘条件的单位不止一家,这时不能盲目从众,一定要接触并熟悉这些招聘单位,然后做出自己的判断和决策,选出自己的目标单位(目标单位不一定只确定一家)。也不能把自己的决策范围只放在一些大的企事业单位,还应注意一下一些有潜在发展势头的中、小单位。

二、网络求职

网络求职是求职者通过网络获取用人单位的用人信息,再通过网络(E-mail 或者网上提交系统)与招聘单位取得联系进而获取面试机会的求职方法。网络求职方便、快捷且节省应聘、招聘成本,受到广大求职者和招聘单位的欢迎,已经越来越成为大学毕业生应聘的一条重要途径。

网络求职一般有两种形式。一种是查找网上用人单位发布的招聘信息,选择自己心仪的招聘单位和岗位,确定目标后,再向用人单位发送个人的求职意向,也可以直接登录目标单位的招聘网站,主动发送 E-mail 提供个人求职资料。如果招聘单位对你的资料感兴趣,就会主动与你联系。另一种是在网上发布求职信息,等招聘单位主动联系。这种形式一般先要在发布求职信息的人才招聘网站上登记注册,注册后再注明本人详细的求职资料。

网络求职要及时、迅速。一般的人才网站上每天都发布很多用人单位招聘信息和其他的咨询信息,而且更新很快,求职者最好随时上网浏览和查询,以获取最新的信息。当发现自己感兴趣的招聘单位时,应迅速采取行动,及时将简历发送到招聘单位或直接打电话给他们。要注意简历不要随附件发送,因病毒的威胁,许多招聘单位都不愿打开邮件的附件。

网络求职时要有针对性地选择一些网站。一般可以选择政府的人事人才网、各级人才交流服务中心的网站、各地教育部门主办的高校毕业生就业服务网站、各高校的毕业生就业网,及一些专业招聘网站上的"校园招聘"频道等,适合大学毕业生网络应聘的网站。毕业生应尽量参加由学校、教育部门、人事部门组织的正规网上招聘活动,因为网上招聘还存在不少局限,求职者并不能全面了解招聘单位的情况,所以,毕业生在参加网上招聘活动时,要提高警惕,小心受骗,最好做一次实地考察。

三、电话求职

求职者也可以利用电话进行求职。电话求职一般只是通过电话向用人单位表达自己的求职意向,适当地向用人单位推销自己,以赢得进一步和用人单位接触和面试的机会。所以电话求职最重要的是要把握好语言的沟通。

通话时要注意倾听对方讲话,认真回答对方提出的问题,反应要敏捷。在倾听时,不要轻易打断对方的讲话,如果有对自己很重要的内容,要边听边记,以免过后遗忘。通话时表达要清楚、准确且有礼貌,声音高低适中、语速快慢适度。电话求职最好采用固定电话与单位联系,以免影响通话效果。在求职之前还应做一些准备,如自己的简历等求职材料、准备与用人单位咨询的问题及对方有可能提到问题的答案等,这些都应准备好放在自己旁边。

通话时间应避开作息时间(一般在中午12点至2点之间最好不要打电话,以免影响午休),尽量选在上班时间,但也要避开刚上班和快要下班的时间,以免别人不愿多谈而影响你的求职效果。尽量不要拨打家庭电话,通话时间也要适中,一般以3~4分钟为最佳。

四、人脉求职

马克思说,"人的本质,在其现实性上,是一切社会关系的总和。"也就是说,人的本质在其社会性,人是生活在社会关系之中的,一个现实的人是不可能脱离现实的社会关系而存在的。毕业生就业也是如此。俗话说"一个好汉三个帮",通过自己的亲戚、朋友、老师、校友等社会关系寻找职业,是毕业生求职的一个重要途径。亲朋好友往往对招聘单位和求职者的情况比较了解,所以,许多招聘单位也愿意录用经人介绍和推荐来的求职者。如果引荐者是社会上有一定影响或招聘单位比较信任的人,则效果更好。学校的老师往往能通过自己的同学、学生或协作伙伴等关系,获得许多就业信息。同学们可以主动要求老师予以推荐介绍。此外,当单位招聘人员时,一些已工作的校友,首先会想到招聘母校的毕业生,他们提供的信息往往都是最接近本校专业的。

五、自荐求职

自荐是毕业生主动出击,积极地向用人单位展示、宣传和推销自己。不仅要让用人单位了解你,而且还要对你形成一定的印象,从而获得面试的机会,最后选择你。

自荐需要一定的勇气和信心。因为自荐是自己主动地直接面对用人单位来推销自己。自荐的方式要根据自己的实际情况来确定。可以采用口头自荐方式,也可以选择书面自荐的方式,就目前来看,口头自荐的方式更多一些。自荐时,相应的一些自荐材料,如求职信、个人简历、学校推荐表、学习成绩单及各种证明材料等,都要准备齐全,且尽量多备几份以备多个用人单位。

【案例】

王先生的求职策略

王先生现供职于一家大型外资医药企业,现担任该公司的西北片区的销售经理。谈到他当时的求职经历时,王先生感觉最重要的是,要制定一个好的求职策略。对此他对即将走上求职之路的大学毕业生提出以下几点建议:

(1)锁定一家单位,精确做好这一家单位的求职准备工作。记住:被十家拒绝,不如把一家搞定。

(2)要切实了解应聘的行业、单位和岗位。要做到比老总更关心行业发展,比面试官更了解公司,比老员工更清楚岗位工作。

(3)仅依靠简历是不够的,还要让面试官感受到你求职的诚意和热情。

(4)要有适合自己的择业标准,独特的求职方式。在择业上千万不要从众,要有自己的安排和主见,要记住,适合自己的才是最好的。在求职方式上,也尽量不要从众,采取一种独特的方式,这样更能吸引用人单位的注意。

(5)要把面试当作一种学习。每一次面试都给应聘者提供了一次学习机会,精细化的求职用不了三次,你就可以教别人怎样求职了。

中央有关部门和地方部门高校毕业生就业主要网站见表2,表3。

表2 中央有关部门主办的就业网站

网站名称	网址
全国大学生就业公共服务立体化平台	http://www.ncss.org.cn
人才市场公共信息网	http://www.chrm.gov.cn/
中国劳动力市场网	http://www.lm.gov.cn/
中国中小企业信息网	http://www.sme.gov.cn/index.htm

表3　地方部门主办的毕业生就业主要网站

网站名称	网址
北京高校毕业生就业信息网	http://www.bjbys.net.cn/
北京市人力资源和社会保障局毕业生就业网	http://www.bjbys.com/bjbys-new/
天津市高校毕业生就业信息网	http://www.tjbys.com/
河北省大中专毕业生就业服务信息网	http://www.hbxsw.com/
山西毕业生就业信息网	http://www.sxbys.com.cn/
内蒙古高校毕业生就业信息网	http://www.nmbys.com/
辽宁省高校毕业生就业信息网	http://www.lnbys.com.cn/
吉林省高校毕业生就业信息网	http://www.ybrc.gov.cn/graduate/link/jiling.htm
黑龙江省大中专学校毕业生就业服务信息网	http://www.work.gov.cn/
上海高校毕业生就业信息网	http://www.firstjob.com.cn/
江苏毕业生就业网	http://www.jsbys.com.cn/jiuye/
浙江省大学生网上就业市场	http://www.ejobmart.cn/
安徽省大中专毕业生就业信息网	http://www.ahbys.com/
福建省毕业生就业公共网	http://www.fjbys.gov.cn/
江西省高等院校毕业生就业信息网	http://www.jxbys.net.cn/Default.asp
山东高校毕业生就业信息网	http://www.sdbys.cn/index.html
湖北毕业生就业信息网	http://job.e21.edu.cn/
河南省毕业生就业信息网	http://www.hnbys.gov.cn/BysWeb/Index.aspx
湖南省毕业生就业信息网	http://www.hunbys.com/
（广东）大学生就业在线	http://www.gradjob.com.cn/
广西毕业生就业网	http://www.gxbys.com/

续　表

网站名称	网址
海南大中专毕业就业指导信息网	http://www.hnbys.net/graduate/web2/index.jsp
四川省高校学生就业网	http://job.scedu.net/structure/index.xml
贵州省大中专毕业生就业指导中心	http://www.gzsjyzx.com/
云南省教育厅大中专毕业生就业服务网	http://www.yn111.com/
西藏高校毕业生就业信息网	http://www.xzjyzdzx.gov.cn/
陕西省毕业生就业服务网	http://www.sxsbys.com/
甘肃教育信息网	http://www.gsedu.cn/structure/sy/index
宁夏毕业生就业网	http://www.nxbys.com/
青海毕业生就业信息网	http://www.qhbys.com/
新疆人事人才信息	http://www.xjrs.gov.cn/
新疆生产建设兵团人事人才网	http://www.xbrs.gov.cn/

第三章　分析就业市场 了解用人单位

乐观是一首激昂优美的进行曲,时刻鼓舞着你向事业的大路勇猛前进。

——大仲马

"五大名企"的选才标准

(1)上汽集团选拔用人的标准有四点:一是学习成绩优秀。二是社会实践丰富。这一点非常关键,如果一个学生有在企业中丰富的挂职或实践经历,表明他融入工作单位的速度就会很快;三是最好是党员或学生干部,因为上汽集团比较重视对后备干部的培养。四是有良好的外语功底,不少员工必须精通两门以上外语。

(2)上海建工集团选贤标准主要有三项:一是专业对口、素质好,因为建工集团主要承担城市建设工作,必须有相关的专业知识。二是组织能力强、实践丰富。三是肯吃苦,因为建工集团许多岗位都要在户外工地工作,吃苦耐劳精神必须具备。

(3)联想集团对人才的选择坚持两大标准:对公司核心价值观的认同和"人岗匹配"。对于后者,联想认为,"不一定要找最优秀的人,而是要找最合适的人"。这种合适,不是学历或者资历上的要求,而在于能够胜任岗位要求。要进入联想,至少需要经过初步的简历筛选、面试初试、笔试、面试复试四关。

(4)诺华制药选拔新人主要有两大招聘要求:一是核心能力。这里包括七个具体方面的能力:创新、团队协作、领导艺术、顾客为本、注重成效、变革发展、沟通技巧。二是专业能力。专业能力主要指具备医药类产品及相关知识、良好的销售和演讲能力、善于沟通和客户的关系等。诺华没有笔试,面试一般分为三轮,第一轮主要面试毕业生的价值观、工作驱动力、个人品质。第二、三轮主要考核大学生的核心能力和专业能力,尤其是沟通、语言等方面的能力。

(5)IBM(国际商业机器中国有限公司)全球人力资源总裁提出了四点:Pride(自豪感)、Innovation(创新)、Flexibility(灵活性)、高绩效文化。高绩效文化,是指不看你是哪个学校毕业的,你是什么学历,而看你真正在工作上的贡献及工作热情。IBM现在比较强调求职者的三大部分:第一是Win,就是所谓的必胜的决心;第二是Execution,就是又快又好的执行能力;第三是Team,就是团队精神。

(摘自《找对出路——大学生就业与创业指导》史梅等主编,高等教育出版社出版2010.5)

第一节 大学生就业市场

一、大学生就业市场的类型和特点

大学生就业市场是运用市场运行机制,配置高校毕业生生源,为毕业生和用人单位提供政策咨询、就业指导、供需见面、创业培训等就业综合服务的专业化市场,是高校毕业生求职择业和用人单位招聘录用人才的主要场所,是毕业生求职过程中所涉及的各种社会关系的总和。大学生就业市场的主体性要素是供方(毕业生)、需方(用人单位)、中介方(高校就业部门、政府人才交流中心或其他职介机构),及这三者产生的相互关系。非主体要素指户籍、保险、人事制度等。随着我国经济体制改革、劳动人事制度改革、大学生就业制度改革的不断深入和发展,我国大学生就业市场逐步建立并完善,形成了多种类型的就业市场,呈现出了不同于其他就业市场的特点。

(一)大学生就业市场的类型

按其外在表现形式,大学生就业市场可分为有形市场和无形市场两种类型。由固定的时间、场所、特定的参加对象等形成的市场是有形市场。无形市场指毕业生和用人单位在双向选择时,双方的信息交流不受特定的时间和空间限制,由双方自行选择的就业市场。这种就业市场没有固定的时间、地点和场所,它是无形的,但又是客观存在的。

目前,有形市场按不同的分类标准,可以划分为以下几种形式。

1.按举办单位划分

(1)高校举办的毕业生就业市场。一般称为招聘会、用人洽谈会等。有一所学校单独举办和多所学校联合举办两种类型。高校毕业生就业市场是专门针对高校毕业生的专业特点而形成的专门化就业市场,一般市场中参与招聘的用人单位与各高校都有比较稳固的用人合作关系,其在人才招聘的专业条件上,具有明确的定向性。所以,这种毕业生就业市场具有较强的针对性。

(2)企业举办的毕业生就业市场。它是由一些大型企业或企业集团举办的,以招聘本企业所需毕业生为主的就业市场。企业往往通过本企业场所、企业网站等自有途径,或报纸、广播、电视、互联网等大众传播媒介,发布招聘信息。这种就业市场具有针对性强、信息可靠的特点。

(3)政府就业主管部门或人才中介机构主办的毕业生就业市场。其一,是省(自治区、直辖市)主管毕业生就业部门组织各高校所设立的大学就业市场。其二,是地方人事主管部门或人才中介机构设立的针对大学毕业生的人才市场。

2.按举办区域划分

(1)区域性毕业生就业市场。它是由地方毕业生就业主管部门举办的,为本地区用人单位和高校毕业生服务的就业市场。

(2)国际性毕业生就业市场。主要指毕业生就业的国际化市场。随着改革开放的深入发展,各种跨国企业在国际间对各国大学毕业生的招聘情况,已有所发展,并呈现出新的态势。

3.按举办的类别划分

(1)分科类的毕业生就业市场。主要是地方主管毕业生就业的部门,依据用人单位招聘的专业条件和学校培养人才的专业特点,从市场细化的角度出发,把理、工、农、医、财经、师范等学科类的毕业生分别集中起来,与相应的用人单位进行双向选择。

(2)分层次的毕业生就业市场。主要是针对各招聘单位对毕业生学历层次的不同要求,而形成的不同学历层次的就业,包括研究生就业市场、本科毕业生就业市场和专科毕业生就业市场。

(3)行业性毕业生就业市场。它是由中央部委主管毕业生就业的部门主办的,为本系统、本行业毕业生和用人单位服务的就业市场。

此外,还有一些特殊的就业市场,它们是特殊行业举办的以招聘应届毕业生为目的的就业市场。例如,从毕业生中选拔飞行学员、公安干警等。当然,随着市场经济的发展,大学生就业市场已呈现出多样化的态势,用一种分类标准来划分尚有局限性。

有形市场的作用是显而易见的,但同时,无形市场在毕业生就业过程中的作用也越来越明显。目前,无形市场的主要载体是以计算机网络平台为依托的各种毕业生就业信息网络系统,如中国高校毕业生就业服务信息网、各省就业主管部门毕业生就业服务信息网等。

近年来,国家教育部同中央其他部委及各地方就业主管部门、各高校在毕业生就业工作信息化方面都做了积极的努力和探索。除教育部出台的高校毕业生就业信息管理系统外,各地方、各高校也建立了自己的毕业生就业信息网和就业信息库,加强了就业信息的交流,实现了信息资源的共享。毕业生和用人单位通过计算机网络进行双向选择的方式,大大提高了效率,节省了物力、财力。国资委、国家教育部、信息产业部等部委,从2005年开始,已经举办了多次全国大中型企业和全国中小型企业网上双选会,并且开始尝试网上远程视频面试。相对于一些集中的大型人才市场而言,网上双选会既节省了时间,又节省了大量财力和物力。这种新型的网上互助交流,有望成为今后毕业生就业求职的主要渠道。

(二)大学生就业市场的特点

经过了多年的发展,我国大学生就业市场逐步形成了以下一些特点。

首先,作为市场的一种,大学生就业市场和其他市场一样,具有有效的市场机制。支撑大学生就业市场的是供求、价格和竞争三大机制。

供求机制是高校毕业生就业市场运行的基础,通过确定市场主体,实现毕业生供求双方的自主用人和自主择业,体现出大学毕业生的供给和社会需求的内在运行关系。当供求失去平衡时,高校调整专业结构,改变培养人才的种类和数量。总之,通过市场供求机制,就业市场实现用人单位和高校毕业生人才的优化配置。

价格机制是高校毕业生就业市场的核心机制。当价格发生变化时,通过市场调节,引起供求的变化。反过来,供求的变化也会引起价格的波动。毕业生在市场上的交换,反映的是不同主体间的物质利益关系。大学毕业生因所在的学校、所学专业、个人的素质等不同,在选择职业上,必然会有差异。这种差异的衡量只有通过双向选择和个人收入的多少这种市场途径和指标,才体现出来。

竞争机制是高校毕业生就业市场的实现机制,体现了毕业生供需和价格间的内在运行关系。在现实生活中,当毕业生数量大于用人单位需求数量时,毕业生就业竞争激烈;当需求大于供给时,用人单位招聘毕业生也比较困难。

供求机制、价格机制、竞争机制相互联系,综合作用,推动着毕业生就业市场的运行。

其次,我国大学毕业生就业市场还具有一些自身独特的特点,主要表现在以下几个方面。

(1)市场状态的初始性。大多数就业市场为自发举办,随意性很强,市场内涵、运作模式比较简单,还没有出现整体的专门化、系统化的市场状态。

(2)市场主体的群体性。作为市场主体的毕业生,其就业不是孤立的、分散的,而是集体的、聚合的。每年全国有几百万大学生走出校门,走向社会。随着我国高等教育扩招步伐的加快,将会有越来越多的毕业生拥入就业大军中。因此,就业市场具有鲜明的群体性。

(3)市场运作的时效性。根据当前我国大学生就业的一般程序,大学毕业生从每年7月1日起离校。在此之前,大部分毕业生的派遣方案应落实到具体单位。因此,就业市场运作的时效性比较强。近几年来,随着就业竞争的日益加剧,高校毕业生就业洽谈活动的日程正在逐渐提前。一般都是从当年的11月份就开始组织次年毕业生的就业洽谈活动,提前了就业市场运作的时间。

(4)市场供求的多变性。大学毕业生市场,既受宏观方面的社会政治和经济影响,又受微观市场主体(毕业生)的影响。从宏观方面来看,就业需求量与经济社会的发展成正比。随着我国经济的快速发展和世界经济全球化进程的加快,国内就业市场给毕业生创造的就业机会越来越多,新的职业岗位也不断涌现,如一些新兴的服务行业岗位等。市场对毕业生的需求量大幅度增长。从微观方面来看,毕业生的就业策略和期望值,也随着市场的变化而变化。不同时期大学毕业生择业的期望值和要求,反过来对就业市场的供求也有一定的影响。

(5)市场形式的多样性。如前所述,大学毕业生就业市场形式灵活多样,按照不同的标准可以划分不同的类别。既有有形的,又有无形的;既有大规模的,又有小规模的;既有综合性的,还有专业性的,等等。

(6)市场门槛的高层次性。大学毕业生就业市场主体是大学毕业生。大学毕业生是学有所长的专门人才,层次较高,素质较好,能力较强。所以,与其他人才市场相比,大学生就业市场层次较高。

大学毕业生在就业市场择业,必须树立起一定的竞争意识和危机意识。市场是无情的,竞争是激烈的。大学毕业生一旦进入市场,就面临一场知识、能力和素质的竞争。有竞争,就有优胜劣汰,所以,危机意识不可缺少。有了危机感,大学生就会更加珍惜大学生活,集中精力学习知识,提高素质,增强自己的竞争力。面对严峻的就业形势,置身于竞争激烈的就业市场,大学毕业生应具备应对找工作时,有可能遇到的各种挫折的心理准备,这是市场给我们上的第一课。

二、当前我国大学生就业市场面临的主要矛盾和机遇

(一)当前我国大学生就业市场所面临的矛盾

(1)毕业生数量增长与国民经济的整体发展不同步的矛盾。我国大学扩招后,大学生就业人数呈现出高幅增长的态势。全国应届毕业生从2001年的115万人到2017年的795万人,涨了近7倍,其涨幅明显高于我国社会经济的整体发展所提供的新增就业岗位的数量。

(2)社会产业结构调整与高校专业调整不同步的矛盾。中国大学生就业的根本性矛盾是结构性矛盾。社会产业结构的调整,使得过去的热门专业变成今日无人问津的冷门专业,而另外一些专业却转眼"行情走俏";而高校专业设置和人才培养方向的调整,往往滞后于社会产业结构的调整,结果造成了一方面毕业生找不到工作,另一方面,用人单位却招不到想要的人才。

(3)社会人才需求规格与学校培养的人才质量不对接的矛盾。扩招之后学校有限的教学资源被大规模增加的学生所稀释,教学质量和学生素质能力均呈逐年下降的趋势。现在很多毕业生不能就业就出在质量问题上,学校没有能够培养出达到社会人才需求标准的学生,社会自然不接收,造成学生就业困难。

(4)市场配置环节与人才供需渠道不对接的矛盾。即就业市场供需渠道不通畅。我国高校毕业生就业市场发育还不充分,毕业生求职和用人单位招人,都带有一定的盲目性和偶然性。就业市场信息不畅,功能不齐全,没有形成一个能及时反馈供需信息的现代化信息网络。

(二)大学生就业市场面临的机遇

(1)虽然近几年来随着大学的扩招,大学毕业生数量有所增加,但是,从长

远看,中国仍是个人才短缺大国,目前就业形势严峻,主要是结构性矛盾导致的,对人才的需求数量是会不断增长的。

(2)产业结构的新调整,会造成新的产业大军。学校要根据产业结构变化,随时调整人才培养模式和方向,培养新的人才队伍。

(3)党和政府高度重视大学毕业生就业工作,先后出台了一系列扶持就业的政策,支持各地就业市场开发。

(4)各高校日趋重视毕业生就业工作。出口引导入口,就业指导招生。就业是高校办学的一条生命线,学校会在竞争中引发对就业的重视。学生就业率是衡量一个学校培养模式成功与否的重要标志,是学校办学水平的重要体现,各个学校都将十分重视。

(5)学生就业方式和择业观念的转变,会让就业不再沉重。近几年来,学生的就业方式和择业观念发生了重大的转变,出现了创业、自主择业、跳槽、改行等新的灵活就业的途径。这是一种好气象,标志着大学生就业市场进一步走向成熟。

三、大学生如何把握和利用就业市场

(一)对有形就业市场的利用

有形就业市场是当前大学毕业生与用人单位双向选择的主要平台。据权威部门统计,历年通过有形就业市场找到工作单位的大学毕业生人数与毕业生总数的比率都在70%以上。因此,高校毕业生在就业中应充分利用有形市场的作用,积极把握有形市场提供的各种机遇。在进入市场前,首先要有充分的准备,具体包括整理就业材料,了解就业信息,掌握就业技巧等。就业材料包括个人简历、自荐信、学校核发的毕业生推荐表、学习成绩单、获奖证书等。就业材料是用人单位了解毕业生的第一手材料,就业材料的好坏,直接影响毕业生的求职效果。大学毕业生可以通过报纸、杂志、网站、学校信息窗等途径,了解就业信息,也可以向学校就业部门咨询。近几年来,各高校大学生就业指导中心在大学生就业市场中发挥的作用日益明显,许多高校就业指导中心在开展就业活动的过程中,与一些用人单位建立了良好的合作关系,拥有比较固定的用人单位群体,这些单位已成为毕业生就业的固定客户,基本上每年都要来学校举办各种形式的招聘会、信息发布会。大学生要充分利用这些资源,寻找到合适的"婆家"。参加招聘会前,大学生应聘者应先了解参会单位的具体情况及各单位在会场中的位置。一般应先与适合自己的用人单位洽谈,避免分散过多注意力。洽谈时务必记下用人单位的联系方式、地址,以便会后与这些单位取得联系。

就业技巧也是大学毕业生进入就业市场找工作时必备的能力,包括面试、笔试技巧,求职礼仪等。一般各高校就业部门会以各种形式给本校学生提供这方面的指导。其具体内容本书在后面章节(见第四章)有详尽讲解。

(二)对无形就业市场的利用

科学技术的飞速发展,计算机网络技术的日益普及和应用,为就业市场的迅速发展提供了必要条件。各省、市教育主管部门毕业生就业网、各高校的就业信息网、各级政府部门的人事人才网,及一些商业类的招聘网(如智联招聘网等),为大学生就业提供了各种就业信息和就业渠道。利用网络,大学生足不出户,便可获知全国各地的用人信息,实现了资源共享的最大化,方便了毕业生与用人单位之间的联系,真正实现了全国联动,形成了实际意义上的大市场。

随着网络信息技术的发展,网络就业必将成为一种全新的就业模式。网络也必将成为大学生无形就业市场的主要载体。大学生应充分认识到这一点,积极利用网络这个无形市场,多方面获取求职信息,主动参加网上招聘活动,把握就业机遇,达到求职成功的目的。

四、当前医药行业就业市场的发展状况

作为大学生就业市场的一部分,当前,医药行业大学生就业市场的发展具有自身的一些规律和特点。

(一)医药专业的学科类别和人才培养目标

按照目前教育部的分类标准,医药专业共包括八个一级学科,即基础医学、临床医学与医学技术、预防医学、口腔医学、中医学、法医学、护理学和药学。

人才培养的目标是培养具备基础医学、临床医学的基本理论,能在医疗卫生单位、医学科研等部门,从事医疗及预防、医学科研等方面工作的医学高级专门人才。医药专业的大学生一般应掌握基础医学和临床医学的基本理论、基本知识和常见病、多发病诊断处理的临床基本技能;具有应对急、难、重症的初步处理能力,熟悉国家卫生工作方针、政策和法规等。

随着经济的快速发展,社会的进步,人们的生活水平日益提高,健康已经成为衡量生活质量的一个重要标准。

(二)医药行业就业市场中的用人单位类型

随着生活水平的提高,人们越来越关注健康状况,对"药品的质量、数量和医疗技术、医疗条件"的要求越来越高,社会对医疗类毕业生的需求量越来越大,所以从行业整体发展的市场前景来看,以高科技开发为依托的医学行业属于"朝阳产业",医药类专业的大学毕业生具有广阔市场前景。

就目前而言,医药类毕业生就业市场中用人单位主要分为以下几类。

1. 医院及其他相关医疗机构

这一类用人单位形成医药类毕业生就业市场的主体,是医药类毕业生就业的主渠道。主要包括省、市、县(区)、乡(镇)设置的各级医院(或卫生院),各级卫生防疫站系统和各类民营医院。

2. 药厂及医药公司

各种类型的药厂及医药公司,形成了医药类毕业生就业市场的另一类用人单位主体。该类型的用人单位招聘的主要专业类型包括药学、临床医学、预防医学、护理等,其用人岗位为营销、生产、研发及产品维护等。根据最近几年的情况来看,营销类岗位占主体。

3. 卫生行政单位和其他单位

除上述单位外,每年各级卫生行政单位也会招一部分医药类专业的毕业生(大部分主要通过国家公务员考试)。此外,还有一些其他的用人单位,如保险公司、美容行业、化妆品公司、体检中心、保健品销售公司、医疗器械销售公司等。这些单位一般对专业的要求不太严格,一般医药类及相关专业的毕业生都可去应聘。

(三)当前医药类毕业生就业市场的机遇和困难

1. 新医改给医药类大学生就业开拓了新的就业机遇

2009年国务院出台了《关于深化医药卫生体制改革的意见》及《2009—2011年深化医药卫生体制改革实施方案》的文件,开启了我国新一轮的医疗改革。新医改的总体目标是建立覆盖城乡居民的基本医疗卫生服务制度,为群众提供安全、有效、方便、廉价的医疗卫生服务,让百姓看得上病、看得起病、看得好病。

新医改政策明确指出,要制定优惠政策,鼓励优秀卫生人才去农村、城市社区和中西部地区服务。对长期在城乡基层工作的卫生技术人员,在职称晋升、业务培训、待遇政策等方面给予适当倾斜。新医改政策使得到基层(或社区)医疗机构就业,成为医学生就业的一个方向,进一步为医学生拓宽了择业道路。

从近几年医药类就业市场用人单位情况来看,基层(社区)医疗用人单位逐渐增多,其用人数量也在逐年上升。按照新医改政策的要求,许多基层医疗单位重新开始整合,一个新型的基层医疗卫生体系正在逐渐形成,为医药类毕业生提供了广阔的基层就业市场。

2.就业市场用人单位趋向多元化

除了传统的医院、药厂或医疗器械公司外,医药类毕业生就业市场还出现了一些新的行业,与生命科学、健康科学相关的产业开始在就业市场中崭露头角,并呈上升趋势。就业市场中出现了一些诸如医学保健、医学美容、家庭护理、保险理赔等新的用人行业,整个就业市场呈现多元化的趋势。拓宽了医药类毕业生的就业领域,增加了其就业的机会。

当然,就业市场存在机遇的同时还面临着一些困难,主要表现在以下几个方面。

(1)就业总人数增加,就业压力大。近几年来,由于高校的扩招,医学类毕业生队伍不断扩大,增加了医学类毕业生就业的压力,就业形势不容乐观。

(2)行业准入条件高。根据2002年出台的《医疗卫生法》,刚毕业的医学类大学毕业生要进入医药行业工作,首先必须取得相应的医师执照。没有医师执照,就没有处方权,也就没有行医资格。根据2008年国务院颁布《护士条例》规定,护理专业毕业生必须取得职业资格证后,才能上岗,许多用人单位也是在毕业生取得了职业资格证后才与其签订用工合同。医药行业的准入条件的增高,在一定程度上增加了医药类应届毕业生就业的难度。

另外,由于就业市场中供大于求,许多医院都相应提高了对应聘者的学历要求。就目前而言,一般省、市三级甲等医院临床医学专业都要求硕士、博士,本科生一般只有麻醉、影像、检验、护理等辅助科室接收。专科生则更多的只能面向基层地区、边疆地区或一些相关医药领域就业。

(3)传统的择业观造成医药类毕业生就业上的偏差。城市公立大中型医院一直是医学毕业生就业的传统渠道,然而经过多年的发展,城市的医疗人才状况已经得到了根本的改善,有些地区还出现了饱和或超编,城市大中型医院的发展重点由扩大规模转为内涵建设,对人才的需求仅仅集中于急需的专业人才或者专业领军人才方面,对普通的医学毕业生的需求基本萎缩。

而在农村基层乡镇医院,医疗设备落后,药品不足,医疗水平低,对医学毕业生的需求旺盛,但由于经济相对落后,条件较差,很多抱有旧择业观念的医学类毕业生不愿意去这些单位。据国家统计年报资料显示,我国目前每1000人口中医生数,城市为2.31人,农村为1.17人,城乡医疗卫生服务水平存在较大差异,造成了医学类毕业生相对过剩的现象,出现了一边抱怨工作难找,一边抱怨人才难求的状况。

同时,一些新兴医药行业领域,如社区医院、民营医院及医药营销、康复保健医疗器械、医疗保险等医药行业衍生领域,对医学毕业生的需求量也较大,但是,一些毕业生抱有根深蒂固的"去医院当医生"的观念,对此类单位的认同度不高,因而出现了当前医药类毕业生就业市场上职位供给与需求的矛盾现状。

第二节 用人单位分析

随着改革开放的深入发展,社会主义市场经济体制的不断完善,当前我国就业市场上的用人单位呈现出多样化、多层次的特点。

目前,国内就业市场上用人单位及其用人方式主要有以下三种类型。

一、国家各级党政机关

国家各级党委机关、政府机构是当前大学毕业生就业的重要用人单位之一。随着我国政府机构改革的深入发展,各级党政机构力求精简、高效,逐步形成了落实岗位,核定编制,一人一编,一编一岗的公务员用人模式。

所以,党政机关每年招录工作人员,都是按照缺额(或增加)的编制来制定录用计划,通过公务员考试的方式进行选拔招录。与企业类用人单位相比,各级党政机关每年的用人数量相对比较稳定,其招录考核也较为严格。

近几年来,随着国家党政机关公务员工资待遇的提高和改善,以及人们追求"铁饭碗"的传统就业观念,出现了一股"公务员考试热"的潮流,对公务员岗位的竞争呈现出日趋激烈的形势。

二、国家各级事业单位

教育、卫生等国家各级事业单位,是大学毕业生就业的另一类型用人单位。与党政机关相类似,各级事业单位用人也主要采取按编制进人的方式。具体采取事业单位招考的方式来录取所需人员。参加招考的大学毕业生,往往要经过报名、资格审查、考试、面试等层层考核。

相对于党政机关而言,事业单位的用人方式较为灵活。除了招考方式外,有些事业单位在经其上级部门批准后,还可以以合同制的形式独立聘用工作人员。所以,事业单位合同式的聘用制成为当前大学生就业的另一种途径。

近几年来,随着各项改革的深入,一些事业单位(如卫生、教育等)的用人数量呈上升趋势,特别是在一些基层或西部偏远地区。对此,国家专门出台了一些鼓励和引导大学生到基层或西部地区就业的政策,如"三支一扶"计划等。所以,面向基层、面向西部地区就业,成为当前大学生就业的另一个机遇。

三、各类企业

随着社会主义市场经济的建立和完善,国内市场出现了多种类型的企业。这些企业成为社会主义市场经济的微观经济主体。同时,也成为大学生就业市场的主体,为大学生就业提供了广阔的市场平台。

各类企业按所有制不同,可分为国有企业、三资企业和民营企业三种类型。这三类企业在用人标准、企业文化等方面,各有特点。

1. 国有企业

国有企业是在国有经济制度控制下运营的企业,它把握着我国国民经济的命脉,是国民经济的支柱。

改革开放几十年以来,国有企业已越来越显示出强劲的发展动力和市场主导作用。同时,国有企业也逐渐成为大学毕业生就业的重要用人单位之一。

2. 三资企业

三资企业是经我国有关部门批准,遵守我国有关法规规定,由一个或一个以上的国外投资方与我国投资方共同经营或独立经营,实行独立核算、自负盈亏的经济实体。包括在中国境内设立的中外合资经营企业、中外合作经营企业、外资企业三类外商投资企业。根据国家和区域的不同,三资企业又可以具体分为:欧美型、港台型、日韩型等类型。

欧美型企业一般工作氛围较为宽松。但是,对员工的工作效率和创造力要求较高,员工工作的压力大。其用人方式多以协作形式聘请或外包,正式员工不多。

港台型企业包括港资企业和台资企业。港资企业崇尚职业精神和职业操守。工作强度大,员工工作压力大。台资企业比较务实,新进员工都必须从基层干起,管理较为宽松,个人能力和薪酬待遇提升较快。

日韩型企业包括日资企业和韩资企业。日资企业在企业文化上注重打造企业的凝聚力。用人体制上实行终身雇佣制,管理严格,强调个体绝对服从团体和上级。工作效率比较低,企业的福利待遇好。

韩资企业在企业文化上追求员工对企业主人翁式的认同感,管理严格,领导级别上壁垒分明,下级必须服从上级。

3.民营企业

在市场经济条件下,按照企业的资本组织形式,除国有独资、国有控股外,其他类型的企业中只要没有国有资本,均属民营企业。

改革开放以来,民营企业已经成为我国社会主义市场经济中的一支重要经济力量,也为社会提供了大量的就业机会,成为大学毕业生就业的重要用人单位之一。

四、企业招聘的一般流程与用人标准

(一)企业招聘的一般流程

当前,各类企业已经成为大学生求职的重要用人单位。所以,了解企业的招聘流程,对于大学生求职很有必要。

一般而言,企业招聘流程大致由以下步骤构成。

1.制订、发布招聘计划

根据企业自身的发展状况,企业的管理部门都要制订年度(或更长时间的)人力资源规划,再由人力资源管理部门具体组织,制订年度招聘计划(包括招聘人员的数量和要求等),并通过一些合适渠道发布本公司的招聘计划。

2.选择招聘渠道

由人力资源管理部门综合当地的人才市场状况和本公司的招聘计划,选择合适的招聘渠道。一般如果是招聘一些初级层次的工作人员,可选择校园招聘、网络招聘等渠道。而如果是招一些高级层次的职员,则通常需要通过专

业的猎头公司,来实现对人才的考察与招募。

3.筛选简历

收到应聘者的简历后,人力资源管理部门通过筛选简历,来圈定面试范围。

4.组织笔试、面试

笔试、面试是用人单位考察应聘者的最后两个环节。笔试通常主要考查应聘者的专业知识、能力等。面试通常考察的是应聘者的综合能力。应聘者应聘不同的企业和岗位,往往会遇到不同类型的笔试和面试。

5.体检

用人单位在正式录用前,会组织应聘者进行身体检查,以确定应聘者当前的身体健康状况。

6.签订就业协议

根据国家规定,在毕业生和用人单位达成就业意向后,由毕业生、用人单位和学校三方签订《全国普通高等学校毕业生就业协议书》。所以,《全国普通高等学校毕业生就业协议书》,又称三方协议,经毕业生、用人单位、学校三方签署后生效。

7.签订劳动合同

劳动合同一般在试用期结束后,由毕业生和用人单位签订。对大学毕业生而言,与用人单位签订了劳动合同,意味着求职过程的正式结束。劳动合同是劳动关系的证明,是双方法律权益的保障。

(二)企业的用人标准

企业选才的基本条件如下:

1.学历

与学历相关的两个证书——学位证和毕业证,是用人单位招聘大学毕业生的两个基本条件,也是大学毕业生求职应聘的"敲门砖"。

据调查,尽管只有很少数的用人单位把毕业生的学历看得高于一切,但是,在实际招聘工作中,约有80%的用人单位,会把学历作为招聘的基本要求。因为对招聘单位而言,学历往往是评判毕业生能力强弱最直接的标准。

2.毕业院校

毕业生所属院校是用人单位招人时看重的另外一个条件。大多数用人单位比较看重院校的名气与牌子。所以,一些国家重点院校毕业的大学生,在这方面占有一定的优势。

3.专业

专业是用人单位选择人才所要考虑的重要条件之一。一般用人单位对毕业生专业类型的重视程度,要大于毕业生的其他条件,因为专业对口是招聘到合适人才的基本条件。但是,当前由于一些高等院校在人才培养和专业设置上,没能根据社会需求进行及时的调整或调整滞后,所以,一些用人单位在招聘时认为,目前大学毕业生的专业技能还难以适应用人单位的实际需要,许多毕业生对本专业的发展方向和专业必备知识,仅仅停留在"有些了解"的水平上,而对于一些新兴的行业,用人单位,几乎找不到所需的专业人才。

4.证书

证书是毕业生就业求职所要具备的另外一个条件。一般来讲,不同行业的用人单位对证书的要求是不一样的,有的用人单位比较看重证书,但有些单位对此看得比较轻。根据一些用人单位的招聘情况来看,一般用人单位最看重的是学历证书,其次才是三好、优干证书、英语四级证、计算机等级证、职业技能证书等。

企业对毕业生的素质要求:

一般说来,企业对毕业生的素质要求主要包括以下几个方面。

1.人品素质

人品,即个人品德修养,这是用人单位对毕业生素质要求的核心。德才兼备、品学兼优,是绝大部分用人单位招聘的基本标准,其中毕业生的诚信度、吃苦耐劳精神、敬业精神、事业心和责任感,已经成为用人单位招聘的首要素质条件。

2.专业知识素质

毕业生经过大学阶段的学习和训练,应该具备一定的专业基础和较为广博的知识积累。专业知识和技能最直接的体现就是学习成绩。所以,大部分用人单位会通过大学生在校期间的成绩单,来判断该学生的专业知识素质。作为大学生,要明确的一点是,学习始终是第一位的任务,社会活动再多,实践能力再强,在用人单位面前,如果没有拿得出手的成绩,在竞争中同样处于劣势。

3.实践能力

当前,用人单位普遍比较喜欢招聘具有一定社会经历、工作经验和实际操作能力、能直接介入工作的员工。这些要求对于刚走出校门的毕业生而言,是不利的。大学生可以通过在校期间积极参加各种社会活动,利用假期或者周末,主动寻找单位进行专业或非专业见习,以及学校安排的专业实习,来提高自己的实际操作能力和交际能力,积累社会经历和工作经验。

4. 创新能力

创新是企业赢得成功的一个重要保证。所以,企业需要具有创新能力的人才。企业在招聘时往往也比较注重对应聘者创新能力的考察。企业最理想的员工是那些既掌握了丰富的知识,又具备独立思考和解决问题的能力,善于将学到的知识灵活运用于生活和工作实践的创新型人才。所以,创新能力是每一个求职者都应该努力培养的素质。

【案例】

朱兴旺,男,湖南娄底人,北京大学医学部儿科专业06级硕士毕业生。毕业时,他放弃继续攻读博士和在北京大医院工作的机会,选择到国家级贫困县重庆市开县人民医院担任一名普通的基层儿科医生。

朱兴旺出生在一个医师家庭,父亲的职业影响了他最初的专业选择。而在北大遇到的学问精深的导师,则深深影响了他对学术道路的选择。在导师的影响下,朱兴旺在学习期间从事了两年遗传科学的研究,撰写的论文《遗传机制的表达》已被收录到美国某儿科神经杂志上。这样的学术成绩,对于一个硕士医科生来说,十分难得。在旁人眼里,成绩优异的朱兴旺拥有很多选择:毕业前,导师已经帮他联系了读博的单位,许多北京大医院向他发来了邀请,他需要做的只是点头。但这一次,朱兴旺选择了去一个国家级贫困县,而且是去医疗一线当了一名普通的儿科医生。

对于朱兴旺而言,走向西部,走向基层就业,是来自他生命内在的呼唤,在这种选择背后,浸透了他作为北大人对责任的深刻理解和对理想特有的执着。"在自由择业的今天,每个人都面临许多选择,我们需要重新定位自己,回归自己最真实的想法,不能为了表面的浮华和他人的看法,改变了自己的道路,最后找不到曾经选择的方向。""我愿意做雨滴,哪怕只有一点点,但是能湿润一点土地就是一点,可能我一个人的力量是渺小的,但是如果有越来越多的雨滴,那就是一场好雨。"这是朱兴旺朴素的思想。

2010年1月19日,中国青年报以《不做"蚁族",欲在小地方成就大事业——北大硕士把青春安放在大西南》的题目,头版报道了这一位毕业生基层就业的先进事迹。

(摘自《中国大学生就业》2010年第10期)

成熟人格六要素

人,必须在各种各样的社会环境中生存。同学间、同事间、夫妻间、朋友间,与上司、与远亲、与近邻、与路人,每个场合应该采取的应对方式都不同,除了要充分洞察现实环境之外,没有成熟人格,就很难适应这些复杂多歧、瞬息万变的环境。

被称为"人格研究界第一人"的哈佛教授G·W·奥尔波特(1897—1967),运用现象学中观察法研究人格的成熟度,并在他的《人格形态与成长》中认为,宗教情操及良心是成熟人格的最基本条件。并提出了成熟人格的六要素,作为"人格成熟的基准"。

(1)自我意识的扩大;

(2)和他人的密切联系;

(3)自视客观;

(4)具有对现实的知觉、技能;

(5)情绪的安定;

(6)统一的人生哲学。

第四章 把握就业技巧 应对求职挑战

要有自信,然后全力以赴——假如具有这种观念,任何事情十之八九都能成功。

——威尔逊

简历制作应遵循的四项原则。

(1)删繁就简原则。简历最基本的要求就是简单、清晰,便于阅读。应届毕业生第一次找工作,生怕自己的简历薄,不够分量,引不起招聘者的重视,所以,尽可能地扩充简历的内容,形成了文凭越低简历越厚的怪圈。

而一般情况下,简历长度以一张 A4 纸为限;简历越长,被认真阅读的可能性越小。建议一份简历以 10 秒钟的时间读完为佳。

(2)针对性原则。有些大学毕业生在求职的时候,对不同的单位,不同的职位,提交的都是同样的简历,这样的简历缺乏针对性。要知道,每个单位所找的都是自己最需要的人。所以,简历应针对用人单位的需要而制定,应量体裁衣,而不能千篇一律。

(3)个性化原则。简历中应突出自己的"卖点",而不能一味的套用模板,把学习、个人爱好、兼职经历等简单的"流水账式"的录入。简历就像市场中产品介绍一样,要有吸引用人单位眼球的地方。所以,一份好的简历应是针对用人单位需求,突出自己个性化"卖点"的简历。

(4)实事求是原则。简历的内容要实事求是、客观实际。不要编造工作经历或业绩,因为谎言不会让你走得太远。多数谎言在面试过程中就会被识破。同时,简历上还应提供能证明你资历、能力的客观事实和数据。很多毕业生在简历中把自己描述成"无所不通,无所不能"的全才,极尽夸饰之能事,而缺乏客观的证明材料。这种简历是最没有说服力的。

第一节　自荐信、个人简历的制作技巧

一、自荐信

自荐信是自荐材料中很重要的一部分。通过它，求职者可向用人单位表明自己的求职意向和能力，它是求职者向用人单位传递的第一个信息。一般来讲，用人单位看了求职信后才会看后面的简历，求职者才会成为用人单位关注的重点。所以，一封好的求职信，对于一个求职者来说，是至关重要的。

（一）自荐信格式及内容

自荐信属于书信范畴，其基本格式与书信相同，主要包括称呼、正文、结尾、署名、日期五部分。

1.称呼

与一般的书信相比，求职信的称呼一般比较规范，一般要写出收信人的职位（或职称），如某某董事长（总经理）、某某处长（科长）、某某教授等。

2.正文

正文是求职信的主要内容，其形式不拘一格，一般主要包括四部分内容。第一部分，是问候语，一般用"您好"。第二部分，简单说明本人基本情况和求职信息的来源；第三部分，阐明应聘职位，及你对该单位和职位感兴趣的原因：你的职业目标和职业能力（包括你所学的专业、所获取的实践和理论能力及所取得的成绩等）与该单位发展目标和职位要求一致，你有能力也愿意在该职位上工作并有潜力能使得单位和自己共同获得发展。这一部分是正文的中心内容。第四部分，要表达出自己希望获得面试机会的心情。

3.结尾

结尾一般要表达出希望对方给予答复或给予面试机会的意思，同时，还要写上祝词表示祝愿和敬意，如"祝愿贵单位兴旺发达""顺祝安康"等，祝词一般比较灵活，也可以写"此致敬礼"之类的常用词。

4.署名

署名应与开头的称呼一致，在自己名字前可以加一些修饰语，但一定要加得恰当，如"愿意成为您部下的某某""您的学生某某"等。也可以直接写上自己的名字。

5. 时间

时间一般写在署名右下方。

(二) 自荐信写作注意事项

1. 要坚持实事求是的原则

既不要讲大话和空话,过高地宣扬自己,也不要过于谦虚,将自己的能力说得平平,这都不利于自荐和用人单位的挑选。最好是用成绩和事实来代替华而不实的修饰语,恰如其分地介绍自己。

2. 要突出重点

自荐信切忌篇幅过长或过短,长了会使对方厌烦,而短了又说不清问题,并且会给人一种不严肃、不认真的感觉。一般说来,自荐信以1000字左右较为合适,要突出重点,有针对性,或针对某一单位的某一人选,或针对某一单位的某一职位,效果会更好。

3. 文笔要顺畅工整

求职信是用人单位对求职人的一次非正式考核,用人单位可以通过信件了解求职者的语言修辞和文字表达能力。可以说,求职信是用人单位对求职者取得第一印象的凭证。字迹的工整、清洁、美观,给人以愉悦的感受,可形成良好的印象。如果你的字写得不好,最好打印或请人代写。如果你能写得一手好字,就工工整整地自己写,并落款"亲笔敬上"等字样,这可以给对方留下办事认真负责的印象。

4. 不要引起对方反感

最常见的问题有盲目自大,自吹自擂,仗势欺人,限定时间,不够自信等,如"我是××大学的毕业生,我相信贵单位会考虑我。否则,将是你们的损失。"如"贵单位总经理(或某级领导)某先生要我直接写信给你"或"某领导很关心我的求职问题,特让我写信找你"等,会给人一种"既然如此,何必多此一举"的感觉,你的求职信很可能马上就进了废纸篓。

5. 学会用多种文字求职

如果你在少数民族地区求职,最好将求职信用汉语和少数民族语言各写一份;如果你向三资企业求职,应用中文和英文或外方通用语言各写一份,既可自荐,又可展现外语水平,可谓一箭双雕、一举两得。

6. 薪水要求

如果不是对方在招聘广告里要求必须要写明目标薪水,不要在求职信里提及薪水方面的要求。与对方尚未谋面,第一次联系就提出金钱方面的要求,恐怕不会被接受。

二、个人简历

如果说,求职信是从主观方面表达个人求职意愿的话,个人简历则是从客观方面证明,你是应聘该岗位的最合适人选。个人简历是求职者根据申请职位的要求,对自身学习、实践等经历、成绩提炼而形成的资料。根据所用载体的不同,简历有书面纸质形式、电子形式及多媒体形式。制作简历是为了获取面试的机会。所以,简历成为大学生求职时不可缺少的重要手段。

(一)简历的内容

可以根据简历内容组织其格式,格式类型多样,但是,无论哪一种格式的简历,在内容上都应该包括个人基本情况、求职意向、教育背景、个人经历、专业技能、自我评价等内容。

1.个人基本情况

个人基本情况一般包括求职者的姓名、性别、照片、出生年月、籍贯(含邮政编码)、学历、学位、政治面貌、身体状况、婚姻状况、生源地、联系方式(电话号码、电子信箱及 QQ 号)等内容。

2.求职意向

求职意向是简历的核心,简历中的其他内容,比如教育背景、实践经历、职位选择、自我评价等,都应该围绕该内容进行提炼和取舍。求职意向,主要表明本人对哪些岗位、行业感兴趣及相关要求。恰当的求职意向应当简单明了并同用人单位的岗位设置相符。

3.教育背景

教育背景这一栏目包括毕业学校、所学专业、主要专业课成绩、所获学位及学习期间获奖情况等。对所求职位有帮助的选修专业或业余学习的情况,也可以写进去。

4.专业技能

主要填写自己掌握的专业技能,如英语、计算机水平及其他专业技能等。所掌握的各种专业技能,必须以一定的专业技能证书来证明,为了增加说服力,可以在简历的前面附上学校和专业介绍,在后面附上有关证书的复印件。

5.个人经历

应届大学毕业生的个人经历,一般包括受教育经历(一般从高中算起)和社会实践经历。社会实践经历主要是指在大学期间参加社团活动的经历和见习、实习的经历及获奖情况。尤其要体现与你所谋求的职位有关的教育科目、专业知识。用人单位比较看重个人实践经验,求职者应该在了解目标职位所需能力的前提下,对自己在这些经历中所获取的经验和能力进行提炼,尽量突出与职位相匹配的能力。

6. 自我鉴定

要恰如其分,尽可能使你的专长、兴趣、性格与你所谋求的职业特点、要求相吻合。如果可以最好由班主任来做出鉴定,总结个人在大学阶段的表现,要恰当地突出自己的优点,特别要强调与职位相符的性格特点。要实事求是,切记别把自己描述为十全十美的全才,否则,会给人一种不实在的感觉。因此,前后一定要相互呼应,切不可自相矛盾。

(二)简历制作应注意的问题

一个精美的封面设计、一封言辞恳切的自荐信已经深深地抓住了招聘者的阅读兴趣,接下来招聘者需要急于了解的,就是你各方面的情况是否适合该项工作或某个岗位。因此,简历的制作就显得非常重要。

1. 简历制作要对症下药,量身定做

简历应当具有针对性,针对你所选择的用人单位和职业岗位。不同类型的用人单位和职业岗位有不同的要求,求职者应该针对其差别制作有针对性的简历,切记别拿一份固定不变的简历去"海投",要记住,你是选择一份工作,而不是试探所有的单位对你的评价。可以在简历页面上端先写一小段总结性语言,陈述自己在事业上最大的优势,然后再将这些优势以工作经历和业绩的形式加以叙述。只有这样,才能打动招聘者并赢得面试的机会。

2. 目标要明确、集中

10秒钟原则。一般情况下,简历内容篇幅以一张A4纸为限。简历越长,被认真阅读的可能性就会越小。因此,求职意向要明确、集中,可以具体到应聘单位的某一个岗位,以此形成整个简历的核心目标。简历的其他内容围绕此目标展开论证,以便招聘单位在较短时间内掌握应聘者的基本情况,并产生进一步仔细阅读的愿望。美国加州CJA集团的招聘主管洛先生说,他每天都要花费半个小时浏览50份以上的简历,但如果他在10秒钟以内不能看到有价值的内容,那份简历就成历史了。

3. 突出优势

这就好比制作一份平面广告一样，必须要能够成功地推销你自己。最成功的广告通常要求简短而富有感召力，并且能够多次重复重要信息。结合应聘单位及岗位的具体要求，应突出表达自己符合这些要求的能力和素质。要清楚所聘单位的"显性要求"（指可以被量化评价或资料证明的硬性条件）、"隐形要求"（指内在素质，包括职业道德、团队精神等），运用充分翔实的材料突出自己在这方面的优势。注意：工作介绍不要以段落的形式出现，尽量运用动词性短语使语言鲜活有力，尽可能陈述有利信息，争取成功机会。

4. 简洁、规范

简历的格式、打印、字体等应该规范。简历最多为2页A4纸，白色、结构清晰、版面设计合理，需要强调的部分采用粗体字，但是不要用太多花哨的字体或斜体字。如何在较短的时间内"闪电般"吸引并抓住招聘者的"眼球"非常重要。

5. 打印处理方法

纸质：纸的颜色和质地都是至关重要的，可以选择制作简历专用的纸张如高级米黄色钢古纸等。

规格：至少80克或100克左右。在北京许多地方都用60或70克的纸，这类纸往往显得轻飘飘的，质感很差，这是会影响美感的。

尺寸：A4，即纸的长为29.7厘米、宽为21厘米。

字体：建议用 Times New Roman 或 Palatino 字体。

字号：一般最好用10号，即小五。不过，在学生简历中也可用12号字，即小四。

打印：宜采用激光打印。另外，还要注意尽量提前打印好简历，给自己留下仔细检查的时间。因为在光洁的打印纸上检查文字会比在屏幕中搜索更能找到简历中细微的错误。仓促而就的简历往往因疏于斟酌而出现纰漏，专业人士一眼就能看出来。

间距：上下（天地头）一样，2~3厘米；左右一样，1.2~2.5厘米；左边的装订区域宽度保持在3.8~5厘米。切不可因为内容过于冗杂而排版过于繁密，致使版面拥挤不堪。

第二节 求职礼仪

一、求职礼仪

(一)服饰礼仪

现代服饰不仅仅是人们的外在包装,也是一种文化、一种观念,一种能够影响许多人意识的社会文化心理。一个人的思想、文化、修养、兴趣、爱好,以及内心的欲望、追求等,是一种无声的、特殊的语言。因此,适宜的着装能树立起自己的独特气质,容易给面试者留下良好的印象,能给面试带来好的效果,一般求职面试者着装,应注意以下两个方面。

1. 干净整洁

穿着得体是一种礼貌,是一种礼仪要求,它体现了一个人的文化素质和文明程度,也体现一个人对他人、对社会的尊重态度。面试时着装,不一定要全身名牌或满身华丽,但一定要整洁。着装整洁体现出你对这个单位的尊重和对这一份工作的重视,也在一定程度上代表着你的工作态度和生活方式。一般来说招聘者是不会将一名不修边幅、邋里邋遢的应聘者作为自己的首选的。

2. 简洁大方

着装要尽量与你所应聘的职业岗位协调一致,简洁大方,职业化。穿着过于华丽和随意,都是不合适的。同时,搭配服饰要规范、得体,穿着要遵循"TPO"原则,即穿着打扮要符合时间"Time"、地点"Place"、场合"Occasion"相统一的原则。另外,职业场合着装有六大禁忌,即职场着装六不准,即:不准过分杂乱,不准过分鲜艳,不准过分暴露,不准过分透视,不准过分短小,不准过分紧身。制服、套装需要遵守三色原则,即全身颜色不多于三种。而饰品使用要同质同色,符合习俗,不可多用。

研究表明,大学生的着装对于求职成功与否有着直接的影响。因为你的形象不仅代表你自己,更重要的是,还将代表公司、单位。这种以貌取人的做法似乎很肤浅,其实不然,我们生活在一个高度竞争的社会中,每一个单位都在力争上游。也正因为如此,多数用人单位都力求找到能够提高公司或单位形象的最佳候选人,希望这些候选人不仅应能胜任工作,而且还应有良好的形象来为单位添光加彩。

（二）会话礼仪

1. 正视对方

面试时，要正视对方。低头或侧视，会被人认为你害羞、害怕或不认真。

2. 悉心倾听

面试时，主考官的每一句话，都是非常重要的。要集中精力，认真地去听，记住说话人讲话的内容重点。身体微微倾向说话者，目光注视说话者，保持微笑。适当地做出一些反应，比如，点头、会意地微笑等。

（三）身体语言

1. 步态

步态是面试者留给主考官的第一形象，面试者不但要从容、平稳、轻盈、充满自信，而且要挺胸收腹，上身正直，步伐稳健，步履自然，双目平视，面带微笑，跨步均匀，上身挺直，步伐稳健，有节奏感。双膝靠近，两腿的内侧落地时轨迹近于一条直线。如有用人单位的职员或接待人员同行，应随其后。

2. 握手

在求职活动的面试现场，与招聘人员见面时，最常用的礼节是握手礼。握手不仅能沟通情感，也有助于树立自身良好的形象。握手应当坚实有力，但也不要太使劲，手应保持一种干暖的状态。握手时双方互相注视、微笑、问候、致意，不要看第三者，或显得心不在焉。如果需要与数位考官握手时，握手时间大体相同，不要厚此薄彼，不可用双手与对方握手，以免显得过分热情。握手时，应显得大方、得体。

3. 坐姿

良好的坐姿传递着自信、友好、热情的信息，同时，也显示出高雅庄重的良好风范。因此，良好的坐姿是塑造自身形象不可或缺的部分。面试时，应该平放双脚，挺直腰身。男生不要跷二郎腿；女生要保持双膝并拢，忌双腿叉开。含胸驼背、坐立不安、腿脚晃动，这些姿势都是不恰当的面试坐姿。规范的坐姿要领是：入座时走到座位前，转身后把右脚向后撤半步，轻轻地坐下，然后把右脚与左脚并齐，坐在椅子上，上体自然挺直，头正，表情自然亲切，目光柔和平视，嘴微闭，两肩平正放松，两臂自然弯曲放在膝上，也可以放在椅子或沙发扶手上，掌心向下，两脚平落地面，起立时右脚先后收半步然后站起。

4. 眼睛交流

面试时应面带微笑，目光柔和，从容自然。切记目光不要惊慌失措，或躲躲闪闪,该正视时目光却游移不定,给人留下缺乏自信或者隐藏不可告人的秘密的印象,极易使考官反感;另外,若死盯着考官的话,又难免给人压迫感,招致不满。

5. 手势

面试交谈时适当做些手势,有助于表达,也能在一定程度上增加感染力,但是,注意手势表达一定要合适或恰到好处,太频繁和夸张的手势会适得其反。切记不要出现下述动作,例如,双手总是不安稳,忙个不停,做些如玩弄领带、挖鼻孔、抚弄头发、掰关节、玩弄考官递过来的名片,等等。

(四)自我介绍礼仪

1. 自信大方

自我介绍时要充满自信,落落大方,声音洪亮,吐字清晰,态度诚恳。只有自信的人才能使他人另眼相看,才能有魅力并使人产生信赖的好感,如果流露出羞怯心理,则会削弱对方的信任感。切忌眼睛一直盯着对方的眼睛。这样,显得很不礼貌。

2. 表述要富有幽默感

自我介绍中,首先语速要正常,语音要清晰。并适时融入幽默的语句,易于赢得欢笑与好感,诙谐的真话笑话,比庄重严肃的表白更深入人心。

一毕业生自我介绍时说:"我姓江。"有主考官问道:"江青的江?"这位毕业生幽默地说:"不,不是江青的江,是江泽民的江。"一来一往,幽默引起了大家哈哈大笑,从而留下深刻印象。

3. 内容要有针对性

毕业生自我介绍的目的是,为了让主考官对自己有充分的了解和认识,从而判别是否胜任应聘岗位。因此,毕业生必须针对应聘岗位有针对性地重点介绍相关的学历、经历、能力及个性特征,而且要言之有物,切忌用鉴定式的语言、大而空的套话来勾画自己,切忌有自我炫耀之嫌。

4. 注意自谦

进行自我介绍要实事求是,真实可信,不可自吹自擂,夸大其词。如果神态得意扬扬,目光咄咄逼人,大有不可一世的气势,这种自我介绍态度不过是孤芳自赏,只能给人留下骄傲自大的印象。正确的做法是,在说"我"字时,语气平和,目光亲切,神态自然,才能从"我"字中让人感受到你的自信、自立、自尊而又自谦的美好形象。

5.举止庄重

进行自我介绍,态度一定要自然、友善、亲切、随和。应落落大方,彬彬有礼。介绍时可将右手放在自己的左胸上,不要用手指指着自己。表情应亲切自然,眼睛应看着对方,不要显得不知所措、慌慌张张、面红耳赤,更不能表现出一副随随便便、满不在乎的样子。

6.准备充分

求职前应把自我介绍的讲稿写好,背得滚瓜烂熟,转化为自己的知识。在求职面试前如果你感到紧张,可事先在镜子前作一些练习,或请同学、家人、朋友指正,通过彩排来提高自我介绍的技巧。

7、缺点要点到为止

毕业生自我介绍主要是展示自身优势,从而赢得主考官的好感、信任与支持。如果缺点毛病介绍得过多,容易导致求职失败。毕业生可以在自述了优势之后言明:"我深知自己还有不适合这份工作的另一面,但是,有在座各位的支持和同事们的配合,我有信心做好工作。"言简意赅,既承认有不足,又含而不露,恰到好处,点到为止,毫无自我贬低之意。

8、注意时间

要把握好介绍自己的时间,自我介绍时还要简洁,尽可能地节省时间,以半分钟左右为佳。最好不要多于一分钟。另外,要抓住时机,在适当的场合进行自我介绍,对方有空闲,而且情绪较好,又有兴趣时,这样就不会打扰对方。

二、注重仪表,树立美好形象

仪表指的是人的外表,包括容貌、姿态、风度等。形象,为形状相貌之意。这种形状相貌往往是能够引起人的思想或感情活动的具体形状和姿态。仪表形象能体现一个人的文化修养、精神面貌、审美情趣和性格特征。毕业生的形象应体现在仪表美与心灵美的统一、语言美与行为美的统一、自然美与修饰美的统一。这种美不是生搬硬套,而是一种自然流露的、独具匠心的整体美、风格美、和谐美、设计美。一个注重仪表、注重形象的人,是一个热爱生活、富于理想、工作作风严谨的人,既体现了自信、热情、认真、向上的精神风貌,也是讲究礼仪,自尊自爱和对社会、对他人尊重的表现。

1.仪表与第一印象

在求职面试中,主考官首先是通过毕业生的仪表来认识对方的。在最初的交往中,仪表的作用往往用一个人的简历、介绍信、证明、文凭等更直接,更能产生直觉的效果。主考官往往通过仪表来判断毕业生的身份、地位、学识、个性等等,并形成一种特殊的心理定势和情绪定势,这种心理定势和情绪定势就称为"第一印象"。专家指出,一个人对另一个人的印象和观感,在初次见面时的短短几分钟内已经形成,这个"第一印象"无形中左右着主考官的判断。

2.仪表美与社会环境

仪表美是人们交际时造成和谐道德环境的必要因素。在社会生活中,人们的各种活动是在社会中进行的,仪表如何总会对社会产生一定的影响。对自己,它会影响一个人能否健康成长;对他人,它会影响到人格和利益能否得到尊重;对社会,它关系到能否保持正常的社会秩序,造成良好的社会环境。不得体甚至丑陋的仪表,会对社会造成一种"污染"。因此,在人际交往中,在求职活动中,应力求仪表端庄、温文尔雅、朴实大方、文质彬彬、不卑不亢、服饰整洁。这样,可以创造良好的交流环境,改善人与人之间的关系,也能使求职面试活动顺利进行,给主考官以美的享受。

3.良好的个人形象是成功的象征

来自美国 Syracuse 大学管理学院的研究人员对《幸福》杂志所列 100 家大公司的高级执行经理和人事主管同时作了全面的调查。调查结果表明,英国 93% 和美国 96% 的公司经理都认为,个人形象对于获得成功非常重要。

4.不注重仪表会扼杀就业机遇

《诗经》曰:"人而无仪,不死何为。"意为,人若不讲礼义廉耻,还不如快快死去。在当今社会,一个人不会因为不懂礼仪就被判死刑。但是,不懂礼仪,不注重仪表,却可能扼杀毕业生的良好形象,扼杀毕业生就业的机遇,和在交往中赢得尊重的可能。

每年都有不少毕业生奔忙于各地的应届大中专毕业生供需见面会。他们背着行李从一座城市赶到另一座城市,参加见面会,往往是风尘仆仆,一身疲惫地应聘,有的人甚至胡子拉碴,衣冠不整,结果,不佳的仪表形象令应聘效果大打折扣。有些招聘者说:"那些'民工'形象、衣冠不整、仪表形象不佳的应聘者,第一轮筛选,我们就将其淘汰了。"

我们大多数人总是希望获得成功,如果将注意力过分集中于个人形象,是不可取的,但如果不关心对你的成功有重大影响的个人形象问题,是愚蠢的。我们处于商品经济高度发展的时代,企业要包装,商品要包装,个人形象也要包装,个人形象反映了你对其他人的态度,以及对自身价值的重视程度,反映你的内在素质、创造能力和职业特征。糟糕的个人形象总是令自己吃亏的。

美好的个人形象,是一个人的无形资产。你的形象越好,你就越会自信,更加看重自己的价值,从而工作也更加出色,得到别人敬重的程度也就越高。这一切反过来,又会促使你更加注意自我形象。

5.加强修养,塑造形象

自我形象的塑造,不仅来源于一个人的外观和形体,而且来源于其精神面貌和性格特征等内在本质,是一个人内在与外在的各方面因素综合协调形成的系统化的整体形象。

知识与教养可以给人聪明才智和高尚的情操,能极大地弥补外在美的缺陷,从而使人具有脱俗的气质和优雅的风度。所以,现实生活中,人们只要努力加强自身各方面的素质修养,如品德纯洁,知识广博,为人善良正派,对社会对工作具有责任心,并能掌握一定的鉴赏美、创造美的能力,尽管我们没有理想的容貌或身体,也一样能通过自己简洁得体的服饰、端庄大方的举止传达出高雅。可见,良好的仪表形象是多么的重要。如果毕业生能注重仪表,以美好的形象容光焕发地出现在面试场上,就会给主考官留下鲜明的印象。

第三节 面试与笔试技巧

一、面试的方法与技巧

面试已成为当前许多单位招聘人员的重要方式之一,是招聘单位对应聘者通过面对面的交谈进行考核的一种方法。不少大学毕业生在求职过程中,由于缺少社会锻炼和面试经历,把握不好,导致应聘失败。因此,掌握必要的面试方法和技巧,是大学毕业生求职应聘必不可少的能力。

(一)面试前的准备

1.心理准备

面试前尽量放松心情,保持充沛的精力,以积极、自信的心态迎接挑战。能否在求职面试前或过程中克服不良心态,是能否成功面试的重要条件。因此,在面试时特别要克服迎合心理、羞怯心理、自卑心理、侥幸心理和自大心理。

2.信息准备

(1)掌握招聘单位的基本情况。在面试前,最好先了解一下招聘单位的业务范围、规模程度、地理位置、业内地位、企业文化、发展前景等基本情况。了解和掌握这些情况,对面试成功是很有帮助的。

(2)了解你应聘职位的职责要求及在该单位中的地位。这一部分信息对于面试成功与否,是至关重要的,因为面试的核心问题是围绕这一主题来设置的。因此在面试前一定要充分了解这些相关信息,并把它与自己所具备的能力和素质结合起来。

除了注意以上这些信息外,还应注意招聘单位和应聘的目标职位还有哪些特殊要求,特别是对于一些特殊的行业,如军工行业、国防行业等,掌握这些信息是很有必要的。一般来说,大学毕业生可以通过招聘单位的宣传资料、网络、广告、人脉关系、查阅资料等渠道,来获得这些材料。

3.个人资料的准备

根据搜集到的招聘单位相关信息,根据应聘单位及职位的职责要求,进一步整合自己的相关应聘材料,如简历、推荐信、学业证书、获奖证书,以及其他材料。医学护理类专业面试时,往往还要进行操作考试,所以,还应对专业操作技能作一些练习准备,同时,最好准备一些工作服、物品等。

4.预测面试时可能遇到的问题

针对面试时可能提出的问题进行准备。面试时一般可能会遇到这样一些问题:

(1)有关教育培训方面的问题:你毕业于哪所学校?什么专业?学习成绩怎么样?有没有相应的执业(职业)资格证书?英语、计算机通过了哪一等级?英语听说能力如何,等等。

(2)求职动机方面的问题:你的职业兴趣和职业方向是什么?你对应聘的职位和本单位有哪些了解和要求?你对选择的这个工作岗位感兴趣吗,为什么?等等。

(3)社会实践方面的问题:大学期间参加过哪些社会活动?是否担任过学生干部?你在哪个单位实习?实习多长时间?实习中学到了什么?

(4)发展潜能方面的问题:如果你被录用,你准备怎样开展工作?对本单位未来的发展,你有什么建议?等等。对于这些常见的问题,求职者事先要做一个准备,以免到时仓促应战。

5.服饰礼仪的准备

好的印象是成功的一半,所以,面试者应特别注意自己面试时的仪表形象。作为求职者,面试时服饰礼仪的一个基本要求就是:整洁、大方。邋里邋遢、不修边幅或过于超前,过于鲜亮的打扮,都是不可取的。

(二)面试的方法和技巧

1.遵时守信,耐心等待

参加面试时最好提前10分钟左右到达面试地点,以示诚意,给对方以信任感。应聘者到达面试地点后,如果面试时间还未到,应在等候室或在主考官办公室的门外耐心等待,并保持安静及正确的坐、立姿势。

2.入室敲门,微笑示人

面试者在得到面试通知后,应先敲门,一般敲门两下为标准,且用力适中,得到允许后再进入,推关门要轻,不要出声。进门后,应面露微笑,如果有多位考官,应面带微笑地环视一下,以眼神向所有人致意。

3.保持风度,从容对答

对于考官提出的问题,不管你接触过没有,都不要急于回答,要认真思考一下,厘清思路后抓住要点、层次分明地答题。在回答问题时,语言要准确、简洁、流畅,语速、声音要适中。要坚持准确客观、实事求是的原则,既不能夸大吹嘘,也要避免陷入谦虚的误区。在整个面试过程中,一定要避免与考官争辩某个问题,即使遇到一些咄咄逼人或尴尬的问题时,也要冷静地保持不卑不亢的风度,因为很可能考核的不是问题的本身,而是你的反应。

4.面试时应当注意的几个问题

(1)抓住关键。对考官提出的问题,不管你是否有准备,都要认真思考一下,抓住要点,有条理地去答。对于与问题无关的话题一概不谈,要简洁明快而不能拖泥带水。特别是对于一些敏感的话题,比如福利待遇问题、人际关系问题等,一般不要提及。

(2)注意细节。面试时有许多细节,而这些细节往往会影响面试的效果,所以,必须要注意。如面试时要避免迟到,切记不要吸烟、嚼口香糖、开玩笑,因为这样会给考官形成一种漫不经心、不重视、不负责的印象。面试回答问题时,要避免讲方言和行话。与考官交谈时,尽可能不用对方难以听懂的语言或专业术语,否则,容易被误解为有意嘲笑或故弄玄虚。

(3)关掉手机。在面试时要注意力集中,不要在面试过程中被铃声打扰。一个意外的电话或短信,可能会使你的面试失败。也可以将手机调成静音状态。

5.面试前的准备工作

(1)迅速查找该企业的原始招聘广告。求职者在投寄出简历后,应该把每个企业的求才广告剪辑记录下来,以便在收到企业的面试通知时进行查阅,避免张冠李戴。查阅的同时要重温该企业的背景情况(一般在招聘广告中有所说明),同时应重温当时应聘的是何种职位,该职位具体要求是什么,等等。如有几种不同版本的简历,应了解寄出的是哪一种,做到心中有数。

(2)查找交通路线,以免面试迟到。接到面试通知后,应搞清楚乘车路线,并要留出充裕的时间去乘车。如对交通不熟悉,最好把路线图带在身上。

(3)整理文件包,带上必备用品。面试前,应把文凭、身份证、报名照、钢笔、证明文件等带齐,以供考官查看。此外,应带上一定数量的现金,以备不时之需,有晕车症的应带上药品。

(4)准备面试时的着装和个人修饰。参加面试,在衣着方面虽不需特别讲究,但要注意整洁大方。男士衬衫要换洗干净,皮鞋要擦亮,女士不能穿过分前卫新潮的服装。总之,着装要协调统一,同所申请的职位相符。另外,还应保证面试前充足的睡眠。

(5)整理好发型。男性的头发比较好对付,因为可供男性选择的发型不多。如果使用发胶,需要注意临出发前,一定要用梳子把固结成绺的头发梳开。如果男性面试者想简简单单理个发就行了,那他最好回忆一下,刚理过发后,是不是每次你都有点儿羞于上街?如果是,那就应该早几天理发。

女性的头发最忌讳的一点,是有着太多的头饰。在面试这样的场合,大方自然才是真。所以,不要弄什么"爆炸式"的发型,这种膨胀着的带有威胁意味的头发,会使面试官对你有着本能的排斥;高挽的头髻也不可取,它会让面试官倾向于以家庭型女性来评判,这无疑是对你求职的否定;披肩的长发已渐渐被接受,但应稍加约束一下,不要让它太随意。

【小贴士】

面试中常遇到的100个问题

(1)谈谈你自己。

(2)请介绍你的家庭。

(3)你的期望待遇是什么？
(4)为什么想离开目前的工作？
(5)你觉得自己最大的长处是什么？
(6)你觉得自己最大的弱点（缺点）是什么？
(7)请你用英文介绍目前服务的公司。
(8)你觉得自己具备什么样的资格来应聘这项工作？
(9)为什么你值得我们雇用呢？
(10)你的工作中最令你喜欢的部分是什么？
(11)对于目前的工作，你觉得最不喜欢的地方是什么？
(12)你找工作时最在乎的是什么？请谈一下你理想中的工作。
(13)你有什么问题要问吗？
(14)请谈谈在工作时曾经令你感到十分沮丧的一次经验。
(15)你最近曾面试过哪些工作？应聘什么职位？结果如何？
(16)你何时可以开始来上班？
(17)如果我雇用你，你觉得可以为部门带来什么样的贡献？
(18)目前的工作中，你觉得比较困难的部分在哪里？
(19)谈谈你最近阅读的一本书或杂志。
(20)你觉得你的主管（同事）会给你什么样的评语？
(21)你如何规划未来？你认为五年后能达到什么样的成就？
(22)你觉得要获得职业上的成功需要具备什么样的特质及能力？
(23)谈谈你对自己的表现不甚满意的一次工作经历。
(24)由你的履历来看，你在过去五年内更换工作颇为频繁，我如何知道如果我们录用你，你不会很快地离职？
(25)你曾经因为某一次特殊经历而影响日后的工作态度吗？
(26)你最近是否参加了培训课程？谈谈培训课程的内容。是公司资助还是自费参加？
(27)对于工作表现不尽理想的人员，你会以什么样的激励方式来提升其工作效率？
(28)你曾听说过我们公司吗？你对本公司的第一印象如何？
(29)你如何克服工作的低潮期？
(30)你与同事之间的相处曾有不愉快的经历吗？

(31)谈谈你对加班的看法。
(32)请描述目前主管所具备的哪些特质是你认为值得学习的？
(33)你对我们公司了解多少？
(34)你目前已离职了吗？
(35)如果这份工作经常要出差出国,平均每个月两次,每次约五天,你可以接受吗？
(36)你开始投入找工作的时间有多久了？
(37)你自认为还有哪些方面可以再加强？
(38)如何由工作中看出你是个主动自觉的人？
(39)在你过去的销售经验中,曾遇到什么样的难题？你是如何克服它的？
(40)你通常从事什么样的休闲活动？
(41)你对这份营销助理(或者其他职务)的工作有什么样的展望？
(42)你如何让部属有杰出的工作表现？
(43)对于变化你如何应付？
(44)你为何挑选这三位人士做你的推荐人？
(45)请描述你目前(或之前)的主管最令人不满的地方。
(46)你认为这个产业在未来五年内的趋势如何？
(47)你的主管认为你在哪些方面有改进的必要？
(48)你的工作通常能在时限内完成吗？
(49)你为什么选择念读某某专业？
(50)你觉得秘书(或其他职务)的工作内容究竟是什么？
(51)你对社团活动的看法如何？
(52)你在同一家公司待了这么长的时间,难道不觉得若要再去重新适应新的企业文化,可能会产生严重的"水土不服"现象吗？你的适应能力、应变能力如何？
(53)对于明知实施后会引起反弹的政策,你仍能贯彻到底吗？
(54)如果时光能倒流,你会选择不一样的大学生活吗？
(55)你认为"成功"的定义是什么？
(56)你认为应如何兼顾事业与家庭？
(57)你觉得他人的肯定对你很重要吗？以(员工关系)这样性质的工作而言,通常是出力不讨好的,你如何让自己保持冲劲呢？

第四章 把握就业技巧 应对求职挑战

(58)你认为哪些方面是自己最需要改进的?
(59)你觉得学生时代所接受的各项培训足以令你胜任这份工作吗?
(60)如果你有机会重新选择,你会选择不一样的工作领域吗?
(61)你曾经有解雇员工的经验吗?
(62)请谈谈工作中比较会令你觉得有力感的部分。
(63)你觉得自己还有哪些方面的特长是没有写在履历表上的?
(64)你比较喜欢团队合作的工作方式,还是独立作业?
(65)在你之前的工作经验中,哪一项是值得继续沿用至目前的?
(66)你觉得你在时间安排运用方面的能力如何?
(67)通常对于别人的批评,你会有什么样的反应?
(68)如果明知这样做不对,你还是会依照主管的指示去做吗?
(69)你知道这份工作需要常常加班吗?你觉得你能配合吗?
(70)什么样的管理风格是你所欣赏的?
(71)你如何做出决策?
(72)当你进入一家新公司或新企业,你会以何种方式获得相关知识?
(73)身为一名业务人员,当你被客户拒绝时,你会如何处理?
(74)你对于主管的学历、能力都低于你,有什么样的看法?
(75)你还有继续念研究生的计划吗?
(76)请叙述你个人的管理风格。
(77)谈谈最近一次因为工作原因而使情绪失控的情形。
(78)你对创业有什么样的看法?
(79)我注意到你曾担任校园刊物的编辑,你的主要工作是什么?
(80)你会希望做你老板的工作吗?为什么?
(81)你有继续进修的计划吗?通常下班后的时间,你都做些什么?
(82)可否描述一下你自己的个性?
(83)你的工作内容中包括列预算、审核费用,以及监督部门支出的流向等方面吗?谈谈你在这方面的经验。
(84)如果我们的竞争对手也有意录用你,你的态度如何?
(85)你可以接受职务外调的安排吗?
(86)你为什么不考虑接受一份各方面条件都好于目前的工作?
(87)你会考虑接受低于目前的待遇吗?

(88)你对与女性主管共事的看法如何？

(89)如果客户在银行的柜台处大声抱怨，你如何处理？

(90)如果你接到一个客户的抱怨电话，你确知无法立即解决他的问题时，你会如何处理？

(91)你与同人之间相处发生问题时，你会怎么处理？

(92)如果你进入本公司，对于这个职务及这个部门，打算做什么样的改变？

(93)求学时，曾经利用课余时间打工吗？

(94)你觉得什么样的人最难相处？

(95)请叙述你一天的工作情形。

(96)你在学校时曾参与过哪些课外活动？

(97)你在×××公司时，曾经有意在制度或组织层面进行调整改变吗？

(98)你在学校时，曾担任系里或社团干部吗？是什么样的职务？

(99)你现在(或曾经)的主管最常建议你哪方面的能力有待加强？

(100)你曾经与晋升的机会失之交臂吗？

二、笔试的方法与技巧

笔试是用人单位的一种常用招聘方法，是通过书面形式对应聘者的基本知识、专业知识等综合素质进行考核和评估，一般分为专业知识测试、智商测试和综合能力测试三种类型。面对笔试，应聘大学生要有良好的心态积极面对。

(一)一般应注意做好四个方面的准备

1.有针对性地复习巩固专业知识

笔试前有针对性的复习一些与考试内容相关的专业知识，掌握基本的专业技能，特别是一些平时不太注意或已经淡忘的知识点。

2.考前熟悉考场环境和考场规则

考试前要熟悉自己所在考场、具体的座次等，仔细阅读考场规则和注意事项，携带好必备的证件(如身份证、学生证、准考证等)，及必需的文具(钢笔、铅笔、橡皮、尺子等)。

3.增强信心，保持良好的身心状态

考试前要调整心态，增强信心，适当放松，保证充足的睡眠和休息时间，以清醒的头脑和充沛的精力参加考试。

4.合理安排,科学答卷

(1)合理安排答题时间。拿到考卷后,先应通览一遍,了解试卷的总体情况,合理规划答题的方法和速度。和其他考试一样,答题的原则也是先易后难、先简后繁。按照这样的原则有条理的去答。最后还要做好检查工作。

(2)卷面整洁,字迹工整。答题时一定要注意保持卷面整洁,字迹书写要清晰、规范、工整。因为求职考试不同于专业考试,招聘单位往往从卷面上评判一个人的态度、作风和品质等。

(二)笔试的知识准备

1.学以致用,理论联系实际

现在的求职考试越来越强调用学过的知识来解决实际问题,具有很强的实用性。换句话说,现在的应聘考试主要是考核应聘者对知识的运用能力。因此,在复习过程中必须始终突出一个"用"字,通过各种实践,把学得的知识运用到工作实际中,去解决各种具体的问题。

2.提纲挈领,系统掌握

在知识与能力这两者中,知识无疑是基础,没有扎实的基础知识,也就无从谈什么能力的培养和提高。掌握知识的一个有效方法就是把零散的知识化为系统。但是,应聘笔试考核范围大,内容广,存在着一定的随意性和盲目性。因此,凡是与求职有关的一些知识,如文史知识、科技知识、经济知识、法律知识和一般的电脑知识,均要系统地复习一遍。

3.多读多练,提高阅读能力

提高阅读能力,对扩展知识面和回答应聘考试的各类问题很有益处。要提高阅读能力,首先得坚持进行阅读实践。知识的获得,主要依靠传授;能力的提高,则必须通过实践。复习时经常做些阅读训练,有助于阅读能力的提高。在做阅读训练时,一定要做到"眼到"和"心到",特别是"心到"。即对每个问题都仔细揣摩,认真思考,分析比较,综合归纳,努力提高自己的阅读能力。

4.敏锐思考,提高快速答题能力

为了适应招聘考试中的题量,还应该尽快培养自己快速阅读、快速思维和快速答题的能力。因为现代阅读观念不只着眼于信息的获取,而且特别重视速度。所以,在准备笔试的时候,一定要提高做题速度。

三、面试、笔试后信息追踪

应聘考试后应主动与招聘单位保持联系,面试、笔试后两三天内,最好给考官发封电子邮件或写一封短信表示感谢,表达对获得这一次面试机会的感谢,对招聘单位的感受和自己为招聘单位的发展壮大做贡献的决心,希望早日听到招聘单位的回音等。

如果这次落选了,那么不要沉溺于懊恼、灰心之中,应总结经验,再寻良机。尽快总结这次招聘考试的表现,向有经验的同学、师长请教,回忆招聘考试中有哪些重要的情况遗漏了或没说清楚,有哪些失误、不足,及时地吸取教训。总结经验、改进方法和技巧,不断充实自己,为下次面试成功做准备。

【案例】

找工作也需要掌握一些技巧

张鹏是某医学院校药学专业的毕业生。10月份以来,他通过各种求职途径向一些用人单位投递了100多份简历。但是,让他感到郁闷的是,投递了这么多简历,大部分都如石沉大海。虽然有几次也获得了面试的机会,但在面试中,他也很不幸地被刷了下来。而同寝室的其他几个同学却获得了好几个面试机会,而且在面试中也能连连取胜。

其实,他们的条件差别不大,英语都过了四级,社会实践经历也都差不多。在学习方面,他甚至超过了他们。可是,结果为什么会有这么大的差别呢?看起来,找工作也需要掌握一些技巧。

人际交往能力测评

请结合你自己的情况考虑下面的问题,回答"是"或"否"。

(1)你喜欢结交各行各业的朋友吗?
(2)你喜欢参加社交活动吗?
(3)你喜欢发现他人的兴趣吗?
(4)你常常主动向陌生人作自我介绍吗?
(5)你与有地方口音的人交流有困难吗?
(6)你喜欢做大型公共活动的组织者吗?
(7)你愿意做会议主持人吗?
(8)你在回答有关自己的背景与兴趣的问题时感到为难吗?

(9)你喜欢在正式场合穿礼服吗?
(10)你喜欢与不相识的人聊天吗?
(11)你喜欢在宴会上致祝酒词吗?
(12)你喜欢在孩子们的联欢会上扮演圣诞老人吗?
(13)你在公司组织的集体活动中介意扮演逗人笑的丑角吗?
(14)你喜欢成为公司联欢会上的核心人物吗?
(15)你与语言不通的外国人在一起感到乏味吗?
(16)你曾否为自己的演讲水平不佳而苦恼?
(17)你与人谈话时喜欢掌握话题的主动权吗?
(18)你希望他人对你毕恭毕敬吗?
(19)你与地位低于自己的人谈话时是否轻松自然?
(20)你在酒水供应充足的宴会上是否借机开怀畅饮?
(21)你喜欢倡议共同举杯吗?
(22)你曾否因饮酒过度而失态?

评分与解释

本测验的答案并无正误之分。只是一般情况下,擅长于社交的人会倾向于以下答案:

(1)是 (2)是 (3)是 (4)是 (5)否 (6)是 (7)是 (8)否 (9)是 (10)是 (11)是 (12)是 (13)否 (14)是 (15)否 (16)否 (17)是 (18)否 (19)是 (20)否 (21)是 (22)否

检查你的答案,若与上述相应答案符合得 1 分,否则得 0 分。计算你的得分。

17~22分:说明你在各种各样的社交场合都表现得大方得体,从不拒绝广交朋友的机会。你待人真诚友善,不狂妄虚伪,是社交活动中备受欢迎的人物,也热衷于公共事业。

11~16分:说明你在大多数社交活动中表现出色,只是有时候尚缺乏自信心,今后要特别注意主动结交朋友。

5~10分:也许是由于羞怯或少言寡语的性格,你没有表现出足够的自信。当你应该以轻松、热情的面貌出现时,你却常常显得局促不安。

4分以下:说明你是一位孤独的人,不喜欢任何形式的社交活动。你难免被人视为古怪之人。

第五章　签订劳动合同
　　　　规避就业误区

凡在小事上对真理持轻率态度的人，在大事上也是不可信任的。

——爱因斯坦

"四金"该怎么算

　　"四金"包括养老保险金、医疗保险金、失业保险金和住房保险金。"四金"的计算一般以当月的工资为基数，不过如果工资很高，超过了上一年所在城市社会月平均工资的三倍，那基数就到顶了。而如果工资特别低，低于上一年你所在城市社会月平均工资的60%，那基数也到了封底。一般"四金"采用如下计算方式：

养老保险金＝工资×6%＋工资×25.5%

医疗保险金＝工资×1%＋工资×5.5%

失业保险金＝工资×1%＋工资×1%

住房保险金＝工资×7%＋工资×7%

　　其中，加号左边的部分，即工资的6%＋1%＋1%＋7%＝15%，是个人出的部分，其余的部分由单位出。也就是说，扣除"四金"后到手的工资为应发工资的85%，当然，此外还要考虑所得税。所以，毕业生在签约前一定要问清楚工资是扣除"四金"前的，还是扣除"四金"后的。

第一节　劳动合同制度

一、劳动合同制度概述

　　合同又称契约，是指双方当事人之间为实现一定的目的，根据法律规定订立、变更或终止权利和义务关系而达成的协议。劳动合同制度适用于各类企业和与之形成劳动关系的各类人员(劳动者)。另外,也适用于国家机关、事业单位、社会团体和与之建立劳动合同关系的劳动者。

1995年,我国颁布《劳动法》,将劳动合同以法律条文的形式确定并加以规范。2007年6月29日,第十届全国人民代表大会常务委员会第二十八次会议,通过了《中华人民共和国劳动合同法》,为进一步完善劳动合同制度,明确劳动合同双方当事人的权利和义务,保护劳动者的合法权益,确立了法律保障。

二、劳动合同制度的特征

1. 主体的特定性

劳动合同中的双方当事人是特定的。一方是劳动者本人,另一方是用人单位。劳动合同双方当事人的目的是特定的,是为了确立劳动者和用人单位的劳动关系。而劳动关系是在拥有生产条件的用人单位与具有劳动权利和劳动行为能力的劳动者之间形成的。

2. 内容的法定性

《劳动法》规定了劳动合同的法定必备条款,是劳动者和用人单位在劳动过程中确定权利义务的法律形式;不允许当事人(尤其是用人单位)擅自创设劳动合同的内容标准。

3. 法律地位的平等性

在订立、变更劳动合同、执行劳动合同,以及解决劳动合同争议时,劳动者与用人单位的法律地位是平等的。

4. 履行合同的约束性

劳动合同订立并生效后,对在劳动合同中以当事人名义签字(盖章)的劳动者和用人单位具有约束力,当事人必须履行劳动合同规定的义务。当事人违反合同约定的,应承担法律责任。

三、订立劳动合同的原则

《中华人民共和国劳动合同法》第三条规定,订立劳动合同,应当遵循合法、平等自愿、协商一致的原则。

1. 依法订立的原则

此原则也称合法原则,是指劳动合同当事人在协商订立劳动合同时,订立合同的目的、主体、内容以及程序,都必须符合法律、行政法规的规定。只有这样,所订立的劳动合同才能生效,并受到国家法律的保护。否则,所订劳动合同就是无效的。

2.平等自愿的原则

这个原则是劳动者择业自由和用人单位择人自由在劳动合同中的体现。平等是指在订立劳动合同时,双方当事人的法律地位平等,不存在一方服从另一方的关系。只有双方当事人具有相同的法律地位,才能真正做到自愿和协商一致。自愿是指劳动合同的订与不订、如何订,应该由当事人自己决定,任何一方不得将自己的意志强加给对方,任何第三者也不得对他人劳动合同的订立施加压力。

3.协商一致的原则

订立劳动合同应该是双方当事人协商一致的结果。双方当事人在法律、法规允许的范围内,共同协商讨论劳动合同的内容条款,在取得一致意见后才能订立劳动合同。如果当事人就劳动合同的具体条款无法达成一致意见,劳动合同就无法订立,劳动关系也就无从建立。采用任何欺诈、威胁手段所订立的劳动合同,都是违反协商一致原则的,因而也应是无效的。

四、劳动合同的内容

根据《中华人民共和国劳动合同法》第十七条规定,劳动合同应当具备以下条款:

(1)用人单位的名称、住所和法定代表人或者主要负责人;

(2)劳动者的姓名、住址和居民身份证或者其他有效证件号码;

(3)劳动合同期限;

(4)工作内容和工作地点;

(5)工作时间和休息休假;

(6)劳动报酬;

(7)社会保险;

(8)劳动保护、劳动条件和职业危害防护;

(9)法律、法规规定应当纳入劳动合同的其他事项。

劳动合同除前款规定的必备条款外,用人单位与劳动者可以约定试用期、培训、保守秘密、补充保险和福利待遇等其他事项。

五、劳动合同的订立形式和期限

1. 劳动合同的订立形式

《中华人民共和国劳动合同法》第十条规定,建立劳动关系,应当订立书面劳动合同。劳动者和用人单位就其劳动过程中的权利义务达成一致意见,并形成书面协议,经双方当事人签字(盖章)后,方可订立劳动合同。

2. 劳动合同的期限及试用期

按照期限的不同,劳动合同可以分为固定期限劳动合同、无固定期限劳动合同,和以完成一定工作任务为期限的劳动合同三种。

固定期限的劳动合同是指用人单位与劳动者约定合同终止时间的劳动合同。一般有五年以上的长期劳动合同和五年以下的短期劳动合同两种。

无固定期限的劳动合同是指用人单位与劳动者约定无确定终止时间的劳动合同。有下列情形之一,劳动者提出或同意续订、订立劳动合同的,除劳动者提出订立固定期限劳动合同外,应当订立无固定期限劳动合同:

(1)劳动者在该用人单位连续工作满十年的;

(2)用人单位初次实行劳动合同制度或者国有企业改制重新订立劳动合同时,劳动者在该用人单位连续工作满十年且距法定退休年龄不足十年的;

(3)连续订立二次固定期限劳动合同,且劳动者不具备解除劳动合同条件(《中华人民共和国劳动合同法》第三十九条和第四十条第一款、第二款规定),续订劳动合同的。

以完成一定工作为期限的劳动合同是指用人单位与劳动者约定,以某项工作的完成为合同期限的劳动合同。以某项工作完成的期限为劳动合同的期限,该项工作完成时,劳动合同也就期满终止。一般适用于建筑单位等的劳动合同。

试用期是指用人单位和劳动者为相互了解、选择而约定的考察期。

在试用期内,双方的劳动关系处于不确定状态。同一用人单位与同一劳动者只能约定一次试用期。劳动合同期限在三个月以上不满三年的,试用期不得超过二个月;劳动合同期限在三年以上的固定期限或无固定期限的劳动合同,试用期不得超过六个月;以完成一定工作为期限的劳动合同或劳动合同期限不满三个月的,不得约定试用期,试用期包括在合同期限中。

劳动者在试用期的工资不得低于本单位相同岗位最低档工资或者劳动合同约定工资的百分之八十,并不得低于用人单位所在地的最低工资标准。

3.劳动合同的订立程序

劳动合同的订立程序是指用人单位和劳动者在订立劳动合同时的法定步骤。

根据有关劳动法规规定,劳动合同的订立一般包括以下程序:

第一,被聘用者向聘用单位提交聘用通知等材料。

第二,聘用单位起草劳动合同(草案)并向被聘用者介绍劳动合同(草案)的内容。

第三,聘用单位和被聘用者就聘用单位拟订的劳动合同(草案)的内容进行协商。

第四,双方达成一致意见后,签字(盖章)并办理备案手续(根据劳动行政管理法规的要求,劳动合同应报当地劳动行政主管部门备案)。

六、劳动合同的变更、解除和终止

(一)劳动合同的变更

劳动合同的变更是指劳动者和用人单位就已订立的劳动合同条款进行修改、补充的法律行为。

同订立劳动合同一样,变更劳动合同也要双方当事人在平等自愿的基础上,经过充分协商,达成一致意见后,依法对劳动合同的部分内容做出修改、补充或调整,达成新的协议。变更后的新合同同样必须符合法律、行政法规的规定。否则,会被视为无效合同,不受法律保护。

根据现行的法律、法规的规定,变更劳动合同,应具备如下条件:

(1)订立劳动合同所依据的法律、行政法规已经被重新修订;

(2)用人单位的经营范围、生产的产品结构发生变动;

(3)用人单位因出现不可抗拒的自然灾害及国家经济政策的调整,引起经济条件发生变动等客观条件的变化,使原劳动合同无法履行,需要变更其有关内容;

(4)签订劳动合同的劳动者本人由于身体健康状况的变化,不能胜任原职位工作,要求变更劳动合同的有关内容;

(5)变更后的劳动合同生效之后,原劳动合同自行作废。

劳动合同的变更要按程序进行。一般先是由要求变更劳动合同的一方,向对方提出变更的建议,说明需要变更劳动合同的理由和变更的内容,然后双方进行协商。

如果经过充分协商，双方就劳动合同的变更达成了一致意见，即可签订新的协议。如果在协商过程中双方因意见不一致而发生争议，任何一方均可以向当地劳动争议仲裁机构申请仲裁，直至向人民法院起诉。

劳动合同在依法变更之后，对双方当事人均具有法律约束力。

在这期间，如果由于变更行为给一方当事人造成经济损失，一般应由要求变更劳动合同的一方或造成对方经济损失的一方承担经济赔偿责任，但不承担违反劳动合同的责任。

赔偿金额的大小，应当根据具体情况确定。但因遇到不可抗力或国家政策的变化而引起了劳动合同的变更，则可以部分或全部免于承担赔偿责任。如果是非法或单方擅自变更劳动合同造成对方经济损失的，就必须承担违反劳动合同的责任。

(二)劳动合同的解除

劳动合同解除是指在劳动合同订立之后、履行完毕之前，一方或双方当事人依法提前终止劳动合同法律效力的法律行为。劳动合同解除是在法律允许的情况下，提前终止劳动合同的法律效力。劳动合同解除之后，当事人之间的劳动关系即告结束。劳动合同解除的法律规定，主要是针对单方解除劳动合同的情况做出的。

根据新劳动合同法规定，劳动合同解除主要有以下几种形式：

(1)用人单位不必提前通知对方的单方解除劳动合同的情况。

劳动者在试用期内被证明不符合录用条件的。

劳动者严重违反用人单位规章制度的。

劳动者严重失职，营私舞弊，给用人单位造成重大损害的。

劳动者同时与其他用人单位建立劳动关系，对完成本单位的工作任务造成严重影响，或者经用人单位提出，拒不改正的。

劳动者以欺诈、胁迫的手段或者乘人之危，使对方在违背真实意思的情况下订立或者变更劳动合同的。

劳动者被依法追究刑事责任的。

(2)有下列情形之一，用人单位必须提前三十日以书面形式通知劳动者本人，或者额外支付劳动者一个月工资后，可以解除劳动合同的情况。

劳动者患病或非因公负伤，在规定的医疗期满后不能从事原工作，也不能从事由用人单位另行安排的工作的。

劳动者不能胜任工作,经过培训或者调整工作岗位,仍不能胜任工作的。

劳动合同订立时所依据的客观情况发生重大变化,致使劳动合同无法履行,经用人单位与劳动者协商,未能变更劳动合同内容达成协议的。

(3)用人单位有下列情形之一,需要裁减人员二十人以上,或者裁减人员不足二十人但占企业职工人员总数百分之十以上的,实行经济性裁减人员,单方解除劳动合同。

第一,用人单位依照企业破产法规进行重整的;

第二,用人单位生产经营发生严重困难的;

第三,企业转产、重大技术革新或者经营方式调整,经变更劳动合同后,仍需裁减人员的;

第四,其他因劳动合同订立时所依据的客观经济情况发生重大变化,致使劳动合同无法履行的。

一般用人单位要提前三十日向工会或者全体职工说明情况,提出裁减人员方案(包括被裁减人员名单、裁减时间、实施步骤及经济补偿办法等),听取工会或者职工的意见,进一步将方案修改完善。将修改后的方案及职工意见,一并报当地劳动行政主管部门,听取劳动行政主管部门意见。最后,由用人单位正式公布确定后的裁减人员方案,与被裁减人员办理解除劳动合同手续。

裁减人员时,应当优先留用下列人员:

与本单位订立较长期限的固定劳动合同的;

与本单位订立无固定期限劳动合同的;

家庭无其他就业人员,有需要扶养的老人或者未成年人的。

(4)劳动者有下列情形之一的,用人单位不得单方解除劳动合同:

从事接触职业病危害作业的劳动者,未进行离岗前职业健康检查,或者疑似职业病病人在诊断或者医学观察期间的;

在本单位患职业病或因公负伤,并被确认丧失或部分丧失劳动能力的;

患病或非因公负伤,在规定的医疗期内的;

女职工在孕期、产期、哺乳期的;

在本单位连续工作满十五年,且距法定退休年龄不足五年的;

法律、行政法规规定的其他情形。

(5)用人单位或双方解除劳动合同,应负经济补偿责任的情形。

劳动合同当事人协商一致解除劳动合同的。

劳动者不能胜任工作,经过培训或调整工作岗位,仍不能胜任工作而被解除劳动合同的。

劳动者患病或因公负伤,医疗期满后,不能从事原工作,也不能从事由用人单位另行安排的工作而被解除劳动合同的。

劳动合同订立时所依据的客观情况发生重大变化,致使原劳动合同无法履行,经当事人协商不能就变更劳动合同达成协议而被解除劳动合同的。

用人单位因经济性裁减人员而被解除劳动合同的。

经济补偿的具体办法,按照劳动部颁布的《违反和解除劳动合同的经济补偿办法》执行。

(6)用人单位有下列情形之一的,劳动者可以单方解除劳动合同:

在试用期内,用人单位未按劳动合同约定提供劳动保护或者劳动条件的;

未及时足额支付劳动报酬的;

未依法为劳动者缴纳社会保险费的;

用人单位的规章制度违反法律、法规的规定,损害劳动者权益的;

以欺诈、胁迫的手段或者乘人之危,使对方在违背真实意思的情况下,订立或者变更劳动合同的。

法律、行政法规规定,劳动者可以解除劳动合同的其他情形。劳动者单方解除劳动合同的,应当提前三十日以书面形式通知用人单位。但是,如果用人单位以暴力、威胁或者非法限制人身自由的手段强迫劳动的,或者用人单位违章指挥、强令冒险作业危及劳动者人身安全的,劳动者可以立即解除劳动合同,不需事先告知用人单位。

七、劳动合同的终止

劳动合同终止是指由于劳动合同中双方约定期限已满,或双方约定的终止条件已出现,因而终止劳动合同的法律效力。

劳动合同终止意味着当事人双方劳动关系的结束,即原来用于明确当事人之间发生在劳动过程中的权利义务的劳动合同失去法律效力。

但是,在劳动关系存续期间遗留下来的问题,以及劳动合同中规定的一些问题,如劳动者的社会保险、福利待遇等问题,仍然应当依据劳动合同和劳动法的规定予以妥善处理,不能因劳动合同终止、劳动关系的结束而搁置。

有下列情形之一的,劳动合同终止:

(1)劳动合同期满的;

(2)劳动者开始依法享受基本养老保险待遇的;

(3)劳动者死亡,或者被人民法院宣告死亡或者宣告失踪的;

(4)用人单位被依法宣告破产的;

(5)用人单位被吊销营业执照、责令关闭、撤销或者用人单位决定提前解散的;

(6)法律、行政法规规定的其他情形。

八、违反劳动合同的法律责任

违反劳动合同的法律责任,是指劳动合同当事人违反劳动合同规定,不履行或者不全面履行劳动合同时所应承担的法律责任。

追究当事人违反劳动合同的法律责任,必须同时具备三项必要条件:

一是当事人必须是劳动关系及与劳动关系密切相关的社会关系主体,即劳动者、用人单位、法定的国家劳动行政部门、有关行政部门、社会职能机构及其工作人员。

二是当事人必须有违反劳动合同及有关法律规范的行为。

三是当事人必须有过错,(包括故意和过失两种)。

1.用人单位的法律责任

用人单位违反劳动合同,对劳动者造成损害的,应当按照不同情况,依法承担以下法律责任:

造成劳动者工资收入损失的,除按劳动者本人应得工资收入支付给劳动者外,还应加付劳动者应得工资收入一定比例的赔偿费用。

造成劳动者劳保待遇损失的,应按国家有关规定,补足劳动者的劳动保护津贴和用品。

造成劳动者工伤、医疗待遇损失的,除按国家有关规定,为劳动者提供工伤、医疗待遇外,还应支付劳动者一定比例的赔偿金。

造成女职工和未成年职工身体健康损害的,除按国家有关规定提供治疗期间的医疗待遇外,还应支付其一定比例的赔偿金。

由于用人单位的原因订立的无效合同,给劳动者造成损害的,应当由用人单位承担赔偿责任。

用人单位违反《劳动法》规定的条件,解除劳动合同或者故意拖延不订立劳动合同的,由劳动行政部门责令改正,给劳动者造成损害的,应当由用人单位承担赔偿责任。

对于滥用职权,侵犯劳动者合法权益的,殴打、体罚、侮辱、非法搜身和拘禁劳动者的,轻者给予行政处分,重者追究刑事责任。

违反《劳动法》规定的劳动时间,超长时间工作,又拒不支付加班工资,由劳动行政部门给予警告,并责令限期改正。同时,应加倍补发加班工资和经济补偿金。

对严重违反劳动合同造成事故,使劳动者生命、财产受到损失的,还应依法追究用人单位责任人的行政责任;触犯刑法的,由司法机关依法追究其刑事责任。

2.劳动者的法律责任

劳动者违反劳动合同,也应承担相应的法律责任:

劳动者违反劳动合同中约定的保密事项,对用人单位造成经济损失的,按《反不正当竞争法》有关规定支付用人单位赔偿费用。

劳动者违反劳动合同,给用人单位造成经济损失的,应承担相应的赔偿责任。

劳动者违反规定或劳动合同的约定,被解除劳动合同,对用人单位造成损失的,劳动者应赔偿用人单位下列损失:

用人单位招收录用其所支付的费用;用人单位为其支付的培训费用;对生产、经营和工作造成的直接经济损失;劳动合同约定的其他赔偿费用。劳动者的违法行为情节严重,触犯刑法的,由司法机关依法追究刑事责任。

第二节 人事代理制度

一、人事代理制度概述

(一)人事代理制度的含义

随着我国改革开放的深入发展,传统的人事管理制度和管理方式难以适应社会主义市场经济条件下的一些新型的用人关系。在这种背景下,人事代理制度逐渐确立和发展起来。20世纪80年代初,我国人才交流服务机构普遍建立,90年代初人才市场开始蓬勃兴起。

人事代理是指各级政府人事部门所属的人才交流服务机构,根据国家有关人事政策法规,接受用人单位或个人委托,对其人事业务实行集中、规范、统一的社会化管理和系列服务的一种人事管理方式。人事代理业务的当事人为代理方和委托方,代理方一般是县级以上政府人事行政部门所属的人才交流服务机构,委托方可分为需要人事代理服务的各类企事业单位和个人。委托代理的方式由委托方与代理方商定,并以合同的形式予以明确。

(二) 人事代理对象

(1) 各类非公有制企业(包括三资企业、乡镇企业、区街企业、民营企业、股份制企业、私营企业等)中的专业技术人员和管理人员;

(2) 国家党政机关、事业单位编制外聘用的专业技术人员和管理人员;

(3) 外地驻本地委托机构中,需要人事代理的专业技术人员和管理人员;

(4) 辞职、辞退、解除聘用合同的专业技术人员和管理人员;

(5) 毕业后没有分配或自谋职业的大中专毕业生(含"五大"毕业生);

(6) 脱离原工作单位(包括除名)或受聘到外地工作的不转户口关系的专业技术人员和管理人员;

(7) 正在选择单位或办理流动手续的专业技术人员和管理人员;

(8) 因私出国、自费留学人员;

(9) 转业到非国有企业或自谋职业的军队转业干部;

(10) 其他受单位或个人委托,需要人事代理的专业技术人员和管理人员。

各级人才交流机构与委托人事代理对象不发生行政隶属关系,仅为其代理有关服务事宜。

二、人事代理的内容和政策

(一) 人事代理的主要内容

人事代理的具体内容由代理方和委托方协商确定,一般代理方可以提供如下服务:

(1) 为委托方提供人事政策咨询,并协助委托方研究制定人才发展和人事管理方案等;

(2) 为委托方管理人事关系、人事档案。办理专业技术人员专业技术职务任职资格的申报工作;办理大中专毕业生见习期满后的转正定级手续,调整档案工资;出具因公或因私出国、自费留学、报考研究生、婚姻登记和独生子女手续等与人事档案有关的证明材料;

(3) 为国家承认学历的大中专毕业生提供人事代理服务,从签订人事代理合同之日起,按有关规定承认身份,申报职称,计算工龄,确定档案工资,办理流动手续;

(4)为委托方接转党团组织关系,建立流动人员党团组织,开展组织活动;

(5)为委托方代办失业、养老等社会保险业务;

(6)为委托方代办人才招聘业务,提供人才供需信息,推荐所需专业技术人员和管理人员,负责聘用人员合同的签订;

(7)根据委托方要求,开展岗位培训,并协助委托方制订培训计划;

(8)根据委托方要求,开展人才测评业务;

(9)代理其他与人事管理相关的业务。

(二)我国人事代理的有关政策

(1)我国境内注册的三资企业、私营企业、股份制企业、民办科研机构等无主管单位,以及不具备人事管理权限的单位中聘用的专业技术人员和管理人员,均由单位办理委托人事代理。其他以聘用方式使用专业技术人员和管理人员的单位,可根据需要申请办理委托人事代理。

(2)各级人事行政部门所属人才流动机构,在核准委托人事代理的有关材料后,应当和委托单位或个人签订人事代理委托合同书,确定委托关系。

(3)单位委托人事代理人员及个人委托人事代理人员在委托人事代理期间,工龄连续计算。

(4)尚未就业的个人委托人事代理人员重新就业后,其辞职、解聘前的工龄和重新就业后的工龄合并计算。

(5)在委托人事代理项目内有档案、工资关系的,其代理期间涉及国家统一调资的,档案工资的调整根据国家及当地的有关政策,按照自收自支事业单位的工资标准核定。

(6)单位委托人事代理的大中专毕业生,其见习期考核、转正定级,由用人单位按期向人才流动机构提供有关毕业生见习期表现等书面材料,手续由委托代理的各级人才流动机构负责办理。

(7)单位委托人事代理的大中专毕业生在见习期间,解除聘用(任)合同的,毕业生可应聘到其他单位工作,代理其人事关系的人才流动机构继续负责毕业生的见习期管理。待聘用超过一个月的,见习期顺延。

(8)委托期间,所委托代理的人员被全民、集体单位正式接收,由其委托代理的人才流动机构凭接收单位人事主管部门的接收函件办理其人事关系及档案的转递手续,被其他单位重新聘用的委托人事代理人员,应及时变更人事代理手续。

三、人事代理手续的办理程序

(1)委托方向代理方提出申请,并提供有关材料;

个人办理委托人事代理,根据各自情况的不同,须向当地人才流动机构分别提交下列有关证件:

1)应届大中专毕业生应提供报到证、就业协议书、毕业生人事档案等材料。

2)辞职、解聘人员尚未落实单位的,须提交委托人事代理申请及辞职、解聘证明、身份证复印件等证件。

3)应聘到外地工作的,须提交委托人事代理申请、聘用合同复印件、身份证复印件、聘用单位证明信(证明其单位性质、主管部门、业务范围)等。

4)自费出国留学的人员,须提交委托人事代理申请、原单位同意由人才流动机构保存人事关系的函件、出国的有关材料等。

单位委托人事代理应提供单位营业执照(事业单位为法人登记证)复印件、聘用(劳动)合同和委托代理人的人事档案。

(2)代理方对委托方申报的材料进行审核;

(3)委托方与代理方签订人事代理合同;

(4)代理方向有关方面索取人事档案及行政、工资、组织关系等材料,并办理有关手续;

(5)人事代理当事人的权利和义务,由双方以协议的方式予以明确,共同遵守;

(6)人事代理实行有偿服务,其收费标准按国家和地方有关规定执行。

第三节 国家公务员制度

一、国家公务员概述

(1)国家公务员制度是根据国家法律和规章,对政府中行使行政权力、执行国家公务的人员进行科学管理的制度。国家公务员是指从事社会公共事务管理,行使国家行政权力,履行国家公务的人员。

国家公务员一般分政务类公务员和业务类公务员。

我国国家公务员制度,是根据我国国情建立的,适应社会主义市场经济体制的政府机关工作人员的管理制度;是指党和国家对国家公务员进行管理的有关法律、法规、政策等的统称或总称。它继承和发扬了我国干部人事管理的优良传统和基本经验,吸收了十一届三中全会以来干部人事制度改革的成果,并借鉴了发达国家的有益做法。

2005年,第十届全国人大常委会第十五次会议表决通过了《公务员法》,2006年1月1日起施行。这是我国第一部关于干部人事管理的法律,它的制定颁布是我国干部人事管理科学化、法制化的一个里程碑。

(2)我国公务员制度的基本原则。

1)竞争原则。竞争在国家公务员制度中是公开、平等的。所有考试、考核、录用等程序都是公开进行的,并且所有参加报考的人员不受性别、家庭出身、民族、宗教等的限制,并逐步打破地域、身份的限制。任何人都可以通过竞争进入到公务员队伍中来。竞争机制是我国公务员制度的核心机制,它贯穿公务员制度的始终,并主要体现在公务员的考试录用、晋升与降职、职务任免,以及辞退制度上。

2)功绩原则。功绩是国家公务员在贯彻执行党的基本路线中的工作实绩。公务员的职务升降、考核、任免、奖励等,都以其在工作中的功绩为主要依据。坚持功绩原则能激励公务员工作的积极性和创造性。

3)法制原则。法制原则就是制定法律规范并依照法律法规对国家公务员进行管理,国家公务员依照法律、法规行政,并受法律保护。

法制原则贯穿公务员制度的各个环节,主要体现在两个方面:

一是依法管理。一方面,对公务员的管理必须有法律依据,从其录用、考核、晋升、培训、工资、福利,直至退休,都有严格的法律规定,其执行过程要按照法定的程序和规定办理。另一方面,公务员行政行为如果违反法律、法规,也会因其违法渎职行为而受到制裁。

二是依法保护。每个公务员都有一定的法定地位,享受一定的权利和待遇,并受到法律的保护。

4)党管干部的原则。党管干部原则是社会主义国家人事制度坚持的根本原则,建立国家公务员制度不是削弱党对干部的领导,而是加强和完善党对政府机关工作人员管理工作的领导。通过把党的组织路线、方针、政策按一定程序转化为行政机关人事管理的法规,依此对政府机关工作人员进行管理。

(3)国家公务员制度的主要特点：

我国国家公务员制度作为国家政治制度的一个组成部分,取决和服从于国家的根本社会制度。体现出坚持党的基本路线,坚持党管干部的原则,德才兼备的用人标准和为人民服务的宗旨。

1)坚持党的基本路线。中国共产党的基本路线是建立中国公务员制度的根本指导原则。建立公务员制度的目的,就是要为贯彻和执行党的基本路线提供制度保证。所以,要求公务员必须始终与党中央保持一致,坚决捍卫和执行党的路线、方针、政策。

2)坚持党管干部。中国共产党是领导各项事业的核心力量,公务员制度是党的干部制度的一个组成部分。在公务员的管理上,强调要坚持党的组织领导,贯彻党的组织路线,保持党对政府重要领导人选的推荐权。坚持党对人事工作的领导,坚持和体现了党的基本路线,坚持了党管理干部的原则。

3)强调德才兼备的用人标准。国家公务员在录用中采用公开考试,严格考核,特别在对思想政治方面要求严格,在晋升中注重思想政治表现和工作实绩。因此,德才兼备标准是国家公务员制度的重要特色。

4)强调全心全意为人民服务的宗旨。国家公务员不是一个独立利益集团,全心全意为人民服务是我们党的根本宗旨,我国公务员的考核、奖惩、晋升等,都要考察其为人民服务的精神。

5)坚持分类管理制度。我国公务员制度实行分类管理制度。它是由总法规和若干个配套单项法规及其实施方案形成的一个健全的法规体系。根据《国家公务员暂行条例》规定,我国国家公务员制度基本内容,包括职位分类制度、录用制度、考核制度、任免制度、职务升降制度、奖惩制度、培训制度、交流制度、回避制度、申述控告制度等。

6)具有完善的竞争机制。竞争机制是我国公务员制度的核心内在机制,它贯穿公务员制度的始终,并主要体现在公务员的考试录用、晋升与降职、职务任免,以及辞退制度上。

7)具有能上能下,灵活、科学的新陈代谢机制。除了在人员的录用上严格把关外,国家公务员制度还实行了不同职务的最高任职限制、年龄及部分职务的聘任制度。实行人员交流、竞争上岗、职位轮换和职务聘任制,打破终身制,增强了行政机关的活力。

8)具有勤政廉政的保障机制。勤政廉政是国家公务员的一项基本要求,

《国家公务员暂行条例》中,对公务员的义务、纪律、录用、晋升、考核、奖惩、回避等方面都加以严格约束,并通过监督来加以保障,形成了一个健全的公务员勤政廉政保障机制。

二、国家公务员的考试录用

我国公务员考试录用制度坚持德才兼备的标准,采取考试和考核相结合的方式,严格按照法定的条件和程序来进行。

公务员考试录用是指,国家行政机关录用主任科员以下非领导职务公务员的一种办法,有专门的法律、法规规定。公务员考试录用采取公开的方式进行,考试时间、办法、程序和结果都要公示。

(一)国家公务员考试

1. 发布公告

制定和发布公告,是报名前的首要工作。用人部门关于考试录用的主要信息,都是通过公告告知社会的。

(1)招考公告的内容。公务员录用招考公告主要包括以下内容:

招考范围、招考对象和条件;录用单位、职位与计划(名额);考试录用的方法和程序;报名时间、地点及报名时应审查的证件;笔试的科目、时间和地点;面试办法;笔试、面试成绩公布办法;录用的程序和方法;其他须向考生说明的事宜。

(2)招考公告的发布。公务员招考公告一般选择知名度高、读者面广、权威性、严肃性强的报纸发布,同时要考虑到地域性。例如,国务院各部门如面向全国招考公务员,则应在《人民日报》上发布招考公告。如只限于在北京地区招考,则可在《北京日报》或《北京晚报》上发布招考公告。

各省、自治区、直辖市政府,如面向全省(全自治区、直辖市)招考公务员,则应在省级报纸发布招考公告;如只限在省、自治区驻地市内招考,则可在驻地市报纸上发布招考公告。

招考公告具有法规性质,一经发布,任何单位,任何个人不得违背其内容行事,如有特殊情况需改变或调整其内容时,须由发布公告的部门于报名前在原公布公告报纸上声明更正。

招考公告在文字上简单、明了。有些问题如考试的一些具体要求,可制定《报名须知》在报名处张贴或印发,作为招考公告的辅助说明。

另外,欲报考者还可通过相关的专业性网站集中查询,主要参考网站如下:

中国人事部网 www.mop.gov.cn;

公务员考试教材网 www.999ks.com;

新华网政府在线频道 www.xinhuanet.com;

新浪网教育频道 http://edu.sina.com.cn。

2.报考条件

报考公务员必须具备一定的资格条件,即国家和主考机关规定的成为某职位上的公务员不可缺少的起码条件。根据《中华人民共和国公务员法》第十一条的规定,公务员应当具备下列条件:

(1)具有中华人民共和国国籍;

(2)年满十八周岁;

(3)拥护中华人民共和国宪法;

(4)具有良好的品行;

(5)具有正常履行职责的身体条件;

(6)具有符合职位要求的文化程度和工作能力;

(7)法律规定的其他条件。

另外,报考者必须身体健康且年龄在35周岁以下。报考特殊职位的考生还应具备该职位要求的特殊条件。

《中华人民共和国公务员法》第二十三条规定,报考公务员,除应当具备本法第十一条规定的条件外,还应当具备省级以上公务员主管部门规定的拟任职位所要求的资格条件。根据《中华人民共和国公务员法》第二十四条的规定,可知下列人员不得录用为公务员:

(1)曾因犯罪受过刑事处罚的;

(2)曾被开除公职的;

(3)有法律规定不得录用为公务员的其他情形的。

3.招考时间

从2002年起,中央、国家机关公务员招考工作的时间被固定下来,报名时间在每年10月中旬,考试时间在每年11月的第四个周末。

省以下国家公务员考试时间尚未固定,欲报考者应密切关注各类新闻媒体有关招录公务员的信息,以免错过报考时机。

4.报考程序

(1)中央、国家机关公务员考试报名程序。2002年以前,中央、国家机关公务员报名办法和程序与各地大致相同,自2002年开始,采取网上报名的办法。具体程序如下:

1)招考职位查询。预报考者可到国家人事部网、公务员考试网、新华网政府在线频道、中华网教育频道等进行查询。进入"职位查询及报名",先按表中所列指标项选择查询条件,然后提交查询进入下一步。选择您想要报考的职位,按照表格要求填写。

注意:标有"＊"的项目必须填写。您填写的文字内容不要超过限定的字符数,不要加HTML语言标记和运算符。比如,"＋""&""＜"等字符。填写完毕检查无误后按下"提交"按钮,即可看到您的报名结果。

注:当提示"没有符合您查询条件的职位……"时,请适当减少条件限制。例如,只选择招考部门为"国务院办公厅",不填写其他选项,按下"提交查询"按钮,即可查出"国务院办公厅"招考的所有职位。

2)报名方式。全部采取网上报名的方式进行,不设现场报名。报考人员可选择各省会城市或直辖市进行报考和参加考试。

①网上提交材料及查询。网址:人事部网站 www.mop.gov.cn。报名政策、技术和考务方面的咨询可查询人事部网站;报考所需的报名推荐、报名登记表等材料,可从人事部网站下载打印。但是,报考海关系统(不含海关总署机关)的人员,请登录 www.kaolu.customs.gov.cn 进行查询。

②报名确认与领准考证主证。通过资格审查的人员,须按规定的时间到所选择的考试地点进行确认,同时办理有关手续。

报名确认时应注意以下事项:

a.考生根据所选择的考试地点到该省会城市或直辖市办理确认手续。未按时参加报名确认者视为自动放弃考试报名。

b.报名确认时务必做到:携带本人身份证、学生证等有效证件;提交近期免冠一寸相同照片两张(黑白、彩色均可),照片背面写清报名序号;缴纳有关费用;领取准考证主证。

③自助打印准考证副证。准考证副证由考生按规定时间自行上网下载并

打印。

④其他注意事项。笔试合格的人员进入面试时,须出示本人身份证、学生证(工作证)原件,缺少上述证件或与报名时提交的个人信息不符者,不得参加面试。考生参加面试时,必须同时携带准考证主证、副证和身份证。

3)需减免考试费用的家庭困难考生,必须携带以下材料,由各省市负责考务工作的部门审核确认后,办理减免考试考务费用的手续:

①享受国家最低生活保障金的城镇家庭考生,须携带其家庭所在地的县(区、市)民政部门出具的,享受最低生活保障的证明(原件)和低保证(复印件);

②农村绝对贫困家庭的报考人员凭其家庭所在地的县(区、市)扶贫办(部门)出具的特困证明(原件)和特困家庭基本情况档案卡(复印件)。

(2)地方公务员考试报名程序。

1)申请报名。正式报名前,参加公务员考试的人员,应在规定的时间和地点领取报名所需的各种表格和报考须知资料,认真填写好报名表,并了解报考须知。

报名表的内容一般包括:

①个人基本情况:姓名、性别、年龄、籍贯、住址、通信地址、照片等;

②考试法规定的要求事项。例如,有无不良的嗜好,是否受过奖惩或刑事处分等;

③资历、资格事项:文化程度、工作经历、个人品德、习惯、专长爱好、体格与健康状况等;

④其他事项:婚姻状况、家庭状况、社会关系、个人负担等。

2)资格审查。资格审查主要是审查报名登记表和有关证件是否符合规定的报考条件。

由政府人事部门和用人部门共同负责资格审查,其程序为:

①对报考职位的审查。审查报考者所具备的资格条件是否符合其拟报考职位的要求;

②对证件的审查。着重审查户口簿(查居住地、年龄)、学历证明及有关证件;

③报考者的体格外貌。一般来讲,对报考国家公务员考生的体格外貌并

无特殊要求。但是,到政府机关工作的人起码应无明显生理缺陷,身高不能过矮。考试组织者除身体检查要有明确标准外,资格审查也应有一定的标准;

④审查报考者的照片。主要是防止替考等违反考试纪律的行为;

⑤招考公告规定的其他内容。

3)领取准考证。国家公务员考试主考机关根据报名和资格审查认定的报考情况向考生发放《准考证》。

准考证由主考机关统一印制,贴上报考者交的近期免冠一寸照片,经主考机关盖章塑封后有效。填写准考证明,必须认真仔细,考生姓名项目必须与报名表完全一致。

《准考证》存根应按考场装订成册,供监考人员在核对考试人员时使用。若报考人员遗失准考证,须由其所在单位出具证明并携带有关证件,经报名点审核后由原发证单位补发。补发的准考证用原准考证号,但注明"补发"字样。

主考机关在编排准考证号时,应尽量将同一单位的报考人员安排在不同的考场并且考号不相邻。准考证号一般采用八位数字。

注:现在大多数省市均采取网上报名,并在网上直接打印准考证,现场确认报名的方式。

5.公务员招考录用的录用机关

国务院人事部门是国家公务员录用的主管机关,负责全国国家公务员录用的综合管理工作,包括:拟定国家公务员录用法规;制定有关的具体政策;指导与监督地方国家行政机关国家公务员录用的管理工作;负责组织国务院各工作部门录用国家公务员的考试和备案工作,某些考试工作可以委托省级政府人事部门承担。

省、自治区、直辖市政府人事部门是本行政辖区国家公务员录用的主管机关,负责本行政辖区内国家公务员录用的管理工作,包括:根据国家公务员的录用法规,制定本行政辖区国家公务员录用的有关规定;贯彻执行国家有关的方针政策;指导和监督市(地)级以下国家行政机关国家公务员录用的管理工作;负责组织省级政府各工作部门录用国家公务员的考试和审批工作;规定市(地)级以下国家行政机关录用考试的组织办法;承办国务院人事部门委托的有关考试工作。

市(地)级以下政府人事部门按照省级政府人事部门的规定,负责本行政辖区内国家公务员录用的有关管理工作。

各级政府工作部门按照同级政府人事部门的要求,承担本部门国家公务员录用的有关工作。

国家公务员录用考试的服务机构受政府人事部委托,承担某些录用考试具体操作工作。

6.考试

国家公务员考试一般分笔试和面试两种形式。

(1)笔试。笔试分为闭卷和开卷两种。一般采取闭卷考试。笔试内容主要包括公共科目、专业科目和行政职业能力测试三种类型。

公共科目主要考查机关通用基础知识。它是由国家人事部门确定,包括思想政治、行政管理、法律、语文及公文写作与处理四方面的内容。

专业科目,主要考查拟任职位所需的专业基础知识和专业管理知识。考试内容由省、市人事部门确定,也可由政府人事部门与用人单位共同确定。

行政职业能力测试,重点考查应试者潜在的职业能力素质和发展趋势,考试内容由省政府人事部门确定。

应试者凭准考证和本人身份证,按时到指定的考点参加统一组织的笔试考试。笔试后由人事部门划定合格分数线,并公布考试者的成绩。按照不同的行政区确定的录取计划,人事部门依据从高分到低分的原则确定进入面试的人数比例和面试人选,并向进入面试的人员寄发面试通知。

(2)面试。面试主要是测试应试者的语言表达能力、逻辑思维能力、应变能力、人际协调能力、计划组织能力、岗位适应能力及情绪控制能力等。一般由人事部门和用人单位人事部门负责人5~7人组成考官小组负责面试。面试主要有交谈式、答辩式、讨论式等面,试方式。

(二)国家公务员的录用

1.考核

国家公务员录用考核的内容。

国家公务员录用考核的内容是依据职位要求的基本职责和任职条件而制定的,以笔试、面试等考试环节无法考察的项目为重点考核内容。

具体而言,主要包括以下几方面:

(1)政治素质。主要考核被考核者坚持四项基本原则和改革开放的方针及坚持和贯彻党的方针、政策和路线的情况;考察被考核者在政治上能否同党中央保持一致;是否遵守党的纪律,遵守国家法律,遵守社会公德;是否团结同志,与人为善,具有良好的人际关系。

(2)拟录用职位的要求。是通过对考核对象在原单位工作或学习的表现和实绩的考核,了解其是否具备拟录用职位所要求的工作能力和发展潜力。主要考察其分析问题、解决问题的能力,组织管理能力,学习能力等。具体考察的指标包括了解工作中较突出的成绩、科研工作的成果、本人撰写的研究论文、工作总结、调查报告、与人交往、协调合作、语言表达及自学能力等方面的情况。此外,还有报考资格条件复审、职务回避考核、道德品质考核等考核内容。

国家公务员录用考核的方法:

常用的考核方法有三种,即查阅档案考核法、谈话考核法和座谈会考核法。

(1)查阅档案考核法。查阅档案考核法是考录机关工作人员实施考核时必经的第一道手续。通过查阅档案,可以熟悉被考核人的自然情况、工作经历、历史和现实情况,起到对被考核者在报名期间自报条件的复核作用。

(2)谈话考核法。谈话考核法是考核中常用的另一种方法。此法可以获知一些在查阅档案时无法了解的情况。在考核之前,考核小组要对考核的内容、重点做出合理的设计,以便充分利用此法,全面、客观地了解被考核者在档案中反映出的个人工作、学习、品德等方面以外的情况。谈话的对象主要是被考核者所在单位的领导、同事和被考核者本人。

(3)座谈会考核法。座谈会考核法是指考核人员召集考核对象所在单位人事、组织部门负责人、同事、主管领导等人进行座谈,听取大家对考核对象的意见,了解考核对象的有关情况。

通过查阅档案考核、谈话考核和座谈会考核后,形成考核材料,考核材料要准确、全面地叙述考核对象的主要优缺点,提出考核是否合格、是否可以录用的结论性意见。

2.体检

身体健康是录用公务员的另一个条件。所以,笔试、面试、考核都合格的应试者,都要参加主考机关组织的体检。体检不合格者,不能被录用。

体检项目和标准,由主考机关同卫生行政部门根据公务员录用对象的年龄特点和机关公务员工作特点协商制定。体检由主考机关(或委托用人部门)协同有关卫生部门具体组织。

3. 录取

录取程序是按照时间先后或一次性安排的录用工作步骤。这可以增加录用工作的透明度,增强参与监督的环节。

录用工作具体包括以下几个步骤:

第一,确定推荐比例。在考试、考核、体检合格后,根据各部门的录用计划,确定各部门、各单位的推荐比例。推荐比例大小根据合格人数与计划录用人数之间的差额确定。一般当合格者人数多于计划录用人数时,以综合成绩高低为序,实行差额推荐;对于合格者等于或小于计划录用人数的专业,实行等额或缺额推荐。

第二,公布录用候选人名单。

第三,编制和管理录用候选人名册。凡考试、考核、体检合格者,均编入录用候选人名册。录用候选人名册主要包括基本情况,考试、考核、体检情况,推荐情况等三方面内容。

录用候选人名册的管理包括下列事项:

除名。凡具有下列情形之一者,从名册中除名:已被其他部门录用者;自录用通知下达之日起,一月内未报到者;本人向名册管理者提出不愿在该名册中被挑选录用者;因突然事故死亡或伤残影响工作者;经审查,不符合报考资格者。

恢复。已被除名的录用候选人提出充分理由,经调查成立时,恢复其录用候选人资格。

查阅。录用候选人名册对各部门和报考者开放。报考者及其委托人查阅名册须填写查阅申请单,说明查阅的理由和内容,经名册管理者批准后,方可查阅。

录用候选人名册有效期为一年。在有效期内,名册中人员保留被推荐资格。

第四,推荐。主考机关编制推荐录用表,将每一个录用候选人的有关情况填入表中,按确定的推荐比例、报考志愿和成绩高低,分别向用人单位推荐。

第五,办理录用手续。用人部门根据拟录取职位的要求,综合评定报考者的考试、考核及体检结果,确定拟录取人员名单,报同级政府人事部门审批。

政府人事部门在录取人员名单上填写人事部门意见,办理录用手续。被录用者持录用通知书及有关证件,在规定时间内到用人部门报到。报到期限为一个月,逾期不报到者,取消录用资格。

4.试用

《中华人民共和国国家公务员法》第三十二条规定,新录用的公务员有一年试用期。按规定录用的没有基层工作经历的人员,要在基层工作一至二年。试用期内用人部门组织培训,期满要进行考核。考核以岗位规范中规定的任职条件为依据,以新录用人员在试用期内的德、能、勤、绩为主要内容。

新录用人员试用期满后,试用合格者,可正式任职;需进一步考察者,由用人部门决定可适当延长试用期;试用不合格者,取消其录用资格。

【案例】了解就业政策,做好就业准备

某医学院校本科毕业生小张,所学的专业是临床医学,毕业时小张想把自己的工作确定在自己的老家——陕西省。

为了找到合适的单位和职业岗位,小张首先从了解就业政策入手。先后通过一些报纸杂志、网络及一些人脉关系,小张把该地区相关的就业信息作了比较全面的搜集整理和系统的分析。通过分析,小张发现在陕西省西安市和一些地市级城市的医疗机构,医疗人才基本上趋于饱和,而大部分基层地区对医疗人才的需求量却比较大。为了充实基层医疗卫生人才队伍,陕西省政府还专门出台了鼓励大学生到基层从医就业的优惠政策。了解到这些政策和情况后,小张对自己的就业策略作了进一步的调整,抛开了省一级的供需见面会,而把重点放在市、县一级的供需见面会上,特别注意一些基层医院的用人动向,专门针对一些基层医疗机构,有的放矢地投递简历,面试求职。经过努力,小张最后终于被一家县级医院录用。回顾自己的求职历程,小张深有体会地说,了解就业政策,掌握市场动态,这是他成功就业的一个重要条件。

第四节　签订就业协议书与劳动合同的方法

一、如何签订就业协议书

当用人单位向你发出接收信息或录用通知书时,表明你付出的一番努力终于有了一个好的结果了——你可以签约了。"约"就是学校给每位毕业生发的就业协议,是一份具有法律效应的合同,所以须慎重对待,当你还没有做出决定时,不要轻易签订就业协议。一旦签订就应恪守诚信,不能出尔反尔。

(一)就业协议书简介

《全国普通高等学校毕业生就业协议书》(简称就业协议书,也称三方协议,见表4)是毕业生毕业时与用人单位签订的具有合同性质的协议。

它是明确毕业生、用人单位和学校在毕业生就业工作中权利和义务的书面表现形式,是毕业生确定工作单位,用人单位接收毕业生,学校确定毕业生就业,将毕业生派遣到用人单位就业的依据。就业协议一般由教育部制定标准文本,各省、市、自治区就业主管部门或部分高校按标准印制。

协议书要经各方签字、盖章后才能生效。就业协议书是规范就业工作,维护毕业生、用人单位和学校合法权益的一项重要措施。

《全国普通高等学校毕业生就业协议书》内容如下:

按《普通高等学校毕业生就业工作暂行规定》的要求,为维护国家就业计划的严肃性,明确毕业生、用人单位、学校三方在毕业生就业工作中的权利和义务,经协商,毕业生、用人单位、学校三方签订如下协议:

一、毕业生应按国家规定就业,向用人单位如实介绍自己的情况,了解单位的使用意图,表明自己的就业意见,在规定的时间内到用人单位报到,若遇到特殊情况不能按时报到,需征得用人单位同意。

二、用人单位要如实介绍本单位的情况,明确对毕业生的要求及使用意图,做好各项接收工作。凡取得毕业资格的毕业生,用人单位不得以学习成绩为由提出违约,未取得毕业资格的结业生,本协议无效。

三、学校要如实向用人单位介绍毕业生的情况,做好推荐工作,用人单位同意录用后,经学校审核列入建议就业计划,报教育部批准,学校负责办理派遣手续。

四、学校应在学生毕业前安排体检,不合格者不派遣,本协议自行取消,由学校通知用人单位。如用人单位对毕业生身体条件有特殊要求,原则上应在签订协议前进行单独体检,否则,以学校体检为准。

五、毕业生、用人单位、学校三方如有其他约定,应在备注栏注明,并视为本协议的一部分。

六、本协议经各方签字、盖章后生效。三方都应严格履行本协议,若有一方提出变更协议,须征得另两方同意,由违约方承担违约责任。

七、本协议一式三份,毕业生、用人单位、学校各执一份,复印无效。

第五章 签订劳动合同 规避就业误区

表4 就业协议

毕业生情况及意见	姓名： 性别： 年龄： 民族： 政治面貌： 培养方式： 健康情况： 专业： 学制： 学历： 家庭地址： 应聘意见： 毕业生签名： 年 月 日			
用人单位情况及意见	单位名称： 单位隶属： 联系人： 联系电话： 邮政编码： 通信地址： 所有制性质： 全民、集体、合资、其他 单位性质： 党政机关、科研事业单位、学校、商贸公司、厂矿企业、部队、其他 档案转寄详细地址： 用人单位意见： 用人单位上级主管部门意见： （有用人自主权的单位此栏可略） 签章 签章 年 月 日 年 月 日			
学校通信地址	学校联系人： 联系电话： 邮政编码： 院（系、所）意见： 学校毕业生就业部门意见： 签章 签章 年 月 日 年 月 日			

(二)签订就业协议时应注意的问题

签订就业协议书是一份具有法律效应的就业合同,签订就业协议书一定要慎重。签订后,原则上不允许违约,如果违约,就会影响学校和本人的诚信度。因此,毕业生在签约时应注意以下问题,谨慎签约。

(1)详细了解用人单位的情况。要查明用人单位是否具备合法的主体资格,单位的所有制性质、经营规模、效益、管理制度等。

(2)要按规定程序签订协议。签订就业协议书,一定要先与用人单位签约后,再交学校就业工作部门签章,由学校最后把关。没有用人自主权的用人单位,一定要让其相应的上级人事主管部门在"上级主管部门意见"这一栏中签章。

(3)有关附带内容必须注明。毕业生与用人单位在签约时除示范条款外,有关附带内容,如签约前双方达成的住房、保险等福利待遇等,必须在协议中明确,以免日后发生纠纷。由于毕业生就业协议签订在先,为避免在日后订立劳动合同时产生纠纷,也应尽可能将劳动合同的主要内容,如工作年限和待遇等条款,体现在就业协议的约定条款中,并明确表示在今后订立劳动合同时应予以确认。

毕业生就业协议一经订立,就具有法律效应,当事人不得随意解除,否则应承担违约责任。

(三)违约及违约责任

违约是指签订了就业协议书的任何一方不按协议内容执行,或擅自解除协议的行为。违约必须承担相关的违约责任。

一般来说,违约责任有这么几种形式:

(1)强制履行:指强制违约方继续履行就业协议规定的义务,主要适用于延迟履行就业协议的违约。

(2)矫正补救:指矫正就业协议的不适当履行,使履行缺陷得以消除,主要适用变更就业协议内容瑕疵的违约。

(3)补偿损失:违约方给受害方支付一定的补偿金额,以弥补受害方因违约行为而受到的损失。这是最重要的违约责任形式,适用于一切违约形式。

(4)支付违约金:依照签约各方事先约定,一方违反就业协议时,应当向另一方支付约定数量的金钱。这是当前大学生就业过程中最常见的违约责任形式。

上述几种违约责任的形式,运用的方式是比较灵活的。可以单独使用,也可以互补结合使用。

毕业生在就业过程中签订就业协议一定要慎重,因为一旦违约,除了承担相应的违约责任外,还往往会造成其他不良的影响。一方面,给用人单位的工作造成一定的被动,另一方面,也会影响学校和用人单位之间的合作关系,浪费了一些就业信息,也影响了其他毕业生的就业。因此,毕业生在就业过程中应慎重选择,认真履约。

二、如何签订劳动合同

《劳动合同》是劳动者与用人单位之间,为确立劳动关系,明确相互之间的权利义务关系而达成的书面协议。劳动合同的主体是劳动者和用人单位,内容是合同主体之间的劳动权利和义务,《劳动合同》具有法律约束力。

为了在法律上保障劳动者和用人单位的合法权益,我国于2008年1月1日起,开始实施新的《劳动合同法》。新的《劳动合同法》规定,"用人单位自用工之日起即与劳动者建立劳动关系","建立劳动关系,应当订立书面劳动合同"。毕业生与用人单位签订的《劳动合同》是明确毕业生就业后从事何种岗位、享受何种待遇等权利和义务的依据,涉及劳动报酬、劳动保护、工作内容、劳动纪律等方方面面的内容。

(一)劳动合同的主要内容

劳动合同的内容,是指以文字条款形式表现的当事人双方所达成的劳动权利和义务。根据《劳动法》规定,劳动合同应当以书面形式订立,在内容上,应具备以下条款:①劳动合同期限;②工作内容;③劳动保护和劳动条件;④劳动报酬;⑤劳动纪律;⑥劳动合同终止的条件;⑦违反劳动合同的责任。除了这些必备条款外,当事人还可以协商约定其他内容。

根据这一规定,劳动合同内容可分为法定内容和商定内容两部分,其中工作时间和休息休假条款;劳动保护和劳动条件条款;劳动报酬条款(包括工资、保险、福利等劳动待遇,要求其不得低于国家规定的标准)属于法定内容,是劳动法律、法规规定的,其具体执行办法要符合法律规定。

商定内容指经合同当事人双方协商而确定的具体内容,包括工作单位、工作内容、合同期限等。这些也是劳动合同必须具备的内容。还有一些内容属于劳动合同的补充内容,如试用期时间(试用期最长不得超过六个月),以及用人单位是否给职工提供食宿、班车及其他福利条件等。补充内容虽然并非劳动合同成立必须具备的条件,但是,有些条款对于劳动者来说很重要,所以,应该在合同中予以明确。无论是法定内容、商定内容还是补充内容,都不得违反劳动法律、法规。否则,一律无效。

(二)签订劳动合同应注意的问题

(1)在劳动合同中应明确试用期、工作岗位、工作地点及其他相关的工作条件和工资、奖金及其他福利待遇。一些用人单位往往利用劳动者不懂法或不注意的情况,故意不把试用期、工作岗位、工作地点、工资、奖金及其他福利待遇等直接涉及劳动者利益的一些重要条件写进合同。等劳动者进单位工作后,用人单位随意延长试用期,变化工作岗位和工作地点,克扣工资、奖金等。遇到这种情况,劳动者往往处于被动状态,甚至最后被迫主动辞职。

因此,建议劳动者,特别是刚走出校门的大学生在和用人单位签订合同时,一定要注意在合同上明确这些内容,即使用人单位做了些口头承诺也不行。根据《劳动合同法》规定:合同约定的试用期是包括在合同期内的,一般合同期在一年以上不满三年的,试用期不得超过两个月;合同期在三个月以上一年以下的,试用期不得超过一个月;合同期在六个月以下的,试用期不得超过十五日;三年以上固定期限和无固定期限的劳动合同,试用期不能超过六个月。以完成一定任务为期限的劳动合同或劳动合同期限不满三个月的,不得约定试用期。试用期工资由用人单位和劳动者协商一致确定,但不能低于当地最低工资标准。要在合同中写清双方约定的工资数额,明确奖金、补助及食宿安排等福利待遇,不能轻信口头承诺。否则,会很被动。

(2)应签订正式规范的书面合同。有些毕业生对合同方面的知识了解甚少,在进入一个新单位工作时,有时只是同用人单位达成一个口头的协议。这种口头协议对劳动者是很不利的,因为它不同于正式规范的书面合同,没有法律效应,一旦劳动者与用人单位发生利益纠纷,用人单位可以随意对待劳动者,劳动者没有任何的字句凭证,只能承担带来的一切损失。所以,为了保护自身的切身利益,毕业生一定要和用人单位签订正式规范的书面合同。

(3)在签订劳动合同时,还应注意违约和培训的约定。一般在劳动合同条款中,包括违约和培训的相关约定。对毕业生而言,在签订合同时一定要注意这些约定是否公平合法。对违约金,毕业生还应考虑自己的实际经济承受能力,以免万一违约后无偿还能力而陷入困境。对培训条款,关键是要审查培训内容、培训金额、服务期等内容。

（4）签订劳动合同还应注意的其他问题。除了以上一些条款的内容外，毕业生在签订合同时，还应注意一些其他的细节问题。比如，合同文本内容中约定的双方权利和义务是否公平，合同格式是否合理。合同中涉及的一些重要数字，如工资金额、违约金等，一定要大写。同时，还要注意一些合同的附加条件。合同至少需要两份，双方各执一份。

（三）劳动合同的解除条件

解除劳动合同包括辞职与解聘。由劳动者一方主动提出解除劳动合同的，是辞职；由用人单位一方主动提出解除劳动合同的，是解聘。

1. 用人单位解除劳动合同的条件

我国《劳动法》对用人单位解聘劳动者做了如下一些具体规定：

（1）如果劳动者具有以下情形之一：在试用期间被证明不符合录用条件的；严重违反劳动纪律或者用人单位规章制度的；严重失职，营私舞弊，对用人单位利益造成重大伤害的；被依法追究刑事责任的。用人单位有权随时解除劳动合同，不需要给予劳动者经济补偿。

（2）如果劳动者属于下列情形之一：劳动者患病或者非因公负伤，医疗期满后，不能从事原来工作，也不能从事由用人单位另行安排的工作的；经过培训或者调整工作岗位，劳动者仍不能胜任工作的；劳动合同订立之时所依据的客观情况发生重大变化，致使原劳动合同无法履行，经与当事人协商不能就变更劳动合同达成协议的。用人单位如需要解除劳动合同，必须按照法律、法规规定，应当提前三十日以书面形式通知劳动者本人，并给劳动者以各项经济补偿。

2. 劳动者解除劳动合同的条件

如果属于以下几种情况：劳动者尚在试用期内；用人单位以暴力威胁，或者非法限制人身自由的手段强迫劳动者劳动；用人单位未按照劳动合同约定支付劳动报酬或者提供劳动条件。劳动者可以单方面解除劳动合同。

（四）劳动合同纠纷的处理

发生劳动合同纠纷后，当事人首先应当协商解决，如协商达不成一致时，可在劳动争议发生之日起60日内向单位所在地的劳动争议仲裁委员会提起仲裁申请。劳动仲裁裁决不服的，应在收到劳动仲裁裁决之日起15日内，向人民法院起诉。如超过仲裁时效，当事人将丧失胜诉权。

【小贴士】

专家提示:注意六种违法劳动合同:

针对劳动合同中存在的侵犯劳动者权益现象日益增多的问题,需要提醒求职者,一定要警惕劳动合同中的陷阱。一旦劳动合同中出现下列情况,劳动者可以拒签,也可以向劳动部门举报。

(1)"霸王合同"。在一些劳动合同中有"由甲方决定""按照甲方的相关规定执行"等字样。这些条款只从用人单位的角度出发,把求职者放在了被动从属的地位。有一些用人单位在签订劳动合同时,根本不与劳动者协商,不向劳动者讲明合同内容。在合同中,只从企业的利益出发,来规定用人单位的权利和劳动者的义务,而很少或者根本不涉及用人单位的义务和劳动者的权利。

(2)"押金合同"。一些用人单位在劳动合同里用各种名目向求职者收取风险金、保证金、抵押金等,一旦求职者主动要求离开用人单位,这些抵押金就很难退给求职者。

(4)"性命合同"。有一些从事带有风险工作的用人单位,不按《劳动法》的有关规定履行生命安全义务,提出诸如工伤概不负责等条款,以此来摆脱用人单位应该负的责任。

(5)"卖身合同"。一些用人单位在劳动合同中提出,几年内求职者不可以跳槽到同行业的公司工作,或求职者一切行动都得听从用人单位安排等侵害劳动者权利的内容。

(6)"双面合同"。有的用人单位准备了至少两份合同,其中一份是假合同,内容完全按照有关部门的要求签订,以应付有关部门的检查,可是,在劳动过程中并不照此执行,真正执行的可能是另一份合同。

【案例1】

小黄是一所医学院校药学专业的毕业生,毕业时小黄与一家医药公司签订了就业协议。后来小黄发现这一家公司不适合自己发展,不想在这家公司干了,想提出辞职。但是,在当时与这家公司签约时,协议书上已经注明,如果违约须向用人单位支付 3 000 元的违约金。而且违约还损害了学校的名誉。所以学校也不提倡违约。因此,小黄对此事很无奈,对自己当时草率签约很后悔。

【案例2】

张颖是西安某医学院校口腔专业的毕业生。目前,她已经初步确定了一家单位,并在此试用。但是,试用期已经过了5个月了,单位还没有给她转正。请你帮张颖确定一下:该单位的这种做法是否合法?

【案例3】

某大学毕业生小王与一家外资企业签订了一年期限的劳动合同,合同约定试用期为四个月,试用期工资为劳动合同约定工资的40%,请你给小王确定一下:该劳动合同关于试用期及试用期工资的约定是否合法?

第五节　警惕求职陷阱

每年的六七月份是高校毕业生就业的高峰时期。这时,一些不法分子就会利用大学生急于就业的心理,打着招聘用人的幌子,设置就业陷阱,对大学生进行欺诈骗。因此,大学毕业生在求职前要了解一下这些求职骗术,求职时要警惕这些求职陷阱。

一、黑中介的骗术

黑中介主要指那些未经劳动部门、工商部门等批准,而从事职介、中介的非法机构,也包括部分拥有合法手续的职业中介机构,和非法中介机构一样,他们也会设置各种名目压榨求职者。这些黑中介的现况往往是,"一间门面房、一张桌子、一部电话,几张招工信息单,既不进行工商登记,也不交税,生意却仍旧红火"。他们主要是打着介绍工作的名义向求职者骗取中介费、资料费等各类费用。一些黑中介往往用以下一些方法进行诈骗。

1.打着"直聘"的旗号来诱使求职者上套

一些黑中介往往在报纸、网站上登一些招聘广告,打出"公司直聘""拒绝中介"等字眼,但当求职者过去应聘时,仍要缴纳中介费、培训费、资料费、上岗费等费用,然后迟迟不能上岗,甚至杳无音讯。

2.用诱人的条件吸引求职者上钩

黑中介往往利用一些诱人的条件来吸引求职者上当,他们往往打出这样一些诱人的条件。

①快速的上岗时间。黑中介抓住求职者急切上岗工作的心理,往往拍着胸脯给求职者保证很快就能找到工作,"一周内上岗"或者更快。

②高额的工资薪酬。"月薪3000元以上"等。

③恰当的"道具"伪装。这些黑中介还会拿出一些"道具"来进行伪装,如某某公司"急聘"的职位表、中介服务承诺书等。

3.暗中勾结用人单位,联合行骗

一些黑中介为了做得更隐蔽,甚至找一些用人单位来做"搭档",向求职者提供一些正规用人单位的过期或虚假的招聘信息,然后合伙行骗。而有一些黑职介的求职信息甚至就是从网上和报纸上摘抄下来的。

二、传销组织的骗局

目前,一些非法的传销组织把自己的触角也伸向了期待就业的大学生,一些传销组织在发展其所谓的"下线"时,会使用各种新潮的骗术,形式与过去相比,更加隐蔽。目前,传销骗术主要有以下几种新的形式,值得大学生求职者注意和警惕。

一是"跨省招聘"。一些传销组织和传销人员往往因为网上诈骗在当地难以实施,而采取"跨省招聘"的骗术,外省的求职者往往因不了解当地情况而上当受骗。

二是"高薪引诱"。传销组织在网上发布虚假招聘信息时,往往提供的都是所谓的高薪好职位,以此引诱大学生求职者入套。

三是"共同创业"。为了引诱大学生求职者上当,一些传销人员在网上发布虚假信息时,往往向大学生抛出了共同创业的"橄榄枝",以所谓一本万利的创业项目来吸引一些大学生求职者上当。

四是"网上恋人"。一些传销人员通过QQ网友或寻找网上恋人等形式,诱骗大学生入围,一旦入围,便以各种理由拉其入伙。

五是"亲友引诱"。一些传销人员为了发展自己的下线,不惜行骗自己的亲友,以各种谎言来骗取自己的亲友。有不少大学生就是因为这个原因陷入传销窝点的。

总之,传销人员为了发展自己的下线,往往会编造各种谎言和虚假招聘信息,来吸引大学生求职者上当。因此,毕业生要注意了解和识别这些谎言,谨防上当。

三、网上招聘的骗术

一些行骗者有时会打着网络招聘的旗号进行行骗。以这种方式行骗的行骗者,往往要求求职者交纳相应费用后,才提供面试机会。除了以骗取钱财为

第五章 签订劳动合同 规避就业误区

目的的网上招聘骗局外,有些传销组织也穿着网上招聘的外衣吸引大学生上当(前面已有阐述),由于这种骗局更隐蔽,所以,大学生在求职时一定要注意甄别,谨防上当。

骗子的骗术往往是五花八门的,除了上面介绍的几种主要形式外,还有一些其他形式的骗局,如到处非法张贴的高薪招聘酒店男女公关的小广告,这种小广告只有联系的手机,没有固定电话,也没有固定的联系地址,面试见不到人就要求往指定银行账号里汇入服装费、介绍费等;非法劳务机构以介绍出国劳务的名义进行骗财的骗局等。

面对着形形色色的求职骗局,大学毕业生该准备怎样的求职防身术呢?

第一,获取就业信息和就业机会的渠道要正规。一般毕业生可以通过教育系统的就业类网站、政府人事、人才网,或规范的专业招聘类网站等一些正规的网站或媒体上获取就业信息。一般这些信息比较可靠、准确。可以通过参加各大高校和各级人才交流服务中心举办的用人洽谈会来获取就业机会,这些机构组织的用人洽谈会,其用人单位一般都要经过资质审核,毕业生应聘这些单位不会上当受骗。尽量不要在一些街头小报或张贴的"野广告"中寻找求职信息,更不要通过一些不正规的中介机构或其他组织来寻找工作。

第二,要调整好自己的就业心态,理性就业。一些毕业生同学在就业过程中遇到一点挫折就有些着急,心理状态不是很稳定,呈现出一种急病乱投医的状态。而在各种求职骗局中,行骗者之所以可以得逞,正是利用了求职者急于找到一份工作或者找到一份待遇好的工作这样的心理。

第三,就业要从实际出发。要认清各种黑中介或传销组织的骗人伎俩,不要因贪图小便宜(非法中介常常以找不到工作不收费为幌子,诱惑求职者入套),或不切实际的虚荣(黑中介或传销组织经常以高工资、高奖金或低投入、高收益的创业等来引诱求职者)而为这些非法组织所迷惑、骗取。就业要从客观实际出发,自身实际出发,实事求是。绝不会有"天上掉馅饼"的事。

有些非法中介或私招滥雇者往往打着为外地企业或外地分公司、分厂高薪招聘的旗号进行行骗。对此,求职者要保持清醒的头脑和高度的警惕,不要轻信他的口头许诺,最好到劳动保障部门进行一些咨询。否则,会吃大亏,被骗工骗钱甚至被人贩子骗卖。

第四,要拿起法律武器,维护自己的权益。当求职者一旦发觉上当受骗时,就要及时向招聘单位所在地的人力资源和社会保障局、劳动局监察大队或公安局派出所报案,寻求法律保护。在就业过程中,任何招聘单位以任何名义向求职者收取抵押金、风险金、报名费、培训费等费用,都属违法行为。即使是招聘单位培训本单位的职工,也不准收取培训费。所以,如果求职者遇到一些机构收取招聘培训费时,要坚持拒交,并向招聘单位所在县、区举报,以确保自己的合法权益不受侵害。

在投诉时,求职者应该根据情况选择最有效的投诉部门,若被投诉对象为合法机构,求职者可以找劳动部门;若求职受骗情况特别严重、诈骗金额大,可以到公安部门进行报案。

四、试用期陷阱

试用期是包括在劳动合同期限内的,劳动者与用人单位只要建立劳动关系就应签订书面合同。依据有关规定,试用期人员的底薪通常是正式员工的1/4,劳保用品、物质奖励、各种保险和其他福利等,也不与正式职工享受同等待遇。试用期的工资、福利待遇和正式录用后差异较大,因此,一些用人单位为降低人力资本,大量招募短期员工,且不签订劳动合同,待三个月试用期满,就以各种各样的借口予以解雇。有一些用人单位则通过无休止的"试用"来获得廉价的劳动力。这类试用期陷阱主要有两种形式:

第一种,是找借口在试用期将满时辞退试用员工。试用期(一般是三个月或半年时间)结束后,以各种理由谎称求职者是不合格的,公司解聘也是无奈之举。

第二种,是试用期"没完没了"。期满后又继续延长一定时间,最终结果却仍是解聘。毕业生除了经济上的损失、精神上的挫折,还无端地失去了可能的就业时机和发展空间。所以,大学毕业生在求职时,一定要问清楚试用期有无报酬,工资是多少,并签订书面劳动合同。

根据《劳动法》及其相关法规规定,试用期应包括在劳动合同期限之内,最长不得超过六个月。另外,根据《劳动合同法》的规定,试用期的工资不得低于本单位相同岗位最低档工资或劳动合同约定正式工资的80%,并不得低于用人单位所在地的最低工资标准。

五、收费陷阱

交了培训费,白干了一个月的活,一般是以业绩不达标等理由辞退你,也有极端的是公司人间蒸发,无影无踪。当前在就业市场中,一些用人单位利用毕业生求职心切的心理,设立各种名目向毕业生收取各种不合理费用,如风险抵押金、培训费、违约金等。但是，有的毕业生不知道企业收取押金、扣押身份证是非法行为，有的虽然知道劳动部门的这一规定，但不交押金或不交出身份证做抵押，企业就不招聘，无奈之下只好交钱交证件。有许许多多企业、公司却借着培训的名义，肆意地以各种名录收取费用敛财。甚至一些公司与一些不入流的培训机构串通，要求招录的人员必须去该机构参与职前培训，并且取得相关证书才能入职，这就是每个求职者尤其需要提高警惕的了。即使最后让你上班，也会利用各种方法逼迫你不得不离开。如延长劳动时间，增加劳动强度，不改善生活条件，令求职者干不下去，只好走人。有位求职者的身份证复印件被用来在某个地方注册了一家公司，这位求职者在不知不觉中成了公司的总经理。当然，如果出了事，很多责任得由他承担。求职者对自己的个人隐私权要爱惜、要保护。如果有用人单位违反该规定收取各种费用，求职者就应该断然拒绝。一个有发展前途的企业首先应该是一个遵纪守法的企业。

因此，大学生在找工作时，首先，要了解清楚所求职单位的真实背景和性质。投简历前，可以通过自己的朋友、工商部门、学校就业指导中心等各种关系核实单位的真实性。其次，应该进入信誉度高的招聘会和专业人才网站应聘。但对自己的一些个人信息做必要的保留，尤其是在网络上。现在好多毕业生都通过网络找工作，但有些专业人才网络缺乏严格的审查制度，容易出现违法招聘。而且学生的个人资料也是公开的，甚至于自己的详细住址和手机号码也是公开的，这为骗子提供了有利的条件。再次，国家明令禁止在招聘过程中以任何的名义收取费用，包括培训费等。但凡要求缴纳费用的都应该警惕。

【案例】

刚毕业的张梅在火车站附近看到一则招聘启事，上书：招聘文秘、文员、助理等数名，月薪1 500～2 500元。张梅按启事上的电话打过去询问，对方十分热情地询问了她的情况，便让她前去面试。找工作心切的张梅赶到该公司，发现是一家职业介绍所。对方称，先交200元推荐费、30元资料费，保证一周内即可推荐她上岗，月薪2 000元，还给张梅看了一张某单位招聘秘书的职位表。张梅虽然心有疑窦，但见对方信誓旦旦，且职介所看上去生意很红火，便交了钱。等了一个星期，对方未按约定打电话来，张梅便打电话过去询问，对方说先前的职位名额已满，让她再等等。又过了一星期，对方打来电话通知她到某某公司上班。张梅兴冲冲地跑去，对方公司却根本不知道有这么回事。张梅非常气愤，又打电话过去问，对方支支吾吾地称可能搞错了，让她再耐心等待。此后便再无音信。张梅这才恍然大悟自己受骗了,但此时再想要回那230元,已不那么容易了。

 链　接

职业心理年龄测试题

1. 工作上遇到麻烦,下班后你会:
   A.从亲人或者朋友处得到安慰　　B.一个人出去散心,忘掉烦恼
   C.闷在心里,愤愤不已
2. 你的老板有事要请假,暂时由你来主管公司的一切事务,你的反应是:
   A.那我得增加工资,因为我的工作量增加了
   B.这是个表现的好机会　　　　　C.哈哈,这下子没人再监视我啦
3. 当你的上司不赞成也不理解你的建议时,你会:
   A.听听他的意见并加以改良　　B.不再说话或者避开这个问题
   C.继续解释
4. 你知道对方说的是对的,但是对方态度很坏,让你非常生气,你会:
   A.感谢对方提供了好的建议　B.表面上就不听你的,但是背地里改正
   C.气哼哼地按照对方说的做
5. 在工作中,你比较喜欢跟哪一类的人接触?
   A.比自己更强的　　　　B.需要自己的　　　　C.不太清楚
6. 如果工作需要你到一个完全都是陌生人的社交场合,你会:
   A.很自然　　　　　　B.有点怯场　　　　　C.经常很怯场
7. 你的工作伙伴吃力地想教导你某件你很清楚的事,你会:
   A.委婉地告诉他,你早就知道　　B.不说什么,但也不听
   C.等他讲完,再显示你对此道十分精通
8. 你认为自己的工作和生活:
   A.目前的生活与自己付出的相符
   B.总是在花大量时间做着自己不想做的事
   C.没遇上好机会,不然会有更好的生活
9. 看到工作中不合理的事情,你会:
   A.麻木了,见得太多了　　　　B.在可能的情况下会仗义执言

C. 很气愤并大声指责
10. 你觉得同事们都会觉得你是个:
    A. 普通的人　　　　　　B. 聪明的人　　　　　C. 老实的人
11. 如果突然赢到五百万元的大奖,你会选择:
    A. 马上辞职,做点儿自己真正想做的事情
    B. 把大部分存起来,继续努力工作　　C. 买车买房,向同事吹嘘
12. 由于工作要求参加聚会,当你觉得情绪低落时,会:
    A. 强作欢颜,不让人注意到不快情绪
    B. 找个借口离开　　　　C. 完全不掩饰情绪,但坚持坐到最后

计分方法:以上的选择题,选A得5分,选B得3分,选C得1分,把你所得的分数相加就是你的职业心理年龄指数了。

41~60分:职业心理成熟期。

你按部就班中规中矩地走着你人生的每一步,你所在意和把握的是你现在的时间和岁月。你成熟、稳健、老练、实际,能够合情合理地处理现实工作中的种种矛盾,平和地看待完美与缺陷,获得与丧失。你能清楚地认识自己,能清醒地分辨可能与不能,可为与不可为。你的同事们有事情会来征求你的意见,因为,你很能给人一种依靠感。相信在你的工作单位,或是你的朋友圈子里,应该是属于中流砥柱型的人物。

21~40分:职业心理青年期。

这种类型的人通常是理想主义者,富有冒险精神、乐观、专注,求知欲旺盛等许多令人喜欢的品质。但他们的一贯性和好斗性,可能会很快演变成为固执和不妥协,因而容易导致同事之间发生分歧。此外,他们通常不信任直觉,受周围环境的影响很大。处在这个心理年龄的人,应该树立长远目标,克服短期行为。

分值解释:0~20分:职业心理儿童期。

你本质上还是一个天真小可爱。不切实际是你最大的优点和缺点。它让你更能感受快乐,也让你在生活中时常受挫。这种类型的人大多数具有自发性,并在富有创造性的工作中表现较为出色。但是,缺乏耐心,像小孩子一样容易朝三暮四,所以,儿童型的人通常比较难以让人信赖。处在这个心理年龄的人,还需要在职场的风雨中多多磨炼,才能逐渐成熟。

第六章 确保通过资格考试
力争择业水到渠成

如果你希望成功,当以恒心为良友,以经验为参谋,以当心为兄弟,以希望为哨兵。

——爱迪生

医师资格考试(又称医师执业考试、医师执照考试)是世界各国普遍采用的医师资格认可形式,也是有关医师的法律和医师管理制度的核心内容之一。

英国、德国等欧洲国家实行医师资格考试已有数百年,美国实行医师资格考试已经80余年,日本、韩国等亚洲国家在第二次世界大战后开始实行,我国的台湾、香港地区也已实行多年。

第一节 医师资格考试

一、医师资格考试简介

《中华人民共和国执业医师法》确定我国实行医师资格考试制度,医师资格考试,是评价申请医师资格者,是否具备从事医师工作所必需的专业知识与技能的考试。医师资格考试成绩合格,才能取得执业医师资格。

医师资格考试分为实践技能考试和医学综合笔试两部分。

考试分为两级四类,即执业医师和执业助理医师两级,每级分为临床、中医、口腔、公共卫生四类。

中医类包括中医、民族医和中西医结合。其中,民族医又含蒙医、藏医、维医、傣医、朝医、壮医。截至目前,我国医师资格考试共有38种类别。

根据卫生部医师资格考试委员会《关于2011年医师资格考试时间的公告》,自2011年开始,朝医和傣医考试逢单数年进行。

另外,根据卫生部医师资格考试委员会部署,2011年将在全国扩大乡镇执业助理医师资格考试试点。考试报名、资格审核及考试时间等按照执业助理医师资格考试规定进行。

由卫生部医师资格考试委员会批准，自2010年开始，现役军人（包括军队、武警现役人员及公安部所属的边防、消防和警卫现役人员，不包括军事单位聘用的地方人员）报考医师资格的，无论报考临床、中医、口腔，还是公共卫生类别，除参加所报考类别的正常考试内容外，医学综合笔试还须增加军事医学内容。

军事医学考试内容单独增设一个单元，执业助理医师增加军事医学考试内容题量为40道，总分为10分；执业医师增加题量为80道，总分为20分。考试大纲由卫生部医师资格考试委员会组织制定并另行公布。复习指导用书由解放军总后勤部卫生部指定。

二、医师资格考试报名条件

报考医师资格考试人员，应按本人试用期所从事的专业，报考相应类别的医师资格。

其中，中医、中西医结合、藏医、蒙医、维医、傣医、朝医、壮医医学专业毕业的报考人员，按取得学历的医学专业报考中医类别相应专业的医师资格。

依据《中华人民共和国执业医师法》相关规定，医师资格考试报名必须符合如下条件：

第九条 具有下列条件之一的，可以参加执业医师资格考试：

(1)具有高等学校医学专业本科以上学历，在执业医师指导下，在医疗、预防、保健机构中试用期满一年的；

(2)具有高等学校医学专科学历，取得执业助理医师执业证书后，在医疗、预防、保健机构中工作满二年；具有中等专业学校医学专业学历，取得执业助理医师执业证书后，在医疗、预防、保健机构中工作满五年的。

第十条 具有高等学校医学专科学历或者中等专业学校医学专业学历，在执业医师指导下，在医疗、预防、保健机构中试用期满一年的，可以参加执业助理医师资格考试。

第十一条 以师承方式学习传统医学满三年或者经多年实践医术确有专长的，经县级以上人民政府卫生行政部门确定的传统医学专业组织或者医疗、预防、保健机构考核合格并推荐，可以参加执业医师资格或者执业助理医师资格考试。考试的内容和办法由国务院卫生行政部门另行制定。

医师资格考试报名资格规定,具有下列情形之一的,不予受理医师资格考试报名:

(1)卫生职业高中毕业生;

(2)基础医学类、法医学类、护理学类、辅助医疗类、医学技术类等相关医学类和药学类、医学管理类毕业生;

(3)医学专业毕业,但教学大纲和专业培养方向或毕业证书注明为非医学方向的;

(4)医学专业毕业,但教学大纲和专业培养方向或学位证书注明学位是非医学的;

(5)非现役军人持军队医疗、预防、保健机构出具的试用期证明报考,或在军队报名参加医师资格考试的;

(6)现役军人持地方医疗、预防、保健机构出具的试用期证明报告的;

(7)持《专业证书》或《学业证书》报名参加医师资格考试的;

(8)1999年1月1日以后入学的卫生职工中等专业学校的学生毕业后报考执业助理医师资格考试的。

三、医师资格考试报名方式

1.网上报名

步骤一。考生在国家医学考试中心网站(www.nmec.org.cn)上填报个人报名信息。考生确认、保存报名信息后,系统提示"报名成功"。

步骤二。考生可以在每年4月中旬前,凭借"个人证件编号"及个人密码,登录国家医学考试中心网站查询、修改个人报名信息。

步骤三。考生确认填报信息无误后,可以打印《医师资格考试报名暨授予医师资格申请表》。

2.现场报名

考生持所打印的《医师资格考试报名暨授予医师资格申请表》,按照所在考点的具体要求,进行现场报名及资格审核,提交书面报名材料(如身份证、毕业证书等),交费、拍照(或导入数码照片)并确认个人报名信息。

四、医师资格实践技能考试

实践技能考试是国家医师资格的重要组成部分,只有通过实践技能考试者,才能有资格参加医学综合笔试部分。

第六章 确保通过资格考试 力争择业水到渠成

实践技能考试重点,是考查应试者实际动手和操作能力及综合运用所学知识分析问题和解决问题的能力。

考查内容包括职业素质、病史采集、病例分析、体格检查、基本操作和辅助检查等六个部分。

医师资格实践技能考试的具体组织形式和内容,分别以《医师资格实践技能考试实施方案》和《医师资格考试大纲》为依据。

实践技能考试是评价申请医师、助理医师资格者是否具备执业所必需的基本技能的考试。

实践技能考试采用三站式考试的方式。

考区、考点按照《医师资格实践技能考试实施方案》的要求,设立实践技能考试基地,考生在实践技能考试基地依次通过"三站"接受实践技能的测试。每位考生必须在同一考试基地内完成全部考站的测试。

考生持"医师资格实践技能准考证"应考,并根据准考证上所注携带必需物品(如本人有效身份证、工作服、口罩、帽子,以及口腔类所需的离体牙等)和着装要求(公共卫生类的考生请勿穿裙装和高跟鞋参加考试)。考试基地设候考厅,考生在候考厅等待考试,等待考试过程中不得外出,不得使用任何通信工具。考试基地设考试引导员,负责引导考生进入每个考站。

1.考试机构或组织

承担医师资格实践技能考试的机构或组织,除符合《中华人民共和国卫生部令》第4号第四章第十八条规定外,还应符合:

(1)实践技能考试机构或组织,应根据考试内容设置若干考站,具备实践技能考试条件,便于管理;

(2)考试机构或组织应设候考室,并必须明示考生须知、考试流程图和考站分布图等;

(3)考试机构或组织须设考试引导员,负责引导考生进入每个考站和传递考生评分册,保证考试秩序和纪律。

承担中医、中西医结合医师资格实践技能考试的考点,其下设的实践技能考试基地标准,除符合《医师资格考试暂行办法》(卫生部令第4号)第十八条规定外,还应符合:

(1)根据考试内容设置若干个考站,具备实践技能考试实施条件,便于管理。

(2)醒目位置张贴考生须知和考站分布图等有关内容。

(3)设置考生候考区,方便考生等候参加考试。

(4)有符合条件的保密室,以存放试卷与其他保密资料。

(5)配备引导员,负责引导考生进入每个考站,维护考试秩序和纪律。

2. 考试实施的基本要求

(1)实践技能考试采用多站测试的方式,考生依次通过考站接受实践技能的测试。考点根据考试机构或组织的设置规模,合理安排考生的考试时间;

(2)考点在准考证上注明考生应携带的物品(如身份证明(军官证、护照)、工作服、口罩、帽子以及口腔类所需的离体牙等),并提前10天通告考生;

(3)考生持"准考证"应考,考试机构或组织要严格把关,考前认真核对考生准考证和身份证明,并对应试者所提交的试用期一年的实践材料进行审核;

(4)每位考生必须在同一考试机构或组织进行测试;

(5)医师资格实践技能考试总分值为100分,合格分数线为60分;

(6)医师资格实践技能考试过程中,不得对人体进行创伤性操作;

(7)在体格检查和基本操作采用两名考生相互操作时,要求男女考生分开,并至少为女考生安排一名女考官。

3. 医师实践技能考试操作要点

(1)消毒:重点了解甲状腺、阑尾手术和胃切除的消毒范围;了解会阴、小儿皮肤、黏膜处用何消毒。

(2)换药:别忘了准备工作;敷料盖上后胶带的正确粘法;换药时,敷料粘在伤口上怎么办(保持创口不受新的损伤);了解新鲜肉芽和感染性创口的鉴别;了解为什么感染性创口还要无菌操作(防止混合感染)。

(3)胃管:要知道适应症;胃管插入多深;如何断定进入胃内。

(4)导尿:知道男女尿道长度;消毒不能用普通消毒剂;先关闭尿管,插入膀胱后再开放尿管;了解留置导尿的适应症和采用何种尿管。

(5)手术衣与隔离衣:注意有菌区和无菌区的划分;找个传染科护士指导一下隔离衣穿法。

(6)手术区辅巾法:要会拿法,先盖清洁区后盖污染区。

(7)心电图机:知道几个电极导联的连接就行了(电极颜色相对应)。

(8)戴手套:无论操作或口述,重要的原则一定要掌握。

(9)电除颤:电极位置、用湿盐水纱布包电极、注意安全,旁人不要接触。

(10)简易呼吸器的使用:注意放置位置,加压的频率和周期。

(11)吸氧:鼻导管插多深(鼻翼到耳垂);氧气的潮化;吸氧流量(4~5L)。

(12)吸痰:先将管口关闭,插入后再打开吸痰;每次吸痰不超过 15 s。

4.担任医师资格实践技能考试的考官

应符合《中华人民共和国卫生部令》第 4 号第四章第十九条、第二十条、第二十一条规定。

在同一考试机构或组织的各考站的考官,原则上不能来自同一单位(医院)。

5.西医类医师资格实践技能考试各站分数与考试时间(见表5~8)

表5 临床类别实践技能考试方案一览表

考 站	考试项目		分 值 (分)		考试时间 (分钟)	
第一站	病史采集		15	37	11	26
	病例分析		22		15	
第二站	体格检查		20	40	13	24
	基本操作技能		20		11	
第三站	心肺听诊	试题1	4	23	15	
		试题2	4			
	影像(X线、CT)	试题1	2			
		试题2	2			
		试题3	2			
	心电图	试题1	3			
		试题2	4			
	医德医风		2			
合 计				100		65

表 6　口腔类别实践技能考试方案一览表

考站	项目		项目数量	分值（分）		考试时间（分钟）	
第一站	无菌操作		2	4	24	19	
	一般检查		3	13			
	职业素质		1	3			
	特殊检查		1	4			
第二站	口腔基本操作技能		3	33	45	30	37
	基本急救技术		2	12		7	
第三站	病史采集		1	5	23	17	
	病例分析		1	18			
	医德医风		1	2	8	7	
	辅助检查结果判读	牙髓测验	2	2			
		X线检查	1	2			
		实验室检验	1	2			
合计				100		80	

表 7　公共卫生类别实践技能考试方案一览表

考站	考试项目			考试时间（分钟）	分值（分）
第一站	公共卫生调查、分析与处置能力	公共卫生案例分析		10	20
		样品采集技能	题目1	8	10
			题目2	7	10
第二站	临床基本操作技能	题目1		20	25
		题目2			
		题目3			

第六章 确保通过资格考试 力争择业水到渠成

续表

考站	考试项目	考试时间（分钟）	分值（分）
第三站 公共卫生现场处置能力	个人防护	10	10
	现场检测技能	5	10
	卫生处理	10	15
合计		70	100

6. 中医、中西医结合医师资格实践技能考试各站考试项目设置与有关内容

表8 中医、中西医结合医师资格实践技能各站考试项目设置与有关内容一览表

站次	具有规定学历人员（中医执业、助理）				师承和确有专长人员（中医执业、助理）				中西医结合人员（执业、助理）			
	考试内容	考试分数	考试方法	考试时间	考试内容	考试分数	考试方法	考试时间	考试内容	考试分数	考试方法	考试时间
一	辨证论治	40	笔试	60分钟	辨证论治	40	笔试	60分钟	辨证论治	40	笔试	60分钟
二	中医操作	10	实际操作	15分钟	中医操作	10	实际操作	15分钟	中医操作	10	实际操作	10分钟
	操作	10			中医操作	10			体格检查	5		
					中医操作	10			体格检查	5		
	体格	5	考生互查		体格检查	//			检查			
	西医操作	5	实际操作		西医操作	//			西医操作	5	实际操作	

续表

站次	具有规定学历人员（中医执业、助理）				师承和确有专长人员（中医执业、助理）				中西医结合人员（执业、助理）			
	考试内容	考试分数	考试方法	考试时间	考试内容	考试分数	考试方法	考试时间	考试内容	考试分数	考试方法	考试时间
三	中医问诊答辩	8	现场口试	15分钟	中医问诊答辩	8	现场口试	15分钟	中医问诊答辩	10	现场口试	15分钟
	中医答辩	8			中医答辩	8			中医答辩	10		
	双重诊断答辩	8			中医答辩	8			西医答辩	8		
	西医答辩或临床判读				西医答辩或临床判读	//			临床判读	7		

五、医师资格综合笔试

1. 考试科目

临床、口腔、公卫医师资格考试医学综合笔试测试，分为基础综合、专业综合和实践综合三部分。

医师资格考试医学综合笔试内容、考试形式，以卫生部医师资格考试委员会审定颁布的《医师资格考试大纲》为依据。

西医类医师资格考试医学综合笔试测试内容、考试形式，以卫生部医师资格考试委员会审定颁布的《医师资格考试大纲》为依据（见表11）。

表9　临床执业医师/助理医师资格考试医学综合笔试方案及内容

科目类别	临床执业医师		临床执业助理医师	
	比例	科目	比例	科目
基础科目	13%	生理学、生物化学、病理学、药理学、医学微生物学、医学免疫学	10%	生理学、生物化学、病理学、药理学
专业科目	75%	内科学（含传染病学）、外科学、妇产科学、儿科学、神经病学、精神病学	80%	内科学、外科学、妇产科学、儿科学
公共科目	12%	卫生法规、预防医学、医学心理学、医学伦理学	10%	卫生法规、预防医学、医学心理学、医学伦理学

表10　口腔执业医师/助理医师资格考试医学综合笔试方案及内容

科目类别	口腔执业医师		口腔执业助理医师	
	比例	科目	比例	科目
基础科目	18%	生物化学、医学微生物学、医学免疫学、药理学 口腔组织病理学、口腔解剖生理学	15%	生物化学、药理学 口腔组织病理学、口腔解剖生理学
专业科目	75%	口腔内科学、口腔颌面外科学、口腔修复学、预防口腔医学临床医学基础1（内科学、外科学）	75%	口腔内科学、口腔颌面外科学、口腔修复学、预防口腔医学
公共科目	7%	卫生法规、医学心理学、医学伦理学 预防医学	10%	卫生法规、医学心理学、医学伦理学 预防医学

表11 公共卫生执业医师/助理医师资格考试医学综合笔试方案及内容

科目类别	公共卫生执业医师		公共卫生执业助理医师	
	比例	科目	比例	科目
基础综合	20%	生物化学、生理学、医学微生物学、医学免疫学、药理学、医学心理学、医学伦理学、卫生法规	20%	生物化学、生理学、药理学、医学心理学、医学伦理学、卫生法规
临床综合	15%	症状与体征、疾病(呼吸系统、心血管系统、消化系统、泌尿、男性生殖系统、女性生殖系统、血液系统、内分泌系统、精神、神经系统、运动系统、儿科、传染病、性传播疾病、其他)	10%	疾病(呼吸系统、心血管系统、消化系统、女性生殖系统、血液系统、内分泌系统、精神、神经系统、运动系统、儿科、传染病、性传播疾病、其他)
专业综合	65%	流行病学、卫生统计学、卫生毒理学、环境卫生学、劳动卫生与职业病、营养与食品卫生学、妇女保健学、儿童保健学、学校/青少年卫生学、社会医学、健康教育与健康促进	70%	流行病学、卫生统计学、环境卫生学、劳动卫生与职业病、营养与食品卫生学、妇女保健学、儿童保健学、健康教育与健康促进、社会医学

2. 中医类医师资格考试医学综合笔试方案及内容

中医类医师资格考试医学综合笔试内容、考试形式,以卫生部医师资格考试委员会审定颁布的《医师资格考试大纲(中医、民族医、中西医结合医师)》为依据(见表12~14)。

表12 中医、民族医执业医师资格考试医学综合笔试方案及内容

类别		考试对象	考试科目			科目数
			中医（民族医）基础	临床医学	西医及综合	
中医执业医师		具有规定学历执业医师	中医基础理论（含中医经典著作内容）、中医诊断学、中药学、方剂学	中医内科学、中医外科学、中医妇科学、中医儿科学、针灸学	内科学、诊断学基础、医学伦理学、传染病学、卫生法规	14
		师承和确有专长的执业医师	中医基础理论（含中医经典著作内容）、中医诊断学、中药学、方剂学	中医内科学、中医外科学、中医妇科学、中医儿科学、针灸学	医学伦理学、传染病学、卫生法规	13
民族医执业医师	藏医	具有规定学历执业医师	藏医人体学、藏医病机学、藏医保健学、藏药学、藏药方剂学、藏药清利方剂、藏医外治学、藏医诊断学、藏医治疗学、医风医德	藏医三大基因学、藏医内科学、藏医热病学、藏医疫病学、藏医五官科学、藏医儿科学、藏医妇科学、藏医外伤学、藏医外科学、藏医解毒学、《四部医典》后续	诊断学基础、传染病学、卫生法规	24
		师承和确有专长的执业医师	藏医人体学、藏医病机学、藏医保健学、藏药学、藏药方剂学、藏药清利方剂、藏医外治学、藏医诊断学、藏医治疗学、医风医德	藏医三大基因学、藏医内科学、藏医热病学、藏医疫病学、藏医五官科学、藏医儿科学、藏医妇科学、藏医外伤学、藏医外科学、藏医解毒学、《四部医典》后续	诊断学基础、传染病学、卫生法规	23

续 表

类别	考试对象	考试科目			科目数
		中医（民族医）基础	临床医学	西医及综合	
蒙医	具有规定学历执业医师	蒙医基础理论、蒙医诊断学、蒙药学、蒙医方剂学	蒙医内科学、蒙医温病学、蒙医妇科学、蒙医儿科学、蒙医传统疗术学	诊断学基础、传染病学、卫生法规	12
	师承和确有专长的执业医师	蒙医基础理论、蒙医诊断学、蒙药学、蒙医方剂学	蒙医内科学、蒙医温病学、蒙医妇科学、蒙医儿科学、蒙医传统疗术学	诊断学基础、传染病学、卫生法规	11
维医	具有规定学历执业医师	维医基础理论、维医诊断学、维医生药学、维药炮制学、维医成药学	维医治疗技术、维医内科学、维医妇科学、维医皮肤病学、维医骨伤病学、维医外科学	诊断学基础、传染病学、卫生法规	14
	师承和确有专长的执业医师	维医基础理论、维医诊断学、维医生药学、维药炮制学、维医成药学	维医治疗技术、维医内科学、维医妇科学、维医皮肤病学、维医骨伤病学	诊断学基础、传染病学、卫生法规	12
傣医	具有规定学历执业医师	傣医基础理论、傣医诊断学、傣药学、傣医方剂学	傣医临床医学（含内科、妇科、儿科、外科、伤科、皮肤科疾病）	诊断学基础、传染病学、卫生法规	8
	师承和确有专长的执业医师	傣医基础理论、傣医诊断学、傣药学、傣医方剂学	傣医临床医学（含内科、妇科、儿科、外科、伤科、皮肤科疾病）	诊断学基础、传染病学、卫生法规	7

续表

类别	考试对象	考试科目			科目数
		中医(民族医)基础	临床医学	西医及综合	
朝医	具有规定学历执业医师	朝医基础理论、朝医诊断学、朝药学、朝医方剂学、中医基础理论、中医诊断学、中药学、中医方剂学	朝医内科学、朝医外科学、朝医妇科学、朝医儿科学、中医内科学、针灸学	诊断学基础、传染病学、卫生法规	17
	师承和确有专长的执业医师	朝医基础理论、朝医诊断学、朝药学、朝医方剂学、中医基础理论、中医诊断学、中药学、中医方剂学	朝医内科学、朝医外科学、朝医妇科学、朝医儿科学、中医内科学、针灸学	诊断学基础、传染病学、卫生法规	16
壮医	具有规定学历执业医师	壮医基础理论、壮医诊断学、壮药学、壮医方剂学、中医基础理论、中药学、中医诊断学、中医方剂学	壮医内科学、壮医外(伤、皮)科学、壮医妇科学、壮医儿科学、中医内科学、针灸学	诊断学基础、传染病学、卫生法规	17
	师承和确有专长的执业医师	壮医基础理论、壮医诊断学、壮药学、壮医方剂学、中医基础理论、中医诊断学、中药学、中医方剂学	壮医内科学、壮医外(伤、皮)科学、壮医妇科学、壮医儿科学、中医内科学、针灸学	诊断学基础、传染病学、卫生法规	16

表 13　中医、民族医执业助理医师资格考试医学综合笔试方案及内容

类别	考试对象	考试科目			科目数
		中医（民族医）基础	临床医学	西医及综合	
中医执业助理医师	具有规定学历执业助理医师	中医基础理论（含中医经典著作内容）、中医诊断学、中药学、方剂学	中医内科学、中医外科学、中医妇科学、中医儿科学、针灸学	内科学、诊断学基础、医学伦理学、传染病学、卫生法规	14
	师承和确有专长的执业助理医师	中医基础理论（含中医经典著作内容）、中医诊断学、中药学、方剂学	中医内科学、中医外科学、中医妇科学、中医儿科学、针灸学	诊断学基础、医学伦理学、传染病学、卫生法规	13
民族执业助理医师	藏医 具有规定学历执业助理医师	藏医概论学、藏医人体学、藏医病机学、藏医保健学、藏药学、藏药方剂学、藏药清利方剂、藏医外治学、藏医诊断学、藏医治疗学、医风医德	藏医三大基因学、藏医内科学、藏医热病学、藏医疫病学、藏医五官科学、藏医儿科学、藏医妇科学、藏医外科学、藏医解毒学、《四部医典》后续	诊断学基础、传染病学、卫生法规	24
	藏医 师承和确有专长的执业助理医师	藏医概论学、藏医人体学、藏医病机学、藏医保健学、藏药学、藏药方剂学、藏药清利方剂、藏医外治学、藏医诊断学、藏医治疗学、医风医德	藏医三大基因学、藏医内科学、藏医热病学、藏医疫病学、藏医五官科学、藏医儿科学、藏医妇科学、藏医外科学、藏医解毒学、《四部医典》后续	诊断学基础、传染病学、卫生法规	24

续 表

类别	考试对象	考试科目			科目数
		中医(民族医)基础	临床医学	西医及综合	
蒙医	具有规定学历执业助理医师	蒙医基础理论、蒙医诊断学、蒙药学、蒙医方剂学	蒙医内科学、蒙医温病学、蒙医妇科学、蒙医传统疗术学	诊断学基础、传染病学、卫生法规	11
	师承和确有专长的执业助理医师	蒙医基础理论、蒙医诊断学、蒙药学、蒙医方剂学	蒙医内科学、蒙医温病学、蒙医妇科学、蒙医传统疗术学	诊断学基础、传染病学、卫生法规	11
维医	具有规定学历执业助理医师	维医基础理论、维医诊断学、维医生药学、维药炮制学、维医成药学	维医治疗技术、维医内科学、维医妇科学、维医皮肤病学、维医外科学	诊断学基础、传染病学、卫生法规	13
	师承和确有专长的执业助理医师	维医基础理论、维医诊断学、维医生药学、维医成药学	维医治疗技术、维医内科学、维医妇科学、维医皮肤病学、维医骨伤病学	诊断学基础、传染病学、卫生法规	12
傣医	具有规定学历执业助理医师	傣医基础理论、傣医诊断学、傣药学、傣医方剂学	傣医临床医学(含内科、妇科、儿科、外科、伤科、皮肤科疾病)	诊断学基础、传染病学、卫生法规	8

续 表

类别	考试对象	考试科目			科目数
		中医(民族医)基础	临床医学	西医及综合	
	师承和确有专长的执业助理医师	傣医基础理论、傣医诊断学、傣药学、傣医方剂学	傣医临床医学(含内科、妇科、儿科、外科、伤科、皮肤科疾病)	诊断学基础、传染病学、卫生法规	8
朝医	具有规定学历执业助理医师	朝医基础理论、朝医诊断学、朝药学、朝医方剂学、中医基础理论、中医诊断学、中药学、中医方剂学	朝医内科学、朝医外科学、朝医妇科学、朝医儿科学、中医内科学、针灸学	诊断学基础、卫生法规、传染病学	17
	师承和确有专长的执业助理医师	朝医基础理论、朝医诊断学、朝药学、朝医方剂学、中医基础理论、中医诊断学、中药学、中医方剂学	朝医内科学、朝医外科学、朝医妇科学、朝医儿科学、中医内科学、针灸学	诊断学基础、卫生法规、传染病学	17
壮医	具有规定学历执业助理医师	壮医基础理论、壮医诊断学、壮药学、壮医方剂学、中医基础理论、中药学、中医诊断学、中医方剂学	壮医内科学、壮医外(伤、皮)科学、壮医妇科学、壮医儿科学、中医内科学、针灸学	诊断学基础、传染病学、卫生法规	17
	师承和确有专长的执业助理医师	壮医基础理论、壮医诊断学、壮药学、壮医方剂学、中医基础理论、中药学、中医诊断学、中医方剂学	壮医内科学、壮医外(伤、皮)科学、壮医妇科学、壮医儿科学、中医内科学、针灸学	诊断学基础、传染病学、卫生法规	17

表 14 中西医结合医师资格考试医学综合笔试方案及内容

类别	考试对象	考试科目			科目数
		基础	临床医学	其他	
中西医结合	执业医师	中医基础理论（含中医经典著作内容）、中医诊断学、中药学、方剂学、传染病学、药理学、诊断学基础	中西医结合内科学、中西医结合外科学、中西医结合妇科学、中西医结合儿科学、针灸学	医学伦理学、卫生法规	14
	执业助理医师	中医基础理论（含中医经典著作内容）、中医诊断学、中药学、方剂学、诊断学基础、药理学、传染病学	中西医结合内科学、中西医结合外科学、中西医结合妇科学、中西医结合儿科学、针灸学	医学伦理学、卫生法规	14

3.考试题型

目前,执业医师资格综合笔试,全部采用选择题纸笔考试形式。

传统问答式考试评分方法缺乏科学、统一的标准,主观性和随意性较大,考查范围有限,选择题摒除了这些缺陷,是考试公平、公正、标准化的重要体现。

医师资格综合笔试采用 A 型(最佳选择题)和 B 型题(配伍题),共有 A1,A2,A3,A4,B1 五种题型。

A1 型题(单句型最佳选择题):每道试题由 1 个题干和 5 个供选择的备选答案组成。题干以叙述式单句出现,备选答案中只有 1 个是最佳选择,称为正确答案,其余 4 个均为干扰答案。干扰答案或是完全不正确,或是部分正确。

A2 型题(病例摘要型最佳选择题):试题结构是由 1 个简要病历作为题干、5 个供选择的备选答案组成,备选答案中只有 1 个是最佳选择。

A3 型题(病例组型最佳选择题):试题结构是开始叙述一个以患者为中心的临床情境,然后提出 2～3 个相关问题,每个问题均与开始的临床情境有关,但测试要点不同,且问题之间相互独立。

A4型题(病例串型最佳选择题):开始叙述一个以单一病人或家庭为中心的临床情境,然后提出3~6个相关问题。当病情逐渐展开时,可以逐步增加新的信息。有时陈述了一些次要的或有前提的假设信息,这些信息与病例中叙述的具体病人并不一定有联系。提供信息的顺序对回答问题是非常重要的。每个问题均与开始的临床情境有关,又与随后的改变有关。回答这样的试题,一定要以试题提供的信息为基础。

B1型题(标准配伍题):试题开始是5个备选答案,备选答案后提出至少2道试题,要求应试者为每一道试题选择一个与其关系密切的答案。在一组试题中,每个备选答案可以选用一次,也可以选用数次,但也可以一次不选用。

七、证书注册

依据《中华人民共和国执业医师法》相关规定,证书注册内容如下:

第十二条 医师资格考试成绩合格,取得执业医师资格或者执业助理医师资格。

第十三条 国家实行医师执业注册制度。取得医师资格的,可以向所在地县级以上人民政府卫生行政部门申请注册。除有本法第十五条规定的情形外,受理申请的卫生行政部门应当自收到申请之日起三十日内准予注册,并发给由国务院卫生行政部门统一印制的医师执业证书。医疗、预防、保健机构可以为本机构中的医师集体办理注册手续。

第十四条 医师经注册后,可以在医疗、预防、保健机构中按照注册的执业地点、执业类别、执业范围执业,从事相应的医疗、预防、保健业务。未经医师注册取得执业证书,不得从事医师执业活动。

第十五条 有下列情形之一的,不予注册:

(1)不具有完全民事行为能力的;

(2)因受刑事处罚,自刑罚执行完毕之日起至申请注册之日止不满二年的;

(3)受吊销医师执业证书行政处罚,自处罚决定之日起至申请注册之日止不满二年的;

(4)有国务院卫生行政部门规定不宜从事医疗、预防、保健业务的其他情形的。

受理申请的卫生行政部门对不符合条件不予注册的,应当自收到申请之日起三十日内书面通知申请人,并说明理由。申请人有异议的,可以自收到通知之日起十五日内,依法申请复议或者向人民法院提起诉讼。

第十六条 医师注册后有下列情况之一的,其所在的医疗、预防、保健机构应当在三十日内报告准予注册的卫生行政部门,卫生行政部门应当注销注册,收回医师执业证书:

(1)死亡或者被宣告失踪的;
(2)受刑事处罚的;
(3)受吊销医师执业证书行政处罚的;
(4)依照本法第三十一条规定暂停执业活动期满,再次考核仍不合格的;
(5)终止医师执业活动满二年的;
(6)有国务院卫生行政部门规定不宜从事医疗、预防、保健业务的其他情形的。

被注销注册的当事人有异议的,可以自收到注销注册通知之日起十五日内,依法申请复议或者向人民法院提起诉讼。

第十七条 医师变更执业地点、执业类别、执业范围等注册事项的,应当到准予注册的卫生行政部门依照本法第十三条的规定办理变更注册手续。

第十八条 终止医师执业活动二年以上以及有本法第十五条规定情形消失的,申请重新执业,应当由本法第三十一条规定的机构考核合格,并依照本法第十三条的规定重新注册。

第十九条 申请个体行医的执业医师,须经注册后在医疗、预防、保健机构中执业满五年,并按照国家有关规定办理审批手续;未经批准,不得行医。县级以上地方人民政府卫生行政部门对个体行医的医师,应当按照国务院卫生行政部门的规定,经常监督检查,凡发现有本法第十六条规定的情形的,应当及时注销注册,收回医师执业证书。

第二十条 县级以上地方人民政府卫生行政部门应当将准予注册和注销注册的人员名单予以公告,并由省级人民政府卫生行政部门汇总,报国务院卫生行政部门备案。

第二节 护士资格考试

一、护士资格考试简介

国家护士执业资格考试,是评价申请护士执业资格者,是否具备执业所必需的护理专业知识与工作能力的考试。考试成绩合格者,可申请护士执业注册。

护士执业资格考试实行国家统一考试制度。统一考试大纲,统一命题,统一合格标准。护士执业资格考试原则上每年举行一次。护士执业资格考试考核内容为"专业实务"和"专业实践能力"两个科目。

一次考试通过两个科目为考试成绩合格。具有护理、助产专业中专、大专和本科以上学历的人员,参加护士执业资格考试并成绩合格,可取得护理初级(士)专业技术资格证书。

这里主要就初级护士资格考试进行讲解。

二、护士资格考试报考条件

1.初级护士考试范围

(1)适用人员范围:经国家或有关部门批准的医疗卫生机构内,从事护理专业工作的人员;在教学、综合医院完成八个月以上护理临床实习的毕业生。

(2)专业及级别范围:护理专业分为初级资格(含士级、师级)、中级资格(含护理学、内科护理、外科护理、妇产科护理、儿科护理、社区护理六个亚专业)。

(3)考试科目设置初、中级,初级护士资格考试设置"专业实务""专业实践能力"等两个科目。考试方式采用笔试方式。

2.初级护士资格取得方式

(1)初、中级卫生专业技术资格考试实行全国统一组织、统一考试时间、统一考试大纲、统一考试命题、统一合格标准的考试制度,原则上每年进行一次。

(2)自2003年起,卫生部组织的护士执业考试并入卫生专业技术资格考试,凡符合护理专业报名条件的人员,可报名参加本专业的考试。

(3)高级护理专业技术资格拟实行考评结合的方式,具体办法另行通知。

3.护理专业技术资格证书管理

通过护理专业技术资格考试并合格者,由各省、自治区、直辖市人事(职改)部门颁发人事部统一印制,人事部、卫生部用印的专业技术资格证书。该证书在全国范围内有效。各地在颁发证书时,不得附加任何条件。聘任专业技术职务所需的其他条件,按照国家有关规定办理。

(1)获得省级教育行政部门、卫生行政部门护理专业设置评审合格的中等卫生护士学校护理专业毕业证书;

(2)获得国务院教育行政部门批准的护理专业专科毕业证书;

(3)国务院教育行政部门认可的境外中等或高等医学院校护理专业毕业证书和护士执业执照。其中,外国人应当获得中华人民共和国规定的汉语水平考试 HSK 合格证明,并在卫生行政部门指定的医疗机构中见习三个月以上。

报名参加卫生专业技术资格考试的人员,要遵守中华人民共和国的宪法和法律,具备良好的医德医风和敬业精神,同时具备下列相应条件:

凡未取得护士执业资格者,按照《护士条例》,凡符合以下条件之一,并在教学、综合医院完成八个月以上护理临床实习的毕业生,可报名参加护理初级(士)专业技术资格考试:

(1)获得省级以上教育和卫生主管部门认可的普通全日制中等职业学校护理、助产专业学历;

(2)获得省级以上教育和卫生主管部门认可的普通全日制高等学校护理、助产专业专科学历;

(3)获得国务院教育主管部门认可的普通全日制高等学校护理、助产专业本科以上学历。考生的报名资格由省级卫生行政部门负责审核,考试合格者由卫生部人才交流服务中心发给考试成绩合格证明,作为申请护士执业注册的有效证明。

具有护理、助产专业本科以上学历者,取得考试成绩合格证明,并达到《卫生技术人员职务试行条例》规定的护师专业技术职务任职资格年限的,可直接聘任护师专业技术职务。

(1)报名人员必须在有关部门批准的医疗卫生机构内,从事护理技术专业工作的人员或符合条件,在教学、综合医院完成八个月以上护理临床实习的毕业生。

(2)报名条件中有关学历的要求,是指国家承认的国民教育学历;有关工作年限的要求,是指取得上述学历前后从事本专业工作时间的总和。工作年限计算截止 2008 年 12 月 31 日。

所学专业须与报考专业对口(或相近)。例如,学药学类专业的,只可报考药学类资格,不可报考护理类资格,如此类推。

(3)具有护理、助产专业中专或大专学历的人员,参加全部四个科目考试合格者,可取得护理初级(士)专业技术资格证书。具有护理、助产专业本科以上学历的人员,取得考试成绩合格证明,并达到《卫生技术人员职务试行条例》规定的护师专业技术职务任职资格年限的,可直接聘任护师专业技术职务。

(4)《卫生专业技术资格考试专业目录》中部分专业系主亚专业,主亚专业在基础知识、相关专业知识等科目考试中使用共用试卷;具体可见"卫生专业技术资格考试办公室关于卫生专业技术资格考试工作有关情况的说明"中的附件;

(5)《暂行规定》所规定的有医疗事故责任者等情况,不得参加考试。

三、护士资格考试报名时间

1.网上报名

步骤一。登录中国卫生人才网(www.21wecan.com.cn)上填报个人报名信息。考生确认、保存报名信息后,系统提示"报名成功"。

步骤二。考生可以在每年4月中旬前,凭借"个人证件编号"及个人密码,登录国家医学考试中心网站查询、修改个人报名信息。

步骤三。考生确认填报信息无误后,可以打印《卫生专业技术资格考试报名申报表》。

2.现场报名

考生持所打印的《卫生专业技术资格考试报名申报表》,按照所在考点的具体要求,进行现场报名及资格审核,提交书面报名材料(如身份证、毕业证书等),交费,拍照(或导入数码照片),并确认个人报名信息。

四、护士资格专业实务及实践能力考试

1.考试科目

(1)专业实务。运用与护理工作相关的知识,有效而安全地完成护理工作的能力。考试内容涉及与健康和疾病相关的医学知识,基础护理和技能,以及与护理相关的社会人文知识的临床运用能力等。

(2)实践能力。运用护理专业知识和技能完成护理任务的能力。考试内容涉及疾病的临床表现、治疗原则、健康评估、护理程序及护理专业技术、健康教育等知识的临床运用等。

2.考试题型

为加强对考生实践能力的考核,原则上采用"人机对话"考试方式进行。一次考试通过两个科目为考试成绩合格。每个科目题量为100题,全部为选择题,有A1、A2、A3、A4、B1型题。

(1)A1型题(单句型最佳选择题)每道试题由1个题干和5个供选择的备选答案组成。题干以叙述式单句出现,备选答案中只有1个是最佳选择,称为正确答案,其余4个均为干扰答案。干扰答案或是完全不正确,或是部分正确。

(2)A2型题(病例摘要型最佳选择题)试题结构是由1个简要病历作为题干、5个供选择的备选答案组成,备选答案中只有1个是最佳选择。

(3)A3型题(病例组型最佳选择题)试题结构是开始叙述一个以患者为中心的临床情境,然后提出2~3个相关问题,每个问题均与开始的临床情境有关,但测试要点不同,且问题之间相互独立。

(4)A4型题(病例串型最佳选择题)开始叙述一个以单一病人或家庭为中心的临床情境,然后提出3~6个相关问题。当病情逐渐展开时,可以逐步增加新的信息。有时陈述了一些次要的或有前提的假设信息,这些信息与病例中叙述的具体病人并不一定有联系。提供信息的顺序对回答问题是非常重要的。每个问题均与开始的临床情境有关,又与随后的改变有关。回答这样的试题一定要以试题提供的信息为基础。

(5)B1型题(标准配伍题)试题开始是5个备选答案,备选答案后提出至少2道试题,要求应者为每一道试题选择一个与其关系密切的答案。在一组试题中,每个备选答案可以选用一次,也可以选用数次,但也可以一次不选用。

五、办证注册

申请护士执业注册的条件根据《护士执业注册管理办法》规定:护士经执业注册取得《护士执业证书》后,方可按照注册的执业地点从事护理工作。未经执业注册取得《护士执业证书》者,不得从事诊疗技术规范规定的护理工作。

(1)申请护士执业注册,应当具备下列条件:

1)具有完全民事行为能力;

2)在中等职业学校、高等学校完成教育部和卫生部规定的普通全日制三年以上的护理、助产专业课程学习,包括在教学、综合医院完成八个月以上护理临床实习,并取得相应学历证书;

3)通过卫生部组织的护士执业资格考试；

4)符合本办法第六条规定的健康标准。

(2)申请护士执业注册，应当符合下列健康标准：

1)无精神病史；

2)无色盲、色弱、双耳听力障碍；

3)无影响履行护理职责的疾病、残疾或者功能障碍。

(3)申请护士执业注册，应当提交下列材料：

1)护士执业注册申请审核表；

2)申请人身份证明；

3)申请人学历证书及专业学习中的临床实习证明；

4)护士执业资格考试成绩合格证明；

5)省、自治区、直辖市人民政府卫生行政部门指定的医疗机构出具的申请人六个月内健康体检证明；

6)医疗卫生机构拟聘用的相关材料。

(4)卫生行政部门应当自受理申请之日起20个工作日内，对申请人提交的材料进行审核。审核合格的，准予注册，发给《护士执业证书》；对不符合规定条件的，不予注册，并书面说明理由。《护士执业证书》上应当注明护士的姓名、性别、出生日期等个人信息及证书编号、注册日期和执业地点。《护士执业证书》由卫生部统一印制。

(5)护士执业注册申请，应当自通过护士执业资格考试之日起三年内提出；逾期提出申请的，除本办法第七条规定的材料外，还应当提交在省、自治区、直辖市人民政府卫生行政部门规定的教学、综合医院接受三个月临床护理培训并考核合格的证明。

(6)护士执业注册有效期为五年。护士执业注册有效期届满需要继续执业的，应当在有效期届满前30日，向原注册部门申请延续注册。

自信心测试

本测试共有40条项目，每个答案无所谓对错，请尽快回答，不要在每道题目上太多思索，根据自己的实际情况，在是、否中选择适当的选项。(在 □ 中画一个钩"√")

第六章　确保通过资格考试　力争择业水到渠成

　　　　　　　　　　　　　　　　　　　　　　　　　　　是　否

1. 你对自己的外表满意吗？　　　　　　　　　　　　　　　□　□
2. 对别人的赞美，你持怀疑的态度吗？　　　　　　　　　　□　□
3. 别人批评你，你会觉得难过吗？　　　　　　　　　　　　□　□
4. 如果店员的服务态度不好，你会告诉他们经理吗？　　　　□　□
5. 你认为你是个绝佳的情人吗？　　　　　　　　　　　　　□　□
6. 你不经常欣赏自己的照片吗？　　　　　　　　　　　　　□　□
7. 如果想买性感内衣，你会尽量邮购，而不亲自到店里去吗？□　□
8. 你很少对人说出你真正的意见吗？　　　　　　　　　　　□　□
9. 参加晚宴时，即使很想上洗手间，你也会忍着直到宴会结束吗？□　□
10. 你总是觉得自己比别人差吗？　　　　　　　　　　　　 □　□
11. 一旦你下了决心，即使没有人赞同，你仍然会坚持做到底吗？□　□
12. 你认为自己的能力比别人强吗？　　　　　　　　　　　 □　□
13. 在聚会上，只有你一个人穿得不正式，你会感到不自然吗？□　□
14. 你有幽默感吗？　　　　　　　　　　　　　　　　　　 □　□
15. 你认为自己很有魅力吗？　　　　　　　　　　　　　　 □　□
16. 你是个受欢迎的人吗？　　　　　　　　　　　　　　　 □　□
17. 目前的工作是你的专长吗？　　　　　　　　　　　　　 □　□
18. 你懂得搭配衣服吗？　　　　　　　　　　　　　　　　 □　□
19. 危急时，你很冷静吗？　　　　　　　　　　　　　　　 □　□
20. 你每天照镜子超过三次吗？　　　　　　　　　　　　　 □　□
21. 你经常希望自己长得像某某人吗？　　　　　　　　　　 □　□
22. 你认为自己只是个寻常人吗？　　　　　　　　　　　　 □　□
23. 你勉强自己做许多不愿意做的事吗？　　　　　　　　　 □　□
24. 你为了不使他难过，而放弃自己喜欢做的事吗？　　　　 □　□
25. 你认为你的优点比缺点多吗？　　　　　　　　　　　　 □　□
26. 你经常羡慕别人的成就吗？　　　　　　　　　　　　　 □　□
27. 你任由他人来支配你的生活吗？　　　　　　　　　　　 □　□
28. 你会为了讨好别人而打扮吗？　　　　　　　　　　　　 □　□
29. 你经常跟人说抱歉吗？即使在不是你错的情况下。　　　 □　□
30. 你经常听取别人的意见吗？　　　　　　　　　　　　　 □　□
31. 你希望自己具备更多的才能和天赋吗？　　　　　　　　 □　□
32. 如果在非故意的情况下伤了别人的心，你会难过吗？　　 □　□

33.在聚会上,你经常等别人先跟你打招呼吗? ☐ ☐
34.你与别人合作无间吗? ☐ ☐
35.你对异性有吸引力吗? ☐ ☐
36.你是个优秀的领导者吗? ☐ ☐
37.你的记性很好吗? ☐ ☐
38.你的个性很强吗? ☐ ☐
39.买衣服前,你通常先听取别人的意见吗? ☐ ☐
40.你懂得理财吗? ☐ ☐

记分方法:

以下表计算你的分数,其中 1,4,5,11,12,14,15,16,17,18,19,20,34 题"是"记 1 分,否记 0 分,剩余的题,"是"记 0 分,"否"记 1 分。

说明:

25～40 分:说明你对自己信心十足,明白自己的优点。同时,也清楚自己的缺点。不过,在此警告你一声:如果你的得分将近 40 的话,别人可能会认为你很自大狂傲,甚至气焰太胜。你不妨在别人面前谦虚一点,这样人缘才会好。

12～24 分:说明你对自己颇有自信。但是,你仍或多或少缺乏安全感,对自己产生怀疑。你不妨提醒自己,在优点和长处各方面并不输人,特别强调自己的才能和成就。

11 分以下:说明你对自己显然不太有信心。你过于谦虚和自我压抑,因此,经常受人支配。从现在起,尽量不要去想自己的弱点,多往好的一面去衡量;先学会看重自己,别人才会真正看重你。

第七章　准备把握创业内函 切实理解创业意义

朝着一定目标走去是"志",一鼓作气中途绝不停止是"气",两者合起来就是"志气"。一切事业的成败都取决于此。

——卡耐基

创业者应具备的"十商"

(1)德商(MQ)。德商指一个人的道德人格品质。德商的内容包括体贴、尊重、宽容、诚实、负责、平和、忠心、礼貌、幽默等各种美德。

(2)智商(IQ)。智商是一种表示人智力高低的数量指标。也可以表现为一个人对知识的掌握程度,反映人的观察力、记忆力、思维力、想象力、创造力,以及分析问题和解决问题的能力。

(3)情商(EQ)。情商指管理自己的情绪和处理人际关系的能力。

(4)逆商(AQ)。逆商指面对逆境承受压力的能力,或承受失败和挫折的能力。

(5)胆商(DQ)。胆商是一个人胆量、胆识、胆略的度量,体现了一种冒险精神。胆商高的人能够把握机会,凡是成功的商人、政客,都具有非凡的胆略和魄力。

(6)财商(FQ)。财商指理财能力,特别是投资收益能力。财商是一个人最需要的能力,但往往会被人们忽略。

(7)心商(MQ)。心商就是维持心理健康、缓解心理压力、保持良好心理状况和活力的能力。心商的高低,直接决定了人生过程的苦乐,主宰了人生命运的成功。

(8)志商(WQ)。志商指一个人的意志品质水平,包括坚韧性、目的性、果断性、自制力等方面。

(9)灵商(SQ)。灵商就是对事物本质的顿悟能力和直觉思维能力。

(10)健商(HQ)。健商是指个人所具有的健康意识、健康知识和健康能力的反映。

通过个人的努力,使以上的"十商"能够充分地发挥出应有的作用,一个人也就被充分的武装起来了。一个创业者应具备的心志也就达到了。可以放心大胆地去创业了。

(摘自《大学生就业与创业指导教程(卫生类)》吴国平、陈健尔主编)

第一节 创业概述

"创业"一词在《辞海》中的解释为创立基业。古今中外,对创业有不同的理解和定义。

一、创业的内涵

古代对创业的解释是建功立业,成就事业的一种终极状态,与现在所说的创业不同。现代对创业的理解,更多的是强调努力突破现有资源限制,发现和捕捉机会,进行价值创造的过程。

一般来讲,创业具有以下几个基本特征。

(1)创业是创造价值的过程。成功的创业一定是创造有价值的新事物的活动。所以,衡量创业的一个最重要的标志就是创新,即创造出新的价值。

(2)创业是一个不断把握机会和评估风险的过程。识别和把握创业机会,与评估创业风险,往往成为创业的关键。所以,创业进行的每一步都是创业机会的识别和开发过程,也是创业风险的评估过程。

(3)创业是一种特殊的管理活动。与传统企业的常态化管理相比较,创业管理更注重对机会的把握与开发,是一种带有不确定因素的风险性管理。

(4)创业也是创业者实现和体现主体价值的过程。从另一个角度来看,创业是创业者自身的一种独特活动,创业者是创业的主体。

通过创业活动,创业者获得了独立自主和个人的满足,同时,也为社会创造了价值,得到了社会的认可和尊重,实现和体现自身的主体价值。

创业有广义和狭义之分。

广义的创业包括创办新企业、壮大旧企业,以及对任何企业、组织、实体等进行拓展、创新、改造、治理、提升品质等行为。它重在创新性行动,涵盖了企业成长过程的任何阶段。

狭义的创业通常是指单个新企业的创办,包括从企业的筹备到稳定成长的全过程。

一般来讲,当前大学生所进行的创业属于狭义范围内的创业。

二、创业的功能

创业一般具有如下功能。

(1)从创业者个人发展的角度看,创业帮助创业者实现人生价值。创业者通过创业,能够把自身的兴趣与生计结合起来,可以自主决策,不必听命于人,做自己想做的,最大化地实现自身价值。创业者通过自身努力开创一番事业,既可以获得丰厚的利润回报,也能回报社会,造福于社会,实现为国家、社会做贡献的崇高人生价值。

(2)从社会资源配置的角度看,创业有助于社会资源的合理化配置。创业者所创企业要获得生存和发展,必须要具有比已存企业更强的竞争力。成功的新创企业必然会打破原有的行业格局,加剧行业内的竞争,形成优胜劣汰的局面,促进行业内资源向着经营好、效率高的企业流动,促使社会资源合理配置,提高社会效益。

(3)从社会发展的角度看,创业者通过创业把商业机会转换为商业价值,合理的整合、配置了资源,促进了社会组织的发展。

同时,创业往往会把一些创新性技术和工艺推向市场,有助于科研成果向现实生产力的转化,为社会的发展不断注入创新性活力。这对我国当前实施的创新驱动发展战略、全社会创新能力的提升,具有重要意义。

三、创业与职业

创业创业与职业既有联系又有区别。

1. 创业与职业的联系

就业的前提是职业和职业岗位。否则,人们就无法就业。职业和职业岗位不是天然就有的,是在创业活动中产生的。因此,创业活动能够提供新的职业和职业岗位。

2. 创业与职业的区别

首先,创业是创业者凭借自身能力创办企业,开创事业的过程。在创业过程中,创业者往往要面对诸多复杂的情况(包括市场、资源、资金、团队、风险等)。职业一般指性质相近的一类工作的总称,个人职业通常指个人作为主要生活来源的一项服务于社会的工作。从事某一职业的从业人员,需要具备一定的职业能力和职业道德素养。

其次,创业能力属于高层次的能力范畴,而职业能力则属于一般能力范畴,具有创业能力的人,一定具有职业能力,但是,具有职业能力的人不一定有创业能力。

再次,创业者的投入一般远远大于职业人员。创业者除了要完成职业人所要做的工作以外,还要经常处理计划、管理、协调等其他方面的事情,往往会比职业人投入更多的时间、精力和金钱,面临的压力也比一般的职业人员所面临的压力要大得多。但是,创业成功给创业者带来的喜悦与荣誉是职业人所无法体验的。

第二节 创业的要素和创业者应具备的能力

一、创业的要素

(一)创业资源

创业资源是指新创企业在创立和运营的过程中,所需要的特定资产,包括创业资金、技术、人才等。创业资源不足,创业者创业成功的概率就会大大降低。在创业初期,很多人都会遇到资源欠缺的问题,这是一个客观的现实。

一般来说,创业前期创业者应具有的创业资源,至少要包括两个方面:一是要具有进入一个行业的准入性资源,二是要具备差异性资源。

(1)准入性资源,指企业进入一个行业所应必备的基础性资源,包括物质资源、金融资源、人力资源、信息资源等。物质资源是指生产阶段所需要的物料、原材料等物品,是新创企业开展行业活动的必要前提。金融资源指创办新企业所需的资金资源和融资渠道等。人力资源是指本行业的专业人才。人力资源素质是第一生产力,能够提高企业的竞争力。信息资源能够向创业者提供大量所需要的行业信息,能够提高企业生产经营效率和企业效益。

(2)差异性资源,一方面,是指创办新企业的资源在数量、质量、来源渠道等方面有所差异,使企业的资源多样化,以便在企业的运营中,能够发挥不同的功能和作用。另一方面,指本企业拥有同行业中其他企业所不具有的独特的资源,以此保证企业的竞争优势。

(二)创业机会

创业机会指创业者可利用的商机。从某种角度看,创业者创业的过程就是对机会的识别、开发、利用的过程。商机是创业者的创业起点,创业过程始于商机。在开始创业时,商机比资金、技术、团队等更重要。对商机的识别、捕捉是创业者必须具备的重要素质。

当创业者捕捉到有一定价值的商机时,还应进行科学、合理的规划,进行广泛的市场调研和实践考证,然后再进行积极的开发、利用。

(三)创业团队

创业团队是指在创业初期,由一群有着共同目标、责任的创业者所组成的集体。创业团队成员一般具有三个特点:目标共同、责任共担、才能互补。

在市场竞争中,企业强大的生命力和竞争力,不在某个创业者的个人能力,而在于创业团队整体的力量。富有创业精神和创新动力的团队,能够不断探寻创业机会。创造和获取创业资源,更好地实施创业计划。因此,组建一个良好的创业团队,是创业必备的要素之一。

创业资源是成功创业的必备条件,创业机会是创业过程的重要驱动力,创业团队是创业过程的主导者。创业过程就是创业资源、创业机会和创业团队不断匹配和平衡的结果。

二、创业者应具备的素质和能力

创业者素质的高低,是创业成功的一个保证性因素。如果创业者缺少必要的素质,就会最终导致创业失败。

(一)创业者应具备的素质

1. 创新追求

创业者应具有不断追求创新的素质,要有一种永不满足现状,不断破旧立新的勇气和精神。

创新是推动经济社会发展,民族兴旺发达的不竭动力。

纵观人类社会的发展,正是通过一个又一个的创新不断向前发展。对于创业者而言,只有具有不断的创新追求,才会有创业的成果。创新是创业者必备的素质。

2. 敏锐灵活

创业者应具有敏锐的观察判别能力,灵活的把握机会的能力,能够在资源和市场条件相同或相近的情况下,敏锐地识别到商机,灵活地捕捉到商机。

3. 竞争意识

创业者必须具备积极的竞争意识,敢于在市场经济的浪潮中拼搏前进。竞争是市场经济的根本特点,良性的竞争有助于推动资源配置的优化和社会效率的提高。创业者作为独立的市场主体,要遵循平等、公正、诚实守信的市场竞争原则,积极地参与到市场经济的竞争中来。

4. 诚实守信

诚实守信是创业者必须具备的一项品质。诚信是做人谋事之本,是人最重要的品质之一,是金钱所无法买到的。

"人无信不立。"诚信决定了人如何在社会上立足、如何与人相处。诚实守信的人,会受到别人的尊重和喜爱,失信的人,会遭到别人的歧视和抛弃。

在市场经济快速发展的今天,社会诚信体系不断健全,诚实守信是创业者必备的基本素质。市场经济中交换主体的利益需要靠诚信来维系,讲究诚信道德,是信用经济对创业主体的客观要求,信用就是创业者实现自身经济利益的最好策略和最好保障。

另外,创业者应具备的一定的身心素质。

身心素质包括身体素质和心理素质。一个成功的创业者往往在创业的道路上要付出常人难以想象的劳动和汗水。特别是现代小企业,其创业和经营过程是艰苦而繁杂的。创业者的工作往往是时间长、压力大,琐碎而繁杂的。如果没有良好的身体素质,必然难以承受创业重任。

同样,一个良好的心理素质对于创业者来说,也是很重要的。创业的路上往往充满了荆棘与艰险,困难与挫折在所难免。创业者的心理素质往往会影响创业的成败。

面对创业过程中可能遇到的各种困难,创业者要树立起克服各种困难的充分信心和决心,形成一种既能积极进取又能迎难而上的心理素质。

(二)创业者应具备的能力

创业者者应具备的能力,是创业者创业成功的关键,创业者运用所拥有的能力,对创业的环境进行合理的开拓和创造,完成创业过程中的一个又一个环节,实现创业的最高目标。创业者具备的能力一般应包括专业能力、经营管理能力和社会协调能力。

(1)专业能力。专业能力是创业者创业实践活动必备的基本条件和手段。创业者的创业实际就是为社会提供有价值的产品或服务。

创业者要创造出社会承认的价值,首先必须具有一技之长。一般来讲,创业者在创办自己的第一个企业时,应该在与自己专业有关的、自己熟悉的行业中选择项目,避免"外行领导内行"的尴尬局面,这样能提高创业的成功率。

创业者应具备的专业能力,除了企业中主要职业岗位必备的专业技术能力外,还包括信息的搜索和处理能力;捕捉市场机遇能力;营销、沟通能力及理解和接受新技术、新管理的能力。

(2)经营管理能力。经营管理能力是创业者在创业的过程中,应具备的较高层次的能力,它涉及创业实践活动的每一步,是创业的基础能力。经营管理能力,主要包括:分析、规划和决策能力;开拓创新能力;整体调控能力;人力资源管理能力;财务管理能力等。

(3)社会协调能力。社会协调能力是指创业过程中所需要的行为能力,是创业的核心能力。创业者应具备的社会协调能力主要包括:公关、谈判能力;形象策划能力;驾驭变化能力等。

这些能力与经营管理能力结合,就会从整体上影响创业实践活动,使创业实践活动的方式和效率产生根本性变化。

第三节 新时期大学生创业的时代背景和现实意义

一、新时期大学创业的时代背景

(一)知识经济推动创业活动

21世纪是知识经济占主导地位的时代,是以知识创新和可持续发展为特征的新时代。知识经济是指建立在知识和信息的生产、分配和使用上的经济。知识直接进入生产过程,以知识产业化为标志,以高新科技技术为主导,以知识创新为基础,进行产品的生产。

与传统的农业经济和工业经济相比较,知识经济是一种新的经济形态,在生产过程中起着决定性作用的,是知识和智力等非物质要素的投入。创新是知识经济发展的动力。

当今,世界各国间的竞争,是具有创新思维的高素质人才的竞争。当前的中国正在实施创新驱动发展战略,建设创新型国家。要提高我国的核心竞争力,实现经济跨越式发展,就需要大量的具有创新精神、创造能力和创业志气的人才。

随着知识经济和科技的不断发展,社会物质产品得到极大的丰富,越来越多的大学生会选择能够展示个人魄力的就业方式——创业,通过自己创办企业,开创自己的事业,实现自己的人生价值。

(二)经济转型支持创业

中国当前和今后相当长的一段时期,都要处于经济转型期。转型主要集中在经济增长方式的转型和经济结构的转型方面。转型的主要途径是发展高新技术产业,改造传统产业,实现经济发展结构的优化,提高发展效益。其核心在于增强自主创新能力,实现经济发展从资源依赖型向创新驱动型转变。因此,社会需要大量具有创新、创业能力的新人才。

当前,中国的转型经济属于一种新的创业型经济形态。在这样的经济形态下,创业活动伴随新技术、新方法而产生,反过来,又推动了科技的进步。

党的十九大报告指出:"创新是引领发展的第一动力,是建设现代化经济体系的战略支撑。"从战略高度明确了创新对国家现代化经济发展的重要意义,也为新时代大学生创新创业活动提供了充分的政策支持。

(三)就业形势促进创业

据国家教育部的数据统计,全国普通高校毕业生人数近年来屡创新高,2010年为630万人,2011年为60万人,2012年为680万人,2013年为699万人,2014年为727万人,2015年为749万人,2016年为765万人,2017年为795万人,2018年将达到820万人。再加上中等职业学校、技工学校及初高中毕业后未升入高一级学校学习的毕业生,每年全国青年求职人员规模在1 400万人左右。大学生就业难已成为一个客观的事实,严峻的就业形势迫使国家大力鼓励和扶持大学生自主创业。

党的十九大报告指出,要"大规模开展职业技能培训,注重解决结构性就业矛盾,鼓励创业带动就业"。

2014年,党中央、国务院提出,把高校毕业生就业放在全年就业工作的突出位置,并出台了《国务院办公厅关于做好2014年全国普通高等学校毕业生就业创业工作的通知》(国办发[2014]22号),进一步加大对毕业生就业创业的扶持力度,培养大学生创业能力,以达到解决中国大学生就业问题的目的。

在严峻的就业形势下,大学生与其等待企业的招聘通知,不如自己动手创业,发挥自己的聪明才智,以自己辛勤的劳动创造美好未来,为别人创造了就业机会,同时,也为社会创造了财富。

三、新时期大学生创业的现实意义

创业对于个人和社会都有重要的意义。

(一)对于创业者的意义

对于创业者而言,能够把自身的兴趣与生计结合起来,自主决策,做自己想做的事,最大化的实现自身的价值。创业者能够获得丰厚的物质利益回报。同时,创业者也可以回报社会,实现更高的人生价值。

(二)对于社会的意义

创业能够推动社会的创新。创业意味着创新。创业的过程就是创造性的整合资源的过程,其中包含着许多创新元素。例如,技术创新、产品创新、服务创新等。

创业能够推动生产力发展。创业的过程是将潜在的知识、技术和市场机会转化为现实生产力的过程。通过这种转化实现社会财富增长,推动社会生产力发展。通过创业可以实现创新成果的商品化和产业化,将创新的价值转化为具体、现实的社会财富和社会生产力。

创业能够促进就业。创业为社会创造出了新的价值,为求职者开辟出了新的领域,提供了更广阔的就业空间。所以,创业能创造就业岗位,带动就业,促进就业。

第八章　充分做好创业准备　把握时机努力成功

企业发展就是要发展一批狼。狼有三大特性：一是敏锐的嗅觉；二是不屈不挠、奋不顾身的进攻精神；三是群体奋斗的意识。

——任正非

创业梦想变为现实的七大"绝招"

一、必不可少的创业计划书

创业不是仅凭热情和梦想就能支撑起来的，因此在创业前期制定一份完整的、可执行的创业计划书应该是每位创业者必做的功课。通过调查和资料参考，要规划出项目的短期及长期经营模式，以及预估出能否赚钱、赚多少钱、何时赚钱、如何赚钱以及所需条件等。当然，以上分析必须建立在现实、有效的市场调查基础上，不能凭空想象，主观判断。根据计划书的分析，再制定出创业目标并将目标分解成各阶段的分目标，同时订出详细的工作步骤。

二、周密的资金运作计划

周密的资金运作计划是保证"有粮吃"的重要步骤。在项目刚启动时，一定要做好3个月以上或到预测盈利期之前的资金准备。但启动项目后遇到不可避免的变化，则需适时调整资金运作计划。如果能懂得一些必要的财务知识，计划好收入和支出，始终使资金处于流动中而不出现"断链现象"，那么项目的初级阶段就能为未来发展打好基础。

三、不断强化创业能力与知识

俗话说"不打无准备之战"，创业者要想成功，必须扎扎实实做好充分准备和知识的不断积累。除了合理的资金分配，创业者还必须懂得营销之道，比如何进货，如何打开产品的销路，消费者对产品的需求，都要进行充分地调查研究。这些知识获取渠道可以是其他成功者的经验，也可以是书本理论知识。

同时还要学会和各类人士打交道,如工商、税务、质检、银行等,这些部门都与企业的生存发展息息相关,要善于同他们交朋友,建立和谐的人脉关系。

四、为自己营造一个好的氛围

由于缺少社会经验和商业经验,大学生创业总是显得"心有余而力不足"。不如给自己营造一个小的商业氛围,比如加入行业协会,就可以借此了解行业信息,学会借助各种资源结识行业伙伴,建立广泛合作,提升自己的行业能力。千方百计给自己营造一个好的商业氛围,这对创业者的起步十分重要。

五、学会从"走"到"跑"

在创业的初期,受资金的限制,或许很多事都需要创业者本人亲自去做,不要认为这是"跌份"或因此叫苦不迭,因为不管任何一个企业,从"走"到"跑"都是要经历一个过程的,只有明确目标不断行动,才能最终实现目标。同时在做事的过程中,要分清主次轻重,抓住关键重要的事情先做。每天解决一件关键的事情,比做十件次要的事情会更有效。当企业立了足,并有了资金后,就应该建立一个团队。创业者应从自己亲历亲为,转变为发挥团队中每一个人的作用,把合适的工作交给合适的人去做。一旦形成了一个高效稳定的团队,企业就会跨上一个台阶,进入一个相对稳定的发展阶段。

六、在失败中学会成长

从创业成功案例中不难发现,创业者往往都有"见了南墙挖洞也要过去"的信心。从小就知道"失败是成功之母"这个真理的大学生创业者,又有多少人真正体会到其中的力量呢?如果创业失败了,你又应该怎样面对失败?充分的准备和不断地学习,就能够在很大程度上减少这种概率所起的作用。与此同时调整方案,换个方式和方法继续前进,永远不要停止前进的脚步。经历过一个"死而复生"的过程,就能在未来的发展中脚步更加坚定。永远要记住一点:信心是企业迈向成功的阶梯。

七、盈利是做企业最终的目标

做企业的最终目就是盈利,无论你的点子有多少,不能为企业赢利就不具备商业价值。因此无论是制定可行性报告、工作计划还是活动方案,都应该明确如何去盈利。企业的盈利来源于找准你的用户,了解你最终使用客户是谁,他们有什么需求和想法,并尽量使之得到满足。

(《新编大学生职业规划与就业创业指导》,主编:贾水峰,吉林大学出版社,2015)

第一节 创业知识、项目、资金和资源的准备

创业是一个艰辛的过程。大学生创业需要激情,更需要理智。俗话说"不打无准备之仗",因此,创业前的准备工作是十分必要的。创业准备一般包括创业项目准备、知识准备、心理准备、资金准备、资源准备、制订创业计划书等。

一、创业项目的准备

对于创业者而言,创业项目的确立,至关重要。确定什么样的创业项目,需要认真思考和慎重选择,单凭一时的想法和冲动是不行的。

一般来讲,确立一个科学的创业项目,必须遵守以下原则。

(1)兴趣性原则,也即做自己喜欢做的事。创业者所选择的创业项目,最好是自己感兴趣的事。这样,兴趣往往会激发创业者的创业激情,成为创业者创业过程中的强大动力,使得创业者在创业过程中,能获得实现人生价值、体现人生意义的快乐。

(2)能力性原则,也即做自己会做的事。光凭自己的兴趣确立创业项目,还远远不够。事实上,每个人都想做自己感兴趣的事,但能做成功的往往不多。所以,在确立创业项目时,考虑自身能力也是必需的,一定要选择自己能力所及的事。

一般来说,大学生创业最好围绕自己的专业来进行,但这也不是绝对的,经常会听到一些大学生开餐厅甚至卖猪肉创业的事例。每一个大学生都要经历十多年的学习。在这十多年的学习期间获得了各种知识,也开拓了自身的能力。所以,大学生创业应突出自身专长,立足自身能力,开创自身能力范围之内的特色事业。

(3)适应性原则,即提供适应市场需求的产品和服务。大学生创业者在确立创业项目时,一定要对该项目的市场适配度进行认真的调研和考察。在市场经济条件下,只有适应市场需求的产业项目才能存在和发展下去。

(4)效益性原则。创业者创业的主要目标是创业项目带来的效益。好的效益往往会给创业者带来一定的经济回报和社会地位,是创业者实现自身价值的体现。效益包括经济效益和社会效益。

从长远来看,一个企业不仅要考虑其经济效益,更要注重它的社会效益。企业的发展不仅要为个人带来利益,还要为国家和社会做出贡献。所以,创业

者在确立创业项目时,不仅要考虑该项目带来的经济效益,还要考虑其可能带来的社会效益。

由此可见,确立一个科学、可行的创业项目,应综合考虑到以上诸因素。

二、知识的准备

新时期的创业者既要懂得管理方面的知识,又要了解掌握相关行业的发展动态和专业技能;既要懂得市场规律、政策法规,还要熟悉财务、营销、社会人文等诸多知识。

因此,新时期的创业者所需的知识结构是复合型的结构。创业者必须博览群书,拓展知识,广借鉴,多吸收,把握机会,力争创新。

具体来说,创业者应该具有以下几方面的知识。

1.国家的政策、法律方面的知识

创业活动是处在宏观的社会背景之下,政府的政策、法律是创业者创业的宏观环境。特别是有关创业方面的政策及法律,直接影响创业者的创业环境。当前,为鼓励大学生创业,政府出台了一系列优惠政策,颁布和完善了相关的法律、法规,为大学生创造了一个良好的创业环境。在法律方面,国家也相继出台了《公司法》《合伙企业法》等相关法律,为大学生创业提供了法律保障。所以,大学生在创业之初一定要熟悉相关政策、法律,为自己的创业提供方便,做好准备。

2.专业知识

创业者创业总要选择自己的创业项目。当创业项目确定后,创业者就应该尽快熟悉该项目所属行业的相关知识,即该行业的供需状况、市场前景,以及从事本行业的专业知识和技能。只有对这些知识、信息了然于胸,才能避免盲目性和投机性,争取最大的成功概率。

3.企业管理和市场营销知识

从市场角度看,创业也是独立的企业主体在市场中的经营活动。所以,创业过程中对相关企业管理和市场营销知识的储备,也必不可少。其中包括:

(1)注册企业的知识。例如,注册企业的程序及营业执照的申请、税务登记证的办理、组织机构代码证的申请等有关知识。

此外,还应该了解一些有关私营及合伙企业、有限公司的法律、法规及行业管理部门如何进行行业管理和检查等方面的知识。

(2)市场营销知识。包括市场调研与预测、消费心理与行为、销售渠道和方式、定价策略、营销与管理等方面的知识。

（3）融资及财务管理知识。资金筹集、投放和运营方面的知识，企业财务管理方面的知识及外汇知识等。

4.社会知识

创业既是一种市场行为，更是一种社会性的活动，创业者在创业过程中，同社会上的各种人发生联系，无论是融资、营销，还是广告宣传、招商合作，都离不开社会这个大环境，创业者以此获取资源，求得发展。甚至在很多时候，创业者拥有的社会资源和人际关系，成为影响创业活动的关键性因素。所以，创业者还应具备一些公共关系、人际交往等方面的社会知识。

三、心理准备

创业者在创业过程中，还应有一个充足的心理准备。从各类创业成功者的创业过程来看，一般一个创业者在创业之初，首先应该具备以下心理素质。

1.创业欲望

创业欲望是创业者创业的动机，是推动创业者创业的强大动力。正是这种欲望，往往会推动创业者超出自身现实，打破常规思维模式，去奋斗、去拼搏。创业欲望也是创业者的一种生活目标，人生理想。创业者往往想拥有较多的财富，获得较高的社会地位，得到更多的尊重，为社会做出更大的贡献。创业者在这样的"欲望"中，确立了自己为之奋斗的创业目标。

2.创新意识

创新意识是创业者应该具备的又一种心理素质。创业本身就是创业者践行创新意识的过程。

创新是推动社会进步的动力，它具有新颖性、超前性、实践性、艰巨性、普遍性、社会性等特点。创新存在于人类社会各个领域。

创新意识主要由好奇心理、求知心理、竞争心理、冒险心理、灵感、怀疑心理、创造性思维、独立性思维等组成。这些创新意识的心理因素互相联系、互相影响，形成创新意识，并促进其发展。

3.坚定的信心，坚强的毅力

创业可能成功，也可能失败，创业本身就是一场有风险的旅程，创业过程中的挫折，是在所难免的。所以，作为一个创业者，在创业之前，要树立起坚定的信心，要坚信自己的选择。在创业过程中，要有坚强的毅力，能克服创业过程中遇到的各种挫折，坚信"风雨过后一定会有彩虹"。

第八章 充分做好创业准备 把握时机努力成功

4.冒险精神

创业需要有一定的冒险精神,创业者要果断处事,敢于行动,敢冒风险,敢于承担行为后果。畏首畏尾,是不能完成创业活动的。在整个创业过程中,创业者要具备强大的心理承受能力。

5.宽广的眼界、敏捷的判断力和果断的决策力

创业者应该高瞻远瞩,广博见识,开阔眼界;应认清形势,明辨事理。应具有敏捷的判断力,能快速把握商业机会。

在各种机遇面前,应有勇有谋,要认清形势,快速判断,果断决策。

四、创业资金准备

任何创业都是需要一些资金的,大学创业也需要一些准备资金。创业者在创业之初,首先要核算自己创办新企业大概所需的资金,主要包括企业开办资金、营运资金和人员支出费用等。因此,对于创业者来说,创业资金的准备是创业成功的先决条件。

一般对于刚毕业的大学生而言,自己手头肯定没有足够的创业资金,所以选择什么样的融资方式筹措创业资金,就成为大学生创业者创业的关键。

从我国大学生创业的现实情况来看,大学生创业的融资渠道主要有以下几种。

1.银行贷款

比较适合创业者的银行贷款形式,主要有抵押贷款和担保贷款两种。

抵押贷款:借款人以其所拥有的财产做抵押,获得银行贷款的担保。

担保贷款:借款方向银行提供符合法定条件的第三方保证人作为还款保证的借款方式。当借款方不能履约还款时,银行有权按照约定,要求保证人履行或承担清偿贷款连带责任。

银行向个人或企业提供贷款一般需要质押、抵押、担保三种条件,而且发放额度根据具体担保方式决定,质押、抵押通常很难获得100%的贷款,而担保则要交给担保公司一笔不菲的费用。申请者除了要有稳定的经营收入,和按期偿还贷款本息的能力外,还必须能够提供银行认可的抵押担保。因此,大学生靠银行贷款成功的很少。

2.政策性贷款

大学生创业者还要善于利用政府扶持政策,从政府方面获得融资支持。如国家各级政府专门针对大学生创业的小额担保贷款,专门针对科技型中小企业的技术创新基金等。政策性贷款一般是政府贴息的,贷款成本很低。大学生应充分利用这些优惠条件,为创业获得更多的启动资金。

3.亲友资助

这是大学生创业的重要资本来源。许多大学生创业者借助亲属、朋友的资助而顺利开业。创业者可以通过合资、入股等方式,说服他人投资,或者通过亲朋好友提供担保的方式,获得所需要的资本。

五、创业资源准备

创业还需要一些资源条件。资源不足,往往会影响创业的成功率。一般来讲,除了资金条件外,创业还应具备以下一些资源条件。

①技术资源条件:企业的技术支撑力量;②业务资源条件:企业运转模式;③客户资源条件:企业产品或服务的消费群;④经营管理资源条件:企业的经营管理能力;⑤人力资源条件:能推动企业发展的专业人才;⑥行业经验资源条件:对该行业有关信息与常识的积累;⑦行业准入条件等。这些条件创业者也不一定要全部具备,但至少应具备其中的一些关键性条件,有了关键性条件,其他条件创业者可以在企业运转过程中,通过市场化方式获取。

第二节 创业团队的建立

创业团队是指目标共同、责任分担、能力互补,一起从事创业活动的两个或两个以上的个体所组成的团体。随着行业竞争的日趋激烈,团队创业已成为一种普遍现象。

一、创业团队的组建方式

创业团队的组建方式一般有两种。

第一种方式为领队创业方式,即单个人形成创业设想再组建创业团队。第二种方式为小组创业方式,即先组建创业团队,再选择创业项目。

(一)领队创业方式

领队创业方式一般先由一个创业者产生了创意,或有了想创业的念头,由其倡导,并作为团队结构的核心领导者,组建的一支创业团队。

单个创业者拥有的资源是非常有限的,实际创业中需要的资源是多样的。所以,核心领导者必须寻找能够带给他所缺乏资源的合作者。

创业团队的核心领导者应该能够对创业过程中可能出现的问题做出决策判断,使团队的决策程序简化、决策效率提高。

(二)小组创业方式

小组创业方式是指几个人在一起组成创业团队。大家一块共同挖掘创业资源,搜寻创业机会,从大家的多种创业设想中找出最适合的创业机会,进而共同创业。

创业团队各成员可根据各自的专业特长和能力优势进行职责分工,团队中没有十分明确的核心领导者,主要以协作为主,相互支持。这种创业方式应该由全体成员推选出一名领袖,围绕核心领形成一股合力。否则,难免出现团队成员的松散低效状况。

二、组建创业团队的注意事项

合理组建的创业团队能有效地解决创业过程中的许多问题,对于创业成效有着非常重要的量影响。在组建创业团队的过程中应注意以下几个方面。

(一)保持团队成员的差异互补性

创业团队的成员之间应存在着年龄、专业背景、经验、性格和价值观,以及认知水平、模式等的差异。创业团队所具有的这种差异性多元化因素的特点,容易使思维在创业中相互撞击,迸发出火花,对创业产生正面的影响。

只有这种差异互补的团队,才能充分发挥组织的最大潜能,其创业成功的潜能才会更大。在团队人员的配置上,创业者应注意不同队员的性格和分析问题的不同角度。一般而言,如果团队里总能有提出有建设性、可行性建议的成员,和不断发现问题的批判性成员,这对创业的成功将是很有帮助的。但是,团队成员之间的差异性也不能太大,否则,会影响团队成员对项目的理解和执行,不能让团队成员之间实现优势互补。

因此,大学生应该组建一支具有差异互补性的创业团队,吸收不同专业、不同性格、不同年龄的成员加入,尽量保持团队的多元化。但要注意的是,大学生创业者应在创业中坚持和倡导相互学习、相互协作、相互包容,否则,容易因差异性而产生矛盾。

(二)保证团队结构的合理性

在选择创业团队成员时,创业者必须注意个人的专业知识结构,要求团队成员应尽可能地具有不同的专业知识,能够胜任不同的工作岗位。这样,才能形成一个结构合理的团队。

一般来说,科学的创业团队至少应包括以下六种角色。

1. 单一的核心领导者

创业团队中的带头人作为核心人物,是团队中能够让别人尊敬和信赖的领袖人物,具有远见、威望、魄力和决断力的人。创业团队不能出现两个核心人物,否则,会导致出现各种矛盾,以致整个创业团队涣散。

团队领导者应当具备良好的人格,较强的决断能力,以获得众多的人脉资源;有较强的策划能力,能够全面周到地分析问题,根据企业面临的机遇与风险,考虑投资、收益的来源并预期收益;有独到的战略眼光与识别力,能够快企业未来的发展方向,是企业战略的决策者;能够把成员团结起来,为实现既定目标努力奋斗;具备担当精神,面对困难敢于承担责任,履行好自己应尽的义务。

2. 核心技术人才

企业离不开技术,开发业务必须依靠先进的技术。这意味着企业需要拥有高水平的核心技术人才。尤其是在高科技企业中,具备高端技术知识的人才,往往引领企业的技术进步,成为技术革新的主体。他们掌握了较高的专业研发技能,拥有较高的人力资本存量,决定着高技术企业在同行中的优势地位。所以,创业团队离不开核心技术人才的加盟。

3. 行业资深人士

行业资深人士一般具有多年的本行业工作经历,是行业专家,对本行业发展历程有非常深入的了解。组建创业团队时,最好邀请专业经验丰富、真正了解行业的专业资深人士加盟,因为他们能够为新创企业提出有价值的建议,能够提升企业的整体生存运作能力。

4. 市场销售人才

市场销售人才是那些懂得如何把产品卖给客户的人。他们直接与市场打交道,能制定科学的销售决策,开辟稳定的销售渠道,保证各种产品销售顺畅,在市场中获胜。市场销售人才具有较高的营销能力,能够顺利完成企业制订的销售计划,并对外树立和宣传企业的良好形象。

5. 计划执行人员

一个成功的创业团队,还需要执行能力较强的成员,使工作任务能够保证质量地完成。团队中如果没有可靠的执行者,工作就不会切实地执行,或者执行不到位,企业的工作计划就会落空,既定的工作目标便无法实现。

6. 财会核算人才

企业是一个以营利为目的的经济主体,这就要求创业团队中要有一位成员全面负企业的财务会计工作,分析和检查企业的财务收支状况与预算的实施情况;审核企业员工个体的单据,办理日常的会计业务。

以上是在一般情况下创业团队所要具备的角色。但在团队组建之初,以上各方面成员不一定要全部配齐,可以根据企业运行的实际情况进行配备。必要时,一个成员可以兼多个职能。

(三)提高团队的运作效率

创业者在组建团队时应从战略的高度出发,搜寻那些未来企业发展所需要的人才,组建一支技术好、素质高、工作效率高的队伍。科学合理地调动和激发团队成员的积极性,将企业人力资源优势转变为企业员工之间的激励竞争优势,在企业的启动及运营过程中发挥重大作用。这样的团队可以向着同一方向高效率的工作,减少团队运营中的内耗等一系列问题,从而大大提升企业运作的效率。

四、创业团队的管理

创业者不仅要组建高效的创业团队,还要懂得管理团队,把团队成员团结在一起,实现团队的高效运作。

(一)打造团队精神

团队精神是新创企业的企业文化,也是团队成员的精神支柱。团队精神能充分调动整个团队成员的意识,使大家互相支持理解,为实现团队目标服务。和谐向上的团队精神,是团队管理的灵魂,一个没有团队精神的团队,一切美好目标和愿望都将付诸东流;一个没有团队意识的员工,无论学识有多高、技术有多精,对企业来讲都是"零"。所以,对于初创业者来讲,应高度重视团队精神,着力打造团队精神。要培养团队成员的敬业精神,建设学习型、竞争型团队,形成团队精神;要培养共同价值观,塑造团队文化。

(二)制定团队发展目标

创业团队是一个为了实现共同目标而一起工作的群体。个人目标与团队目标是密切联系、不可分离的,团队目标也是每个成员的工作目标。团队管理者应通过团队目标的制定,让团队成员明确工作的意义,让团队成员有清晰的行动方向,增强其对目标的认同感。

团队成员根据团队的总体目标才能确定自己的个人目标,提高自己对创业活动过程的参与程度。当团队发展总目标确定后,创业者应对团队总目标进行有效的分解,将其转变为团队各成员的分目标,总目标与分目标可以作为一定时期内对成员工作完成情况进行考核和评价的依据。所以,制定团队发展目标也有助于对团队成员进行有效管理。

(三)明确团队成员的职责分工

团队工作的完成需要多个成员配合协作。对于初创的创业团队,人员的分工一定要适当,不宜过细,也不宜过粗。分工过细往往会导致工作环节增加,流程烦琐。分工过粗往往会导致很多事情不分彼此,权责不明。所以,科学的团队管理对团队成员一定要有适当的分工和明确的职责划分。

(四)建立团队激励机制

新创团队一定要建立一个科学的团队激励机制,包括业绩评估体系和员工激励办法。科学的激励机制在团队管理中能激发成员的工作动机,调动成员的工作积极性。业绩考核必须与个人的能力、团队的发展、工作职责和获得的成绩结合起来。成功的绩效管理不仅要注重个人的绩效,还要注重其在团队发展中的整体贡献和表现。

同时,新创团队还必须制定一个科学的员工激励办法,对有突出成绩的团队带头人和团队成员给予相应的支持与鼓励,能够营造一种竞争性的政策环境。由于不同的员工有着不同的需求,即使是同一个员工在不同的时期也会有不同的需求。因此,激励的方式应该多样化,可以是物质激励,也可以是精神激励。

第三节 制订创业计划书和开业准备

一、制订创业计划书

当创业者具备了创业的基本条件,即将开始创业前,还应该制订一个切实可行的创业计划。

创业计划书是创业者计划创立业务的书面概要。它详细记载了创业的内容和构想,是创业者将自己的创意转化为现实企业的可行性报告。

制订创业计划书的过程,同时也是创业者清理自己的创业思路的过程。在制订创业计划书的过程中创业者要考虑到创业过程中可能遇到的种种问题,包括资金问题、管理问题、人力资源及市场营销问题等,对这些问题,创业者事先必须有一个系统的规划。这个规划就应体现在创业计划书中。同时，创业计划书还可以帮助创业者明确企业的发展目标和经营模式，向投资者和合作伙伴展示企业的发展机制、潜力和前景。

一般创业计划书应包括如下内容。

1. 执行总结

执行总结是整个创业计划的概括，它是创业计划书的第一部分内容，涵盖了整个计划的要点。这一部分书写时一般要简明扼要，以求一目了然，使读者能在最短的时间内评审并做出判断。

执行总结部分的内容，主要包括项目概述、市场前景描述、目标市场预测和描述、企业团队概述、竞争态势分析、企业运营特色及盈利能力预测。这一部分内容要突出企业的特色之处，及获得成功的市场因素。

2. 企业概述

这一部分主要是对创业企业的概况做一个描述。描述的内容包括：

（1）明确企业的法律组织形式，即是个人独资、股份制还是其他组织形式。

（2）表述企业发展目标和企业文化内涵。企业的发展目标是企业发展的动力，也是企业员工的奋斗目标。企业文化是企业的灵魂，是凝结企业全体员工的精神力量。所以，作为一个新创企业，企业目标和企业文化的建设十分重要。

（3）介绍企业组织结构。明确企业内各层管理者团队成员之间的责、权、利关系。介绍企业内组织结构状况及相互之间的重要关系。

3. 产品（服务）介绍和市场分析

（1）产品（服务）分析。企业生产或提供的产品（服务）的质量、实用性及市场前景，是企业发展的关键性所在，也是企业投资者投资项目评估时，最关心的问题之一。因此，企业产品（服务）介绍是创业计划书中非常重要的一部分。在介绍产品（服务）时，一方面，应详细说明产品或服务的用途和功效，另一方面，也要突出本产品或服务的个性特点，如有同类产品或服务，应该予以比较，以此显示出本产品或服务的独到之处。

（2）市场分析。创业者的产品或服务是否能够成功，最终只能取决于市场。所以，在创业计划书中，市场分析是很重要的一部分内容。市场分析一般包括产业定位分析、目标市场分析、竞争分析。

1）产业定位分析。主要是分析创业者创办的新企业，在所属产业中的市场定位。

主要应考虑这几个方面的问题:第一,该产业目前在市场中的发展状况。第二,该产业目前市场占有额是否饱和,还有哪些市场空缺。第三,进入该产业的准入条件分析。这些分析能帮助创业者确定企业,以及产品或服务,在市场中的定位。

2) 目标市场分析。任何一种产品或服务都针对的是特定的消费群。所以,创业者在对市场有了一定的了解后,应将目光放在目标市场上,锁定特定的消费群。目标市场的确定直接关系到一个企业的定位和生产经营的方向。所以,在创业计划书中,应详细地分析所确定的目标市场情况,分析锁定消费群体的消费特点、习惯等。

除了确定目标市场,锁定消费群体外,还应该对目标市场及其他潜在市场的市场容量做一些分析。所谓市场容量是指企业产品或服务的直接目标市场和潜在市场的总和。

市场容量能够提供市场对企业产品或服务的总的消费能力,对企业生产及销售量的规划具有重要的参考价值。市场是一个没有终止的动态过程,一般对当前市场容量做出预测的同时,还应该对市场做一些动态的前景预测。这样,更有利于企业的长远规划。

3) 竞争分析。对于企业而言,竞争是不可避免的,竞争能促使一个企业强大,也会给企业带来风险。所以,创业者在创业之初,对自己的竞争对手应该有一个充分的了解。

首先,创业者应确定竞争对手,了解竞争对手的情况。不仅要注意直接的竞争者,还应注意间接的竞争者。

其次,对被确定为竞争对象的现存企业,要进行详细的分析(包括其经营的产品或服务的类型、质量、价格及企业的经营方式等方面),把自己的运作计划与竞争者的进行比较,看自己是否有一些比较优势,在同样的市场容量下,是否能够支撑你和你的竞争者从中获利,或者虽然市场不足以支撑起所有的竞争者,但是,与竞争者相比,你的企业是否更有效率。

再次,同时,还要对近年来一些成功和倒闭企业的成功和失败的原因,做一些调查和分析。

通过对竞争对手进行全面、彻底的调查和分析,可以从中获取一些有价值的信息,做到知己知彼,这样,在以后的市场竞争中,才能立于不败之地。

4.企业团队分析

企业团队分析包括企业管理团队每个核心成员的简介,包括其工作经历、教育背景和主要成就等。

5.经营计划分析

这一部分主要分析企业的日常经营管理及营销计划。

一方面,应对企业的产品生产(或提供服务)过程的具体经营管理和操作运营、企业计划存货及产品质量监测等日常经营管理计划做详细的描述。

另一方面,还要制订详细的企业营销计划。营销是企业经营中最具有挑战性的环节之一,一个好的营销策略往往能成就一个企业。

在制定营销策略时应考虑的因素包括:产品或服务的特点;目标市场消费群的消费特点;营销成本和营销效益等因素。

对于刚起步的企业来说,由于企业和产品(或服务)的知名度低,很难一下子获得一个稳定的销售渠道。所以,新创企业在创业之初往往采取高成本、低效益的营销战略。比如,推销、商品广告等。一般制订创业计划时,营销策略应包括营销渠道的选择;促销计划;广告策略;价格策略;营销队伍及管理等内容。

6.财务状况分析

计划的这一部分,包括企业的财务需求状况、财务预测等内容。

财务需求状况分析,主要指对企业在未来三五年的资金需求及其使用做出规划。如果有可能,要尽量在创业计划中,提供一个所需资金的投入时间表,阐明不同时间企业发展可能需要追加资金的数量,及其可能给企业带来的发展。

财务预测是指预测企业在近几年内的收益、资产负债及现金流量等动态财务状况,旨在明确企业的财务生存能力。

创业计划中的财务预测,应该建立在现实预测的基础上,过高或过低的预测,都不利于企业的发展。

7.风险预测

创业者在制订创业计划书时,还要尽可能全面地分析到未来企业发展可能存在的各种风险性因素。

新企业可能面临的一些关键性风险因素，包括财务、技术、资金、管理、竞争、市场等方面的风险。创业者必须勇敢地面对这些未来的风险，并制订出应对或规避风险的应急计划，而不能采取视而不见的态度。

二、开业准备

当创业者具备以上基本条件后，就可以准备开业了。一般在开业前要做好以下一些准备工作。

(1)选择地址。要根据所创办企业的行业特点，来选择企业地址，不同行业的企业选址要求不同。一般创办企业在选址时应考虑这几个方面的条件。

1)是否具备企业开工所需的基本条件。如种植业项目要有土地，养殖业项目要有水等。

2)市场条件。包括目标地区的经济状况，人口结构特点，人们的生活水平，目标消费人群的消费水平，该行业在该地区的发展状况，及行业竞争状况等。

3)成本条件。包括办公地点或生产厂房的租金情况，该地区务工人员的工资水平，及创办企业所需的其他配套设施或服务的成本价格水平。

4)交通及其他生活条件。便利的交通和成熟、方便的生活设施和环境，往往也会成为企业选址的一个重要条件。

5)环保及政策性条件。如果所选项目属于污染型行业或其他一些特殊性的行业，在选址时还应考虑一些环保和其他政策性条件。

总之，企业的地址是企业生存和发展的环境，地址的选择对企业日后的发展影响重大。所以，创业者在开业之前，应多方考察，广征意见，争取为自己所创办的企业选择一个理想的发展之所。

(2)确定企业的名称。企业的名称就是企业的广告牌，如果能给企业确定好的名称，往往会给企业经营带来意想不到的效果。创业者应为自己的公司设计一个独特而新颖的名称。这个名称应既能体现企业的经营理念，又要与众不同、吉祥、响亮、独特、新颖，能起到吸引消费者眼球的作用。确定了企业名称，到工商局注册的时，还要核实该名称是否有重名(由工商局在其内部网站上检索核实)，如没有重名，就可以使用这个名称。

(3)注册公司。到工商局注册之前，首先应编写好公司章程(按照工商局在网站上设置的"公司章程"的样本，参照进行修改，确定好的章程最后要有所

第八章 充分做好创业准备 把握时机努力成功

有股东的签名),办理好验资报告(先由各股东带上自己股金、公司章程、工商局核发的核名通知及法人代表的私章、身份证和验资资金、在会计事务所领取的空白银行征询函,到银行开立公司验资户,各股东要按自己的出资额向公司账户存入相应的资金。开立公司账户后,各股东会获得银行发的股东缴款单。然后持股东缴款单、银行盖章后的询证函、公司章程,及核名通知、租赁合同、房产证复印件等到会记事务所办理验资报告),然后到工商局领取并填写各种相关表格,填好后把这些表格同验资报告、公司章程、核名通知、租赁合同、房产证复印件一起交予工商局,待其审核后颁发营业执照。

(4)办理组织机构代码证和税务登记证。新办企业在办完工商登记后,可凭营业执照到技术监督局办理组织机构代码证。

办理组织机构代码证一般需要十几天的时间,为了方便企业办理其他手续,技术监督局会先给新办企业发放一个预先受理代码证明文件,企业可凭此文件办理后面的税务登记证等相关手续。

企业在领取营业执照,办理了组织机构代码证(或取得技术监督局发放的预先受理代码证明文件)后,凭此二证件一月内到当地税务局申领税务登记证。税务登记证用于申请减免退税、购领发票等税务事宜。可凭营业执照、税务登记证和税务机关的专用介绍信,到公安机关指定的刻章点刻公司公章、财务章。

(5)办理其他手续。除以上手续外,创业者在开业之初还需办理一些其他的手续,包括银行开户,申领发票等。开立银行账户主要包括选择、申请开户行、购领结算凭证(如现金缴款单、信汇单、支票等)等;在申领发票时,要注意公司的业务性质。如果公司是销售型业务,应到国税局领取发票;如果是服务性质的公司,则到地税部门领取发票。

【小贴士】

不同类型的企业开业办理各种证件的条件和程序:

1.个体工商户营业执照

(1)从事个体工商业经营的个体或者家庭,申请人应当持户籍证明(本人身份证)、职业状况、场地证明等有关材料,向经营地的工商行政管理机关申请登记。经县级工商行政管理机关核准登记领取营业执照后,方可营业。

(2)国家法律、法规规定经营者需要具体特定条件或需经行业主管部门批准的,应当在申请登记时提交有关批准文件。

2.文化娱乐项目

申请开办文化娱乐经营项目的单位提出书面申请,同时,需出具以下证明文件:

(1)办文化娱乐经营项目场所及经营理由的书面报告;

(2)申请单位上级主管部门的证明文件(无主管部门的应注明单位经济性质);

(3)场所负责人的有关证明资料;

(4)设施、设备资料;

(5)管理机构及人员配备资料;

(6)经营场所房屋使用证明。

3.书刊零售经营许可证

申办单位或个人按所在辖区的范围,向辖区文化行政管理部门提出申请,同时,附上经营场所有效的材料证明(使用房屋的证明材料);辖区文化行政管理部门对经营场地察看后,符合条件的发给文化经营许可证;经营户持文化经营许可证,到所在地工商行政管理部门申办营业执照。

4.公众电脑屋

公众电脑屋经营活动是指运用计算机网络进行浏览、查询、登录等服务的经营性企业和个体工商户,均实行安全许可、资质认证、登记注册制度。办理程序如下:

(1)到市级工商行政管理部门申办企业名称预先核准通知书;

(2)到市级公安局计算机管理监督部门进行安全培训,申办市公众电脑屋安全许可证;

(3)到市级信息化工作领导小组办公室申办公众电脑屋资质认定手续,审核合格后,颁发统一制作的省级公众电脑屋行业资质证书;

(4)到工商行政管理部门申办工商登记注册手续。

5.餐饮旅店业等级证办理程序

(1)经营者持有效证明到市级物价局领取有关申请表;

(2)经营者按申请表所列内容认真填写后交回物价局;

(3)物价局按企业申报表填写内容和要求派员进行实地勘察,在此基础上

进行综合评审;

(4)市级物价局按实评结果发给经营者相应等级证。

6.药品经营许可证(零售)

(1)申办人向拟办企业所在地设置的市级(食品)药品监督管理机构,或省、自治区、直辖市(食品)药品监督管理部门直接设置的县级(食品)药品监督管理机构提出筹建申请,并提交以下材料:①拟办企业法定代表人、企业负责人、质量负责人的学历、执业资格或职称证明原件、复印件与个人简历及专业技术人员资格证书、聘书;②拟经营药品的范围;③拟设营业场所、仓储设施、设备情况。

(2)(食品)药品监督管理机构自受理申请之日起 30 个工作日内,依据相关规定对申报材料进行审查,做出是否同意筹建的决定,并书面通知申办人。不同意筹建的,应当说明理由,并告知申办人依法享有申请行政复议或者提起行政诉讼的权利。

(3)申办人完成筹建后,向受理申请的(食品)药品监督管理机构提出验收申请,并提交以下材料:①药品经营许可证申请表;②工商行政管理部门出具的拟办企业核准证明文件;③营业场所、仓库平面布置图,及房屋产权或使用权证明;④依法经过资格认定的药学专业技术人员资格证书及聘书;⑤拟办企业质量管理文件及主要设施、设备目录。

(4)受理申请的(食品)药品监督管理机构,在收到验收申请之日起 15 个工作日内,依据开办药品零售企业验收实施标准组织验收,做出是否发给《药品经营许可证》的决定。不符合条件的,应当书面通知申办人并说明理由,同时告知申办人享有依法申请行政复议或提起行政诉讼的权利(具体内容见《药品经营许可证管理办法》)。

第四节 大学生创业常见风险和防范技巧

创业是一条艰辛之路,大学生创业是一种机会。但是,其中也不乏风险,在一些大学生创业的过程中,也显现出了一些问题。

一、大学生创业可能面临的风险

与社会上一些比较成熟的创业者相比,大学生创业者在管理技能、行业经验方面往往存在一些局限,面临一些风险。

大学生创业的风险主要有以下三个方面。

（一）市场风险

市场风险包括选择创业项目风险和市场竞争风险。

创业项目是创业的核心，创业项目的选择是创业成功与否的关键。是否能选择一个既有能力开拓，又符合市场需求的创业项目，是大学生创业者面临的一个风险选择。

市场竞争是任何一个企业所必须面对的一个事实。所以，如何面对竞争是每个企业随时都要考虑的问题。新创企业更是如此，竞争风险成为创业者面临的另一个市场风险。

一些大学生在创业之初往往缺乏市场经验，也没有进行充分的市场调查，在创业项目选择、市场竞争分析等方面，往往缺乏科学的风险估测和应对策略。在创业项目选择方面，一些大学生创业者可能会表现出眼高手低的问题。不屑于从事一些投资和风险较小的项目，如服务业或技术含量较低的行业，而片面选择一些启动资金大、创业风险和竞争压力较大的高科技创业项目。由于缺乏对市场和自身能力的了解，创业期望值过高，起点过高，这样很容易失败。在市场竞争方面，如果创业者选择的是一个竞争激烈的行业领域，则在创业之初就有可能受到同行的强烈排挤。因此，作为新入市的企业应充分熟悉市场，了解行业内各企业的经营发展状况，做好应对同行间竞争的准备。

（二）管理风险

许多创业者之所以创业失败，就是管理方面出现了问题。大学生创业者大部分时间是在学校接受教育，经验不足，不熟悉企业的管理规则。在创业过程中，管理方面承受的风险更大，包括决策风险、团队管理风险、融资风险、创新管理风险等。

决策是任何企业管理者不可回避的行为，任何决策都有一定的风险。所以，决策者在决策前一定要认真考虑，仔细斟酌，科学决策。切莫患得患失，优柔寡断。

团队是企业诞生和成长过程中最主要的力量。一个优秀的团队能使企业快速地成长起来。但同时，风险也蕴含在其中。团队的力量越大，其管理过程中产生的风险就越大。其中，主要包括团队核心人才流失的风险和团队决策的风险。企业的核心人才往往是企业研发、生产或经营的骨干,是企业发展的人力资源基础。任何企业团队都有这些人员流失的风险存在。所以,在企业管理中,防止这些专业人才或业务骨干流失,应当是企业团队管理和建设中应注意的问题。团队决策风险主要表现在企业管理的核心成员在管理的某些问题的决策上产生分歧,意见不能达成一致时,对企业发展产生的风险。

融资风险在创业初期会一直伴随着创业者。其中,是否有充足的资金支持企业正常运转,是创业者首先要考虑的问题。常常会有一些企业在创业之初因资金紧张而影响企业业务的拓展,甚至有些因此而走向倒闭。其次,融资渠道单一,企业资金链薄弱的风险性,也是创业者面临的问题。初创业者在创业过程中遇到的难题之一就是筹资难。

许多大学生创业者都是通过银行贷款或亲友帮助的渠道进行筹资,筹资渠道单一,这就使企业资金链的运转不稳定,存在一定的风险。所以,大学生在创业期间应广开渠道,除了常用的筹资方式外,还可以充分利用风险投资、创业基金等其他渠道进行融资。

创新管理指企业在管理过程中要不断创新,逐渐形成企业自己的核心竞争力的过程。一个企业在管理上是否有不断地创新,是否拥有自己的核心竞争力,这是一个具有长远发展目标的企业应该重视的地方,也是企业创新管理风险之所在。一个依靠别人的产品或服务来发展的企业是永远不可能长期立足于市场之中的。

(三)创业心理风险

创业心理风险指创业者团队内在的风险,表现比较突出的主要有:投机心理、侥幸心理、依赖心理、盲目跟风心理、急于求成心理、随意变换心理等。这些风险往往会给创业带来重大的打击。

二、大学生创业风险防范技巧

面对诸多的创业风险,大学生创业者应该掌握一些防范技巧,使创业之路走向成功。

(一)理性规划创业,科学选择项目

大学生创业者对于创业本身,要有一个实事求是的认识。既要认识到创业可能带来的收益,更要认识到创业过程中存在的风险。

所以,创业者应当提前给自己的创业生涯做一个理性的规划,全面而充分的估测创业过程中可能遇到的问题,并规划相应的应付措施。要实际客观,避免只凭主观臆想的纸上谈兵。

创业项目的确定对创业本身至关重要,创业者应持有实事求是的科学态度。创业者应在充分考察自身条件和市场条件的情况下,确定自己的创业项目。既不要好高骛远,也不要迷信热门,更不要盲目投资,而应该脚踏实地,实事求是,在充分考察市场实际的基础上,结合自己的实际情况,确立科学的创业项目。一般来讲,刚起步的大学生创业者,资金实力较弱,人手配备、管理经验等尚为欠缺,所以,选择从小本经营做起,比较合适。

(二)保持良好心态,提升管理水平

创业是一个艰苦的过程。失败和挫折是创业者在创业过程中,随时都有可能遇到的事情。所以,要创业就不能害怕挫折,而要勇敢面对失败。创业者应该要有一个和平的创业心态,不要急功近利,急于求成,"一口吃个胖子"。面对挫折和失败,应保持一个健康、良好的心态,及时总结、反省,吸取教训,汲取经验,增强自身的创业能力,提高创业成功率。

大学生创业者虽然拥有一些专业技术,但是,缺乏必要的企业管理经验,在营销、理财、团队管理等方面的能力普遍不足。所以,大学生创业者应在创业实践中,不断努力提升自己的管理水平,创新管理体制,凝练团队精神,形成企业的核心竞争力。

(三)先求生存,再谋发展

在企业发展的具体步骤上,创业者应先扎好根基,先求生存,再谋发展,切忌好高骛远,不切实际。

在企业的长远发展上,创业者应放眼长远,确立一个企业的长远宏图。从小企业做起,脚踏实地,按部就班,一步一个脚印,抓机会,促发展,最终实现企业的长远目标。

【案例】

创业需要一个团队

小李毕业于一所医学院校,所学的专业是药学。毕业后在一家医药公司做了一年的医药代表。一年后,从公司中跳槽出来开始自己干,做起了医药代理商。刚起步时,资金比较紧张,所以,小李没有雇佣员工,自己既当老板,又兼采购员和销售员,干得挺不容易,他代理的药品主要赊销给几家小药店,别

的大药店不接受他的药品。

一次,小李终于遇到一个商机:他一直公关的两家大药店向他打来电话,要一批消毒液和抗病毒口服液。接到这个消息后,小李立即赶往一家药厂去采购消毒液。当他到达厂里时惊呆了,由于当时爆发了禽流感,前来采购消毒液的人很多,在药厂门前排起了长队。看着这阵势,小李没有别的办法只能加入了排队提货的大军中,耐心等待。从头天早上7点一直到第二天凌晨2点,整整花了19个小时,小李终于购到了一车消毒液,当他迅速把这车消毒液批发出去,马不停蹄地赶到另一家药厂批发抗病毒口服液时,口服液已脱销。而借助提供消毒液的机会,小李把自己的药品做进了那家大药店。

这件事后,小李深深认识到:创业单靠自己单打独拼是不行的,必须要有一个团队,假如他这次还有一个员工帮他,那他就不会丢失另一个机会了。

现在,小李公司的员工已达到30多人。在管理上,小李特别注重公司新员工的招聘和培训,加强公司团队建设,生意越做越大,小李反而比以前更轻松。

创造力测评

测验时,只需在每一句话后面,用一个字母表示同意、不同意或不清楚。A代表同意,B代表不同意,C代表吃不准或不清楚。必须准确、诚实作答:

(1)我自认为是正确的事,比力求博得别人的赞同重要得多。

(2)我认为合乎逻辑的、循序渐进的方法,是解决问题的最好方法。

(3)无论什么事情要我产生兴趣,总比别人困难。

(4)我认为,只提出问题而不想获得答案,无疑是浪费时间。

(5)有时,我在小组里发表的意见,似乎使一些人感到厌烦。

(6)我花大量时间来考虑别人事后怎么看我的。

(7)我不做盲目的事,也就是我总是有的放矢,用正确的步骤来解决每一个正确的具体问题。

(8)有时我对事情过于热心。

(9)我需要的刺激和兴趣比别人多。

(10)解决问题时,我分析问题较快,而综合所收集的资料较慢。

(11)我能坚持很长一段时间来解决难题。
(12)我不尊重那些做事似乎没有把握的人。
(13)在特别无事可做时,我倒常常想出好主意。
(14)在解决问题时,我常常单凭直觉判断正确或错误。
(15)我知道如何在考验面前,保持自己内心的镇静。
(16)有时我打破常规去做我原来并未想到要做的事。
(17)在我一生中,我一直在追求着名利和地位。
(18)我能与我的同事或同行们很好地相处。
(19)我喜欢客观而有理性的人。
(20)如果要我在本职工作之外的两种职业中选择一种,我宁愿当一个实际工作者,而不当探索者。
(21)幻想促进了我许多重要计划的提出。
(22)我有较高的审美感。
(23)我有搜集东西的兴趣。
(24)我喜欢那些坚信自己结论的人。
(25)我不满意那些不确定和不可预计的事。
(26)争论时使我感到高兴的是,原来与我观点不一致的人,变成了我的朋友。即使牺牲我原先的观点,也在所不惜。
(27)一个人的自尊比得到别人的敬慕更重要。
(28)我乐意自己一个人整日"深思熟虑"。
(29)我往往避免做那种使我感到"低下"的工作。
(30)在评价资料时,我觉得资料的来源比其内容更重要。
(31)灵感与成功无关。
(32)我喜欢一味苦干的人。
(33)我更大的兴趣在于提出新建议,而不在于设法说服别人接受建议。
(34)我觉得力求完美的人是不明智的。
(35)在生活中,我常碰到不能用"正确"或"错误"来加以判断的问题。
(36)我喜欢那种对别人产生影响的工作。
(37)我宁愿和大家一起工作而不愿意单独工作。
(38)对我来说,"各得其所""各在其位"是很重要的。

(39)我对"这可能是什么"比"这是什么"更感兴趣。
(40)许多人之所以感到苦恼,是因为他们把事情看得太认真了。
(41)即使遭到不幸、挫折和反对,我仍然能对我的工作保持原来的精神状态和热情。
(42)我不喜欢提出那种显得无知的问题。
(43)我对"我不知道的事"比"我知道的事"更感兴趣。
(44)那些使用古怪和不常用词语的作家,纯粹是为了炫耀自己。
(45)一旦任务在肩,即使受到挫折,我也要坚决完成。
(46)纵使没有报答,我也乐意为新颖的想法花费大量的时间。
(47)我认为"出主意很了不起"这种说法是中肯的。
(48)想入非非的人是不切实际的。
(49)我经常为自己在无意中说话伤人而闷闷不乐。
(50)从下面描述人物性格的形容词中,挑选出10个你认为最能说明你性格的词。

实事求是的	有说服力的	精神饱满的
有主见的	不屈不挠的	高效的
束手无策的	足智多谋的	感觉灵敏的
虚心的	有献身精神的	有独创性的
性急的	谨慎的	乐于助人的
老练的	坚强的	有克制力的
有朝气的	自信的	时髦的
观察敏锐的	有远见的	机灵的
创新的	有组织力的	有理解力的
思路清晰的	脾气温顺的	爱预言的
拘泥形式的	不拘礼节的	铁石心肠的
热情的	易动感情的	精干的
讲实惠的	一丝不苟的	谦逊的
严格的	自高自大的	无畏的
复杂的	漫不经心的	柔顺的
好奇的	泰然自若的	渴求知识的

实干的　　　　　　　　孤独的　　　　　　　　善良的
好交际的　　　　　　　不满足的　　　　　　　严于律己的

计分标准

计算上述1~49题的总分,参见下表。

题号	A	B	C	题号	A	B	C	题号	A	B	C
1	3	0	−1	18	0	1	2	35	2	1	0
2	−2	0	3	19	0	1	2	36	1	2	3
3	4	1	0	20	0	1	2	37	0	1	2
4	0	1	2	21	3	0	−1	38	0	1	2
5	2	1	0	22	3	0	−1	39	2	1	0
6	−1	0	3	23	0	1	2	40	2	1	0
7	0	1	2	24	−1	0	2	41	3	1	0
8	3	0	−1	25	0	1	2	42	0	1	3
9	3	0	−1	26	−1	0	2	43	2	1	0
10	−1	0	2	27	3	0	−1	44	−1	0	2
11	4	1	0	28	2	0	−1	45	3	1	0
12	0	1	2	29	0	1	2	46	3	2	0
13	2	1	0	30	−2	0	3	47	0	1	2
14	4	0	−2	31	0	1	3	48	−1	0	2
15	−1	0	3	32	0	1	2	49	−1	0	2
16	2	1	0	33	2	1	0				
17	0	1	2	34	−1	0	2				

第50题的计分参考如下:

下面每个形容词得2分:

精神饱满的　　　　　不屈不挠的　　　　　观察敏锐的

足智多谋的	柔顺的	有主见的
有献身精神的	有独创性的	感觉灵敏的
无畏的	创新的	热情的
有朝气的	好奇的	严于律己的

下面每个形容词得1分：

自信的	有远见的	不拘礼节的
一丝不苟的	虚心的	机灵的　　坚强的

其余：0分。

结果说明

如果你的分数在110～140分间，说明你的创造力非凡；

如果你的分数在85～109分间，说明你的创造力很强；

如果你的分数在56～84分间，说明你的创造力强；

如果你的分数在15～55分间，说明你无创造力。

第九章　尽快完成角色转换　稳步成就职业人生

成功＝艰苦的劳动＋正确的方法＋少谈空话。

——爱因斯坦

读一读

新人如何尽快适应新的工作环境

身在职场，周围各种复杂的人际关系，无疑给职场新人们带来了很大的压力。那么，办公室关系有哪些禁忌，新人们该如何应对呢？

在此，对职场新人特别提炼出职场中的五大"雷区"，新人须重点防范。

雷区1：一争高下，图口舌之快

很多人都希望自己口才出众，一语中的，以显示自己犀利的语言、睿智的思想。但在办公室，却没有人喜欢和自己辩论的人。

上司希望下属对自己的决策无条件服从，前辈希望新人对自己尊重。新人初来乍到，与他们辩论，无疑是挑战他们的尊严与威望。

一般而言，办公室的事没有绝对的正确与否，只有看法不同而已。跟上司争，即使你争赢了，试问你将上司的面子和尊严置于何处？而跟同事辩论，往往也只是图口舌之快，很容易因此埋下失和的祸根。

有一次，阿翔为该不该给路边的乞丐零钱，而跟另一个同事发生了争执。阿翔坚定地认为，乞丐全因懒惰，不该同情；同事都认为，阿翔的价值观有问题，缺乏爱心，私下里对他都颇有微词。

实际上，在办公室辩论，并无真的输赢。表面上赢了，实际上可能是惨败。最好的做法就是：不辩论，用事实说话。

雷区2：斤斤计较，令关系紧张

斤斤计较在人们心目中就意味着小气、是非，没有人愿意与这样的人交往过密。虽然这是一种极为隐蔽的心理活动，但是，它却直接影响人的言行，因此，容易被人察觉，并留下深刻的印象。斤斤计较与工作能力没有直接关系，但计较的频率和程度却与人际关系的好坏成反比。

在办公室,虽然每个人都有各自的分工,但有些工作是边缘性的,也有些工作是临时性的任务。

如果你坚持这工作不属于自己的职责范围而袖手旁观,那么,你就会站在所有人的对立面上了,往后的关系会很难相处。计较会产生对等效应,你与别人计较,别人也会跟你计较。

晏子去年春节前为了自己婚房和婚礼的事,已有半年都没有参加过周末值班了。年后一切如常,在排周末值班时,同事重新加上了她,没想到,晏子说什么也不再参与周末轮值。自此,同事们对她敬而远之。

其实:世界上本就不存在绝对公平。把眼光放得长远一些,别太过于计较,也许好事就会不期而遇。

雷区3:交浅言深,授他人以柄

与人相处,忌交浅言深,尤其是在办公室这种人员密度大、利益纠葛的复杂之处。对于缺乏涉世经验的职场新人来说,要重点提防某些"过分热情"的同事。

晶晶刚到新公司,发现大家都是客气有加,热情不足,唯有张姐最热心、最亲切。午休或上下班赶在一起走,张姐总是热情给她介绍公司的情况,以及同事们的脾气性格,还提醒晶晶注意各种关系。

晶晶初来乍到,自然把张姐当"知心姐姐"。于是碰到什么不顺心、不服气的事,统统向张姐倾诉。渐渐地,晶晶发觉办公室里其他人都不爱搭理她,她感到很纳闷。

一天,晶晶听见隔壁茶水间张姐跟另一个同事说:"新来的晶晶可不是个省油的灯啊,没来几天,就说你傲慢、欺负新人。"

作为刚入单位工作的新人,首先要学会做一个聆听者,在别人面前不要显露冲动的言行,不要让别人抓住把柄。这样,你才能成为办公室的生存者,而非受害者。

雷区4:把玩暧昧,惹谣言四起

办公室恋情常常只是暧昧,并不一定有结果,而受伤的往往是女性。社会学家调查发现,78%的人曾经在工作地点恋爱过,其中47%的人非常失望,12%的人喜结连理。

大部分老板不赞成办公室恋情,75%的管理人员和59%的老板认为,恋爱中的职员工作效率会降低。

社会学家认为,在办公室恋情中,最多的还是失望和不幸,特别是上司和下属之间的恋情,总是会引起同事的嫉妒和怀疑,使许多职员感到领导不重视他们,工作积极性会受到打击。

阿珍在公司做渠道销售,因为性格温和,人也长得漂亮,总经理在谈客户时总爱带着她。时间一长,她渐渐地与总经理的关系走得比较近。去年8月,她被破格提升为渠道业务部经理。对于她的提升,公司同事们风言风语地说,她的提升是靠"潜规则"才得来的。长此以往,她的私生活成了大家工作之余的话题,而她的工作能力也渐渐被"因男女关系而升职"所取代。

对于办公室暧昧关系,从一开始就要拒绝,方式可以是委婉的,但态度一定要坚定。

雷区5:贪图小利,阻仕途晋升

一旦被上司和周围的同事公认为,是贪图小利的人,那么,无论你的工作能力有多强,业绩多么出色,上司也不会将位高权重的职位让你担当。

在培训公司已经坚持了六年的子键是个雁过拔毛的人,但凡公司组织的培训项目中,只要是经他手的钱财,都会有所截留。

为公司采购物品,他要么是虚开发票,要么是索要回扣。再不济也要扣出一部分往家拿。他以为自己做事很隐蔽,但世上没有不透风的墙,只不过大家没有当面揭穿,而在背后议论罢了。所以,他在公司待了六年,与自己同龄的、比自己年龄小的、资历没自己深的、工作能力没有自己强的,都陆续升了职,唯独他原地踏步。

刚入职场的大学生要注意,工作能力是晋升的重要因素,贪图小利是妨碍仕途的致命要害。在办公室,千万别因为贪图小利而损害了名誉。

办公室是一个微妙而复杂的磁场,从来没有"正确""不正确",只有"巧妙""不巧妙"。运用巧妙的语言,你才能玩转办公室人际关系。另外,还要特别提醒,对于想在职场中获得快速晋升的朋友而言,归根结底,还是需要对自己的职业生涯有一个明确的规划。有了方向,你的努力才有目标,效果才会更加明显。

(摘自《中国大学生就业》2010年第9期,作者:向阳生涯职业咨询机构)

大学生毕业走向工作岗位后,面临的最直接的一个问题是,如何从学生角色过渡到职业角色,成为一个合格的职业人。所以,每位就业的大学生应更充分地认识自我,积极地适应社会,尽快完成从学生角色到职业角色的转换,走出良好的第一步,为今后的事业发展和成功奠定良好的基础。

第一节 角色认知和转换

人的一生会扮演各种不同的社会角色,也要经历不同的角色转换过程。其中,学生角色和职业角色是人一生中扮演的两个重要角色,由学生角色到职业角色的转换,在人一生的经历中,占有十分重要的位置。对刚走出校门进入职场的大学生而言,角色转换是一个关键的时刻,应该以积极的态度来认知新角色,顺利完成角色转换。

一、角色认知

即将走向职场的大学毕业生在完成由学生角色向职业角色的转化时,首先,要对这两个角色有一定的认识。一般来讲,这两个角色在社会责任、权利和要求方面是不相同的。

学生角色的主要责任是努力学习,增长知识,发展智力,力求成才。大学生的中心任务是努力学习以专业知识为主的多方面知识,培养以专业为主的各种能力。因此,这是一个接受教育、储备知识、培养能力的重要阶段。而职业角色是以特定的身份去履行自己的职责的。作为一个职业人,往往依靠自己的本领或技能,去为社会服务,完成某个事项。

从社会权利角度来看,学生角色的权利主要是依法接受教育,在经济上主要依靠家庭取得经济生活的保证或资助。

所以,学生角色可以界定为:在社会家庭环境保证下和家庭经济资助下学习知识,培养能力,全面提高自身素质,努力使自己成为社会的合格人才。

而职业角色则往往具有自己的社会职位和一定职权,依法行使职权,开展工作,并在履行一定义务的同时取得相应的报酬。所以,职业角色在经济上是独立的。

从社会要求方面来看,对学生角色所做一些规范要求多是从教育、发展的角度出发,为引导学生德、智、体全面发展,成为社会所需的合格人才而确定的。而社会赋予职业角色的规范、要求,则因职业的不同而不同。一般这些规范、要求既具体又严格,一旦违背了,就要承担一定的责任,甚至法律责任。

综上所述,学生角色与职业角色的不同之处在于,一个是受教育,掌握本领;接受经济供给和资助,逐步完善自己;另一个是用自己掌握的本领,通过具体的工作为社会付出,以自己的行为承担责任,并取得相应的报酬。

二、学生角色向职业角色的转换

根据社会心理学的角色理论,大学毕业生从学生角色到职业角色的转换,必然伴随着角色冲突、角色学习和角色调节等一系列过程。在这个过程中,只有尽早做好准备,形成职业角色观念,提高职业角色技能,增强角色扮演能力,才能使自己的职业生涯有一个良好开端。因此,充分把握好毕业前后的两个阶段,至关重要。

1. 角色转换的第一步——毕业前夕的角色转换

在正常情况下,我国大学毕业生每年7月初离校,奔赴工作岗位。但是,求职工作一般从前一年11月就开始了,前后共有半年多的时间。可以说,这一时期是毕业生转换角色的重要阶段,主要表现在以下两个方面。

(1) 毕业前夕是择业的黄金季节。毕业生通过与用人单位"双向选择"的过程,可以加强对用人单位的了解,合理地确定自己的职业定位,进而通过签订就业协议书,来确定自己的职业角色。

毕业生在被用人单位聘用的过程中,能够比较全面地了解到用人单位的基本情况,切身体会到社会对自己的认可程度,并依据自身感受调整职业期望值,实事求是地定位自己的职业。这是从学生角色向职业角色转化的第一步,这为大学生的职业角色确定了一个基调,对角色的转换将产生深远的影响。

(2) 奠定良好的心理基础和知识技能基础。一般来说,在校期间是大学生最佳的学习阶段。学校的学习环境、学习条件及个人的时间、精力,对于知识的学习和技能的训练,都是最为理想的。因此,毕业生在签订了就业协议书到毕业离校这段时间内,除了按照学校正常教育教学计划完成课程的学习、实习实践和毕业论文外,还应该进行一些有针对性的学习和训练,为转换角色提前奠定良好的职业心理和职业知识、技能。

一般这个时期,毕业生应注意以下两个方面知识、技能的学习和训练。

1) 学习与未来工作岗位有密切联系的专业知识和专业技能。大学课程的设置,总体上偏重于基础知识学习和基本技能的培养,而不一定涉及特定岗位上所需要的专业知识和技能。因此,毕业生在进入职场前,首先有针对性地加强一些与未来工作岗位所需的专业知识和专业技能的学习与训练,将有助于毕业生在工作后尽快融入行业领域,实现角色转换。同时,通过学习和训练,还可以加深对未来职业岗位的认同,培养职业兴趣。

2) 职业发展技能的训练。大学毕业生智力上的相差并不太大,影响大学毕业生就业的更多因素，是一些非智力方面的技能。比如，个人表现力。毕业生不仅要敢于表现自己，而且还要善于表现自己。应克服在公众面前"害羞"和"胆怯"等人格心理方面的不良现象，提高书面表达能力和口头表达能力，这是给人留下良好印象的前提和关键。与人交往诚恳而不谦卑，自尊而不倨傲，不急不躁，以富含感染力的幽默语言，来展示自己的意图和信誉。

3) 进行必要的"受挫"心理准备。大学毕业生虽然在就业前大都做了充分的就业准备，但并非都能在自己的工作岗位上实现成功。一般来说，任何事情都不会是一帆风顺的，挫折是每一个人在事业发展过程中必然要经历的。

所以，对每个即将走入职场的毕业生来讲，充分做好心理准备是不可缺少的，特别是要有"受挫"的心理准备。如果心理准备不足，就会产生过激情绪，导致能力低下，在愤世嫉俗的言行中使自己的才华泯灭。

因此，在即将走入职场时，要认识到：事业顺利时不沾沾自喜；事业挫折时要奋起直追。以平常之心对待工作上的平庸；以奋发之力在屡试屡挫的境地中屡挫屡试，不懈追求；在似乎一文不名的地位上奋发向上，一鸣惊人。这是事业成功者的必备素质。所以，要调整心态，充分做好心理上的"受挫准备"。

2. 角色转换的第二步——试用期内的角色转换

大学生参加工作后需要经过一段时间的试用期，一般为一年或半年（也叫见习期），之后转为正式人员。这段时间是刚参加工作的毕业生与单位的一段"磨合期"。一般毕业生在大学期间学习和生活条件比较优越，空闲时间和自由支配时间比较多，压力较小，节奏也比较缓和；工作以后，所面临的职业岗位不一定在城市里，有的在偏僻的山沟里，有的在茫茫的戈壁滩上，环境比较艰苦。而且由于工作繁忙，经常需要加班加点，属于自己支配的自由时间越来越少。生活和学习环境、条件与大学相比，都有很大的差别。在这种情况下，往往会加剧角色冲突。所以，毕业生从熟悉的大学学习环境到逐渐适应工作单位的职业环境，完成学生角色到职业角色的顺利转换需要一个过程，试用期就是这样一个过程，大学生应加强试用期内的学习和认识，顺利转换角色。

(1) 要善于展现自己，热心帮助别人。刚入职的大学毕业生因其具有新的知识，而受到同事的青睐和尊敬，但也因此会与一些同事产生一些距离，如不及时调整，时间长了，往往会形成一种隔阂。因此，大学生在同事面前一定要表现得谦虚、随和，在尊重同事丰富经验的同时，适时适度地展现自己的知识。例如，可以利用工作机会，特别是当同事在工作中遇到麻烦时，以谦虚诚恳的态度提出自己的解决办法。尽可能利用自己所掌握的知识热心地去帮助别人,缩短与同事间的距离,成为大家的朋友。要尽量做到与大家打成一片,切忌以文凭自居自傲,脱离群众,成为孤家寡人。

(2)要树立踏实的工作态度,明确的责任意识。大多数毕业生在走上工作岗位之初,都不会被委以重任,而是先从最简单的辅助性工作岗位做起,这也符合人才成长的基本规律。这似乎与大学生在事业上大干一场,建功立业的美好愿望有些不符。有不少人凭着对工作的新鲜感和学识上的优越感,认为自己被大材小用了,对一些工作不愿意干,甚至开始闹情绪。其实,这是工作不踏实,缺乏责任意识的表现。干任何一项工作,都要有足够的热情,更要有丰富的经验和随机应变的能力。这种经验和能力的获得并非一朝一夕之功,它需要在平时的工作中不断的积累和训练。只凭借一时的热情和情绪是对工作的不负责任。因此,不管工作的大小,分工的高低,大学生都要以满腔热情、高度的事业心和责任感认真对待,圆满完成。

(3)要培养实事求是的工作作风。刚入职的大学毕业生,往往具有较强的自尊心和自立意识,在工作上总想独当一面,取得成就。虽然在工作中是认真谨慎的,但在很多时候,还是难免出现失误。工作失误并不可怕,可怕的是不能正确地认识失误,不能实事求是地去承认失误。如果工作中一旦出现了失误,就要认真地分析原因,总结经验教训,找准失误点。同时,要敢于向领导和同事承认,开展批评和自我批评,并勇于承担责任,以获得领导和同事的理解。另外,要虚心学习、请教,总结经验教训,避免类似失误再次发生。

(4)重视岗前培训。岗前培训对于刚刚走上工作岗位的大学生进行角色转换,是非常必要和重要的。刚入职的大学毕业生可以通过岗前培训了解单位的基本情况,熟悉规章制度和工作程序,更重要的是,通过岗前培训可以深入了解企业文化或熟悉单位的工作氛围,培养人际协调能力和奉献精神。许多单位都非常重视岗前培训,并以此作为选拔录用和分配岗位的依据。所以,毕业生一定要以认真的态度把握好这样一次学习、提升和表现自己的良机。事实证明,很多毕业生就是因为岗前培训期间显露才华,表现出色而被委以重任。

三、角色转换过程中容易出现的问题

大学毕业生从学生角色向职业角色转换过程中,往往会面临新旧角色的冲突。由于受到社会因素、家庭等外在因素及自身认知能力、心理发展、意志品质,以及情绪等内在因素的影响,刚入职的大学毕业生往往不能正确认识角

色转换的实质,在新旧角色的转换过程中,往往容易出一些问题,主要有以下一些表现。

1. 依恋学生角色,畏惧职业角色

大学生经过十多年的读书生涯,对学生角色的体验,可以说,是非常深刻了。所以一些毕业生在刚入职场时,容易表现出一种依恋学生角色的怀旧心理。许多毕业生常常会自觉或者不自觉地把自己置身于学生角色之中,以学生角色的社会义务和社会规范来要求自己、对待工作,以学生角色的习惯方式来待人接物,来观察和分析事物。

同时,对于刚走进新工作环境的大学生,在面对新环境时,往往不知道工作应该从何入手,如何应对工作中出现的一些问题,在工作中表现出一种畏惧心理:缩手缩脚,怕出事故,怕闹笑话,怕造成不良影响,缺乏年轻人的朝气和锐气。

2. 主观思想上的自傲,客观作风上的浮躁

一些刚入职场的毕业生往往会认为,自己读了十多年的书,接受了系统正规的高校教育,拿到了学历,学到了知识,已经是比较高层次的人才了。因而,在工作中往往表现出一种崇尚理论,轻视实践,眼高手低,看不起基层工作和基层工作人员,不屑于做一些基础性工作的缺点。有时甚至认为,一个堂堂的大学生做一些琐碎的不起眼的工作,是大材小用,有失身份。

一些毕业生在角色转换的过程中,受社会环境的影响,表现出不踏实的浮躁作风和不稳定的情绪情感。不能深入工作内部细致了解工作性质、特点,掌握工作方法、技巧,一阵子想干这项工作,一阵子又想干那项工作。

近年来,毕业生要求调整单位的人数增多,就是因为一些学生就职很长时间后,还不能稳定情绪,进入职业角色,反而认为单位有问题,没有适合自己的职位。事实上,如果不能静下心来踏踏实实地学习,适应工作,不管什么样的单位,都不会适合。

四、角色转换问题的应对策略

角色转换是一个较长的过程。这个过程中需要刚入职的毕业生付出不懈的努力。一般面对角色转换中的一些问题,应抓住以下几条应对策略。

1. 调整就业心态,做好"入职"的心理准备

对于即将走上工作岗位的毕业生而言,过硬的专业水平和职业技能,对于职业成功固然重要,但积极的就业心态和充分的"入职"心理准备,更是不可缺少的。一般来说,任何人的事业发展都不会是一帆风顺的,总会遇到一些挫折。毕业生要充分认识到这一点,提前调整心态,充分做好心理上的"受挫准备"。在事业顺利时不沾沾自喜,在事业失意时不自暴自弃,形成一个良好的职业心理素质,这是事业成功者的必备素质。

2. 热爱本职工作,激发职业兴趣

热爱本职工作,安心工作岗位,是角色转换的前提。刚刚走上工作岗位的大学生,应当尽快从学生生活的模式中解脱出来,全身心地投入到工作岗位中去。如果"身在曹营心在汉",经过几个月甚至一年的适应还静不下心来,这不仅对角色转换不利,而且会影响职业兴趣的培养和激发,也不会取得好的工作成绩。要脚踏实地,甘于吃苦,这是角色转换的重要条件。只有这样,才能更快地适应工作,进入职场。

3. 在实践中学习知识,在工作中提高能力

虚心学习,提高能力,是角色转换的重要手段。毕业生在学校期间学习到的知识偏重于理论,而且还是有限的,很多知识和能力是需要在工作实践中去学习、锻炼和提高的。尤其当前快速发展的科学技术,给整个社会带来不断翻新的知识和技能,大学毕业生在校期间虽然学到不少知识,掌握了一定的专业技能,但面对全新的职业,还需要像小学生那样从头学起,虚心向有丰富经验的技术人员、领导、师傅、同事学习,学习他们观察问题、分析问题和解决问题的方法和技巧,不断丰富自己的专业知识,提高自己的专业技能,尽快实现角色转换,最终达到自我完善。

4. 善于观察,勤于思考

善于观察问题,勤于思考和发现问题,是角色转换的有力保障。大学生进入职业角色,只有善于观察问题,勤于思考问题,才能发现问题,并运用自身掌握的知识努力解决问题,真正探索到职业对象的内部结构,掌握第一手资料。也只有勤于思考,在工作中才会有自己的独立见解,逐步具备独立开展工作的能力,更好地承担角色责任。

5. 正确对待评价,勇挑工作重担

正确对待评价,勇挑工作重担,是完成角色转换的重要标志。大学毕业生进入新的工作单位,必然会受到单位领导或同事以新角色的要求,对你做出的新的评价。要想了解自己所做的工作是否符合要求,自己的表现是否符合新角色的标准,就要借助于这些评价。当然,当我们受到别人评价时,还应该有一个正确对待他人评价的态度。对别人指出的缺点,应当虚心请教,认真反省,积极调整。要学会从他人的评价中更清楚地认识自己,加快角色转变的步伐。

同时,在走上工作岗位之后,应当从一开始就严格要求自己,树立主人翁意识,勇挑工作重担,努力承担岗位职责,主动适应工作环境,增强社会责任感,培养无私奉献的精神,任劳任怨,不计较个人得失,促使自己更好、更快地完成角色转换。

第二节 适应社会,成就自我

相对于单纯宁静的校园生活而言,社会是丰富多彩的,也是纷繁复杂的。经过十余载寒窗苦读的大学生,走上工作岗位后,一下子面对纷繁复杂的社会,难免会产生种种不适应之处。所以,对刚入职的大学毕业生而言,摆在其面前的首要任务就是,积极地了解社会,适应社会,尽快地为社会所接受,从而顺利地完成大学生活向社会职业生活的过渡。

一、以积极主动的心态进入社会

大学毕业生从学校走向社会,周围环境、生活方式都发生了变化,要做好步入社会的心理准备,以积极主动的心态步入社会。

1. 对社会要有一个正确的认识和态度

相对于校园生活而言,社会现实是复杂的。在市场经济体制下,多种所有制和多种分配方式并存,新旧观念冲撞,价值观念呈多元化趋势。同时,社会上还存在一些消极的东西。刚走出象牙塔的大学毕业生应正视这些社会现实,多设想困难,做好迎接各种困难的心理准备。

2. 以踏实的态度对待你的第一份工作

大学毕业生刚入职所作的第一份工作,往往是一些平凡而琐碎的基础性工作。这往往与其在校期间的想法有很大的差距。面对这一情况,毕业生一定要以踏实的工作态度,认真地去做好领导安排给自己的第一份工作。要认识到伟大的事业,必定要从点滴做起。现在自己所作的琐碎的基础性工作,正是为了成就将来的大事业。因此,每一个即将步入职场的大学毕业生,都要从基础性工作做起,开创出一番事业的理想和抱负。

3. 以自信的心态面对全新的职场环境

进入全新的职场环境,要注意时时保持平衡的心态,不要因为环境陌生,条件艰苦而孤独失落,也不要因单位人才济济而畏缩退避。要有竞争的意识,通过不断的学习,积累知识,提高自身能力素质,积极主动参与竞争,在竞争中逐渐适应、发展、完善。

二、尽快融入新角色

要尽快树立新的职业角色意识,抛弃恋旧情绪,尽快熟悉和了解工作环境和工作性质、要求,努力扮演好新角色,在新的角色中寻找乐趣。

为此,新入职的大学毕业生要做好以下几个方面的准备。

1.尽快熟悉和适应新环境

大学毕业生由单纯的"象牙塔"走向纷繁复杂的社会,开始全新的社会生活,其面临的一个首要问题就是熟悉新的环境,适应新的环境。熟悉新环境的过程,也是适应新环境的过程。在熟悉和适应环境的过程中,要善于发现和利用有利于自己工作和发展的因素,要利用这些因素促进自己成长。适应环境并非盲从,而是要在融入环境的同时,保持自己应有的本色。

2.尽快熟悉和适应新工作

大学毕业生走上工作岗位后,面临的一个最核心的问题就是,要尽快熟悉和适应新的工作。

首先,要树立职业意识。走向工作岗位的大学生,在工作中要独当一面,要承担一定的社会责任,成为一个独立的社会人。所以,应该具有一种独立意识。在工作过程中往往要和单位中同事们互相配合、协作,所以,应树立一种协作意识。个人工作的成绩不仅与自己的前途有关,还关系到单位和部门的兴衰荣辱,这就要求大学生还要树立主人翁意识。这三种意识是职业意识的主要内涵。

其次,要尽快熟悉和适应新工作的业务内容和要求。大学毕业生虽然经过大学的正规教育和培训,但一旦进入工作岗位后,许多大学生还是不能一下子就熟悉新工作的业务内容,适应新工作的业务要求。所以,刚入职的大学毕业生要抓住单位的岗前培训,在业务上多向有经验的同事请教,勤学多问,多动手实践,尽快熟悉和适应新工作。

三、树立良好的第一印象

第一印象是职业形象成功的开端,在职业生涯中的作用是至关重要的。在实际生活中,第一印象往往对以后长期印象产生重要的影响。所以,刚走上工作岗位的大学毕业生,在一开始就应给人们留下良好的第一印象。

1.仪表端庄,举止大方

初到工作单位,要注意衣着打扮,形象仪表。衣着服饰是一个人文化素养的外在表现,不一定要高档、时髦,追求名牌,但是,要符合自己的经济状况和现实身份。形象仪表是职业形象的基本外在特征,端庄的仪表会给人良好的第一印象。要注意个人生活卫生,发发要定期修剪,衣服要干净整洁,要始终保持一个仪表端庄,干净利落,积极向上的良好形象。

同时,刚入职的大学毕业生,也要随时注意自己的言谈举止。要举止文明,落落大方,谦虚谨慎,诚恳待人。切忌自以为是,高傲自大,目中无人。

2.注重细节,严谨工作

自觉遵守单位的工作纪律和规章制度,对每一项工作都要认真对待,严肃慎重地去完成。特别是单位安排给自己的第一项工作,即使它是一件很不重要的工作,也要把它干好,干出成绩来,以赢得领导和同事对自己的认可。如果是复杂而重要的工作,则更要下大力气完成好它,以此来证明自己的实力。

在工作中,不仅要注意工作大节,还要注意生活小节,如不迟到早退;不在工作时期长时间接听私人电话,或在办公室接待亲友;上班伊始,早来,晚走,主动整理办公室,打扫卫生等。工作上踏踏实实,兢兢业业,生活上注重细节,一丝不苟,这样就会给单位领导和同事留下良好的第一印象。

总的来讲,良好的第一印象是在自己的内在品质和相应的工作技能共同作用下树立的。尽管它具有暂时性和浅表性的特征,但是,它有利于形成一个良好的工作起点。当然,我们不能仅仅满足于良好的第一印象,更不能以极力伪装的所谓"良好的第一印象"来骗取别人的好感。"路遥知马力,日久见人心"。大学生更应当通过长期的不懈努力,以自己良好的内在品质,正直的为人和出色的工作成绩,去建立更高层次的更长期的良好印象。

四、建立和谐的人际关系

一个人走上工作岗位后,影响其发展和成就的主要是职业能力和人际关系两个因素。大学毕业生由于自身知识水平、文化层次和社会地位的特殊性,要跟很多人发生各种各样的关系,尤其是业务上、交际上的活动较多,与同事之间、领导之间的交往频繁,人际关系就显得更重要了。建立一个和谐的人际关系,能使初入职的大学毕业生很快熟悉职场环境,实现角色转换。能创造一个良好的工作环境,使人工作顺心,提高效率;也能营造一个宽松的生活环境,使人心情舒畅,身心健康。相反,如果处理不好人际关系,往往会陷入一种孤立无助的状态之中,不利于自身职业的发展和身心的发展。所以,建立一个和谐的人际关系,对于刚入职场的大学生来讲,尤其重要。

人际关系的和谐与不和谐,亦即通常所说的人们之间的喜欢与不喜欢。社会的发展与时代的进步,促使人们的交流进一步扩大,联系进一步密切,社会召唤着人与人之间的相容与合作,这为建立和谐的人际关系提供了一个良好的社会氛围。大学毕业生初到工作岗位,就要充分利用这些有利条件,以自身的努力处理好与同事之间的合作关系和与领导之间的上下级关系。

大学毕业生处理人际关系要摆脱两个误区。一是脱离自身生活、工作和学习本身,过分夸大人际关系的作用,把人际关系看作是决定自身发展的唯一的筹码。二是忽视人际关系的地位和作用,认为自己只要干好本职工作就行了,没有必要整天注意和别人的关系。

大学生建立和谐的人际关系,应做好以下几个方面的工作。

1. 尊重他人而不狂妄自大

尊重他人就是尊重他人的人格、习惯与价值观,承认人际交往中双方的平等地位。初到单位,应当把每一个人当作自己的老师,不管他的职位尊卑,收入多少,年龄大小和文化高低,要尊重他们的人格和感情,尊重他们的劳动和成果,尊重他们的习惯和价值观。要虚心请教,不要狂妄自大或自命清高。尊重是相互的,只有尊重他人,才能做到自尊自重,赢得他人的尊重。这样,也容易建立和谐的人际关系。

相反,如果在工作、生活中抱有一种狂妄自大、瞧不起别人的心理,则往往会引起别人的反感,从而拉大你与同事、朋友间的心理差距。

2. 心胸宽广,平等待人

要有一个宽广的心胸,平衡的心态。既有自知之明,又能宽容别人;既能看到自己的缺点,又能容得下别人的优点。不因自己不如别人而存妒忌之心,却要虚心学习别人强于自己的优点。

在待人问题上,大学生应以平等的态度对待每一个同事。人们在相貌、能力、才学、气质、性格、职务等方面存在一些客观的差异。但是,人们在人格上是平等的。切忌以职务的高低、权力的大小,来决定对待他人的态度,更不能以貌取人,把同事分成几个等级。不要见了领导,就低三下四,点头哈腰,见了群众,就置之不理,冷若冰霜。不要拉帮结派,卷入是非圈,而应该注意对领导和同事一视同仁,尽力与所有同事发展平等互助的友好关系。

3. 诚实守信，乐于助人

诚实就是对人真心实意，而不三心二意，言行一致，不口是心非，不当面一套背后一套。守信，就是恪守信用，言行一致。就是说到做到，遵守诺言。诚实守信是做人的基本要求，也是建立一个良好的人际关系的基本条件。只有做到诚实守信，大家在交往中才能互相理解、信任和容纳，在感情上才容易形成共鸣。这样即使在交往中发生一些误会和矛盾，也会冰雪消融，达成和解。

乐于助人，是做人应具有的基本品质，也是人与人和谐相处的一个基本条件。任何人在工作和生活中不可能总是一帆风顺的，总会遇到一些困难，遇到困难时伸出援助之手帮他一把，这往往会积淀成二者的一种友谊，形成一种和谐的人际关系。

刚入职的大学毕业生，在同事有困难时，应当伸出热情的手给予帮助，而不能袖手旁观，坐视不管，更不能落井下石，见利忘义。患难见真情，只有热情帮助他人的人，才会得到别人的帮助，才会赢得别人的认可和赞同。

4. 谦虚随和，平易近人

大学毕业生在平常的工作、生活交往过程中，要形成一个良好的人际关系就必须要记住这一点：要想别人喜欢你，首先你要喜欢别人。

为此，首先，要谦虚随和而不故步自封，这样才会给人一种容易亲近的感觉，大家才乐意和你交往，彼此交往才会愉快舒畅。只有这样，才能获得各种知识，以人之长，补己之短；才能扩大视野，增长见识，不断提高自身素质。其次，要平易近人，与人相处。大学毕业生初到一个新的环境，走上新的职业岗位切忌独来独往，孤陋寡闻。空间上的临近是人们之间相互吸引的重要条件，人们会因为频繁的接触而非常熟悉，从而相互喜欢。熟悉是喜欢的重要条件，所以邻近的人最易于成为朋友。由于性格、爱好、生活习惯和生活方式的不同，一些大学生在入职之初往往有些不合群，表现为与其他人的志趣不相投，很难与人相处，经常独来独往，孤陋寡闻，其结果往往导致人际关系的疏远。对单位的人和事知之甚少，别人对他的了解也几乎没有，这样的人，在单位中的人际关系是不会和谐的。

5. 严于律己，宽以待人

严于律己，就是以各种道德规范和行为准则，严格要求自己；宽以待人，就是对人宽容大度，多一些理解和包容，而不斤斤计较。俗话说，"金无足赤，人无完人"，任何人总有自己的缺点。所以，我们应正确地对待自己和他人，以严于律己，宽以待人标准来要求自己，在工作中出现失误或过错时，要勇于剖析自己，主动承担责任；当同事做错了事或者造成损失时，要善意地指出，热情地帮助。不挑拨是非，不猜疑嫉妒，心胸开阔，坚持团结。这样，就一定会建立起和谐的人际关系。

6. 尊重领导，服从安排

作为职场的职业人在工作中相处最多的除了同事之外，就应该是自己的上级领导了。领导直接管理和评价下属人员的工作，对下属的职业发展和职位升迁有很大程度的裁决权，所以处理好与领导之间的关系是十分重要的。

作为下级的大学毕业生，要与领导建立一种和谐的关系，就要尊重领导，自觉地服从工作安排，力争圆满完成领导交办的任务。

要做到这一点，应注意以下几个小技巧：

(1) 不和领导怄气。作为下级不应和领导，尤其是顶头上司怄气。不要嫌弃抱怨上司，注意维护领导的权威，既不能在背后贬低领导，更不能当面指责领导。要善于发现领导的闪光点。要明白领导抓的是全局，不可能做到样样精通。再说，人家位置比你高，自然有理。所以，要虚心接受领导的批评指正，即使对确实难以完成的任务，或者领导的不足，也要维护领导的威信，不要当众拒绝领导的安排，而要事后向领导单独解释。这样，就会得到领导的肯定，处理好与领导的关系。

(2) 要把握好职场的"潜规则"。职场除了一些职工必须遵守的明文规定的规章制度外，还存在许多只可意会不可言传的"潜规则"。刚入职场的大学生，要在日常的工作中，慢慢地领悟和把握这些规则，恰当地把握说话的分寸和做事的火候，切忌在不该说话的时候说话，不该做主的时候做主。要记住，不管领导对你多么信任和依赖，他毕竟还是你的领导，在一些事情的决策上，还是要由他说了算。

(3) 不要太锋芒毕露。大多数领导不喜欢能力超过自己的下属。他们总觉得下属应该永远比自己差一截，这样他才会有成就感。因此，一旦发现其下属的能力有可能高于自己时，他就会有一种不安全感，甚至会对其施加压力。在职位升迁上，也不会考虑这些下属，而只会提拔能力比自己低的下属。所以，初入职的大学毕业生不可过于锋芒毕露，处处显示自己的能力高于你的上司，以免引发上司的猜忌之心。

(4) 尊重坦诚，不卑不亢。与领导的交往以建立正常的工作关系为目的。一方面，要切忌过分庸俗的谄媚讨好，巴结奉迎。过分地讨好领导，不但有损于人格，而且还会引起同事的反感。另一方面，也不能对领导敬而远之，或冷眼相对,甚至顶撞不尊。与领导相处,要尊重坦诚,不卑不亢。

五、拿破仑·希尔的十七条成功定律

(1)保持积极的心态。积极向上的心态,是成功者最基本的要素。人成功不是指拥有什么(权力、财富),而是做了什么。如果能每天在一点一滴的努力中去实现自己目标,就可以帮助和影响他人。成功等于每天进步一点点。积极的心态包括诚恳、忠诚、正直、乐观、勇敢、奋发、创造、机智、亲切、友善、积极、向善、向上、进取、努力、愉快、自信、自勉和有安全感等。因此,成功是指方方面面取得的成功,其标志在于人的心态,即积极、乐观地面对人生的各种挑战。

(2)要有明确的目标。明确目标后制订出中长期计划来,而且还要怀着迫切要求进步的愿望。有了目标,内心的力量才会找到方向,成功才有希望。如果漫无目标的努力或漂荡终归会迷路,而心中的那座无价的金矿,也因得不到开采而与平凡的尘土无异。因此,成功是需要完全投入的。只有完全投入到你所从事的职业中去,才会有成功的一天;只有全身心地热爱你的生活,才会有成功的一天。

(3)多走些路。做一个自动自发的人。要勇于实践,你的成功也就是因为多走了些路,找到了别人未找到的另外一点东西。抓住机会,掌握机会,做个积极主动的人,并养成及时行动的好习惯。

(4)正确的思考方法。成功等于正确的思想方法加信念加行动。要想成为思想方法正确的人,必须具备顽强坚定的性格,挖掘潜力,进行"我行""我是优秀的""还须再改进"的心理暗示。

(5)高度的自律力。自律是一种最艰难的美德,有自制力才能抓住成功的机会。成功的最大敌人是自己,缺乏对自己情绪的控制,会把许多稍纵即逝的机会白白浪费掉。如愤怒时不能遏制怒火,使周围的合作者望而却步;消沉时,放纵自己萎靡不振。

(6)培养领导才能。一个人的领导能力,唯有靠同事和下属的支持和合作,才能成功。领导要练习赞美的艺术,对人要公正,管理要合乎人性。每一件事情都要精益求精,每一件事都要研究如何改善,每一件事都要订出更高的标准。认真工作并不断改进的人才会成为一个卓越的领导。因此,衡量一个领导人物成就的大小,要看他信念的深度、雄心的高度、理想的广度和他对下属关爱的程度。

(7)建立自信心。一个人能否做成、做好一件事,首先看他是否有一个好的心态,以及是否能认真、持续地坚持下去。信心大、心态好,办法才多。所以,信心多一分,成功多十分;投入才能收获,付出才能杰出。永远不要被缺点所迷惑。当然,成功卓越的人只有少数,失败平庸的人却很多。成功的人在遭受挫折和危机的时候,仍然是顽强、乐观和充满自信,而失败者往往是退却,甚至是甘于退却。我们应该学会自信,成功的程度取决于信念的程度。

(8)迷人的个性。对同事和下属的生活、工作要真正用心去关怀。与人交往中求同存异,避免冲突;学会倾听别人的观点;学会夸奖别人;有微笑的魅力;别吝啬自己的同情;要学会认错,学会宽容大度。

(9)创新制胜。创造力是最珍贵的财富,也是事业进一步发展的基石。创新思维比常规思维更具明显的优势特点:①具有独创性;②机动灵活;③有风险意识。创新思维无论取得什么样的成果,都具有重要的认识论和方法论的意义,因为即便他的结果不成功,也会向人们提供了以后少走弯路的教训。常规性思维虽然看起来"稳妥",但是,它的根本缺陷是不能为人们提供新的启示。创新必胜,保守必败。

(10)充满热忱。热忱是一种最重要的力量,有史以来,没有任何一件伟大的事业不是因为热忱而成功的。热忱要有高尚的信念,如果热忱出于贪婪和自私,成功也会昙花一现。热忱的心态,是做任何事情都必须的条件。热忱是一种积极意识和状态,能够鼓励和激励他人采取行动,而且还具有感染和鼓舞他人的力量。因此,唯有热忱的态度,才是成功推销自己的重要因素。

(11)专心致志。没有专注,就不能应对生活的挑战。干什么都要求专注,专注就是用心,凡事用心终会成功。

(12)富有合作精神。团结就是力量。合作是企业振兴的关键。而企业家的威信又是合作的关键。合作,企业就繁荣;纷争,企业就衰退。合作就有力量,合作是领导才能的基础,合作加速成功。

(13)正确对待失败。成功是一连串的奋斗。要敢于屡败屡战,要摒弃消极思想,全力以赴,不消极等待,在吸取教训中改善求进,"成功是经过多次错误甚至大错之后才得到的",用毅力克服阻碍,做自己的对手,战胜自己,"被自己征服是可耻的!"。

(14)永葆进取心。成功是每天在进步。拥有进取心,才能成为杰出人物。进取心是成功的要素,应该有不为报酬而工作的精神,要有任劳任怨的敬业精神。勤学好问,不耻下问,是放之四海而皆准的行为准则。

(15) 合理安排时间和金钱。时间就是金钱,效率就是生命,要把精力集中在那些回报率大的事情上,别把时间花费在对成功无益的事情上。每天都有一个处理事情的先后顺序及进度,并身体力行,定期检查,杜绝懒惰和拖拖拉拉。金钱不是万恶之源,贪财才是万恶之源。金钱可以使你自信和充分地表现自我,养成储蓄的习惯,经济独立才有真正自由。在金钱交往中,无论是公共关系,还是私人关系,应遵守互惠互利的原则,才能健康的长久发展。成功者要有赚钱的素质。

(16) 身心健康。要有健康的身体,因为健全的心灵和健康的身体,是成功的基本保证。要坚持锻炼身体,要经常地给自己充电,积极的心态要求有良好的能量水平。要能够使你自己健康长寿,成功地运用积极心态,你的身体就会越来越健康。因此,一切成就,一切财富都始于健康的身心。

(17) 养成良好的习惯。习惯是一个人最重要的、最稳定的素质。任何一种能力的形成都是养成好习惯的结果。良好的习惯是健康人格的基础,是成功人生的根本,更是成功的捷径。良好的习惯也是开启成功大门的钥匙,要有胸襟开阔的心理习惯、勇于纠正自己缺点的习惯、从容不迫的习惯、喜欢运动的习惯等。因此,好的习惯可以造就人才,坏的习惯可以毁灭人才。

【案例】:

李先生的经验之谈

李先生大学毕业转眼已六年了。在这六年中,他先后到民营企业、外企干过,在这当中遇到过一些挫折,也取得了一些成绩。

李先生根据自身的亲身体会,将进入一家新单位特别需要关注的几个重点问题介绍给大家,特别是那些刚走出校门没有工作经验的大学生。

(1) 多做事,少说话。刚进公司,对单位各方面的情况还不是很熟悉,在这样一种情况下,尽量坚持多做事,少说话的原则。因为有时往往会因为一句不恰当的话而引来大祸,尽管你是无意的。坚持"沉默是金"的做法,从一开始就埋头苦干,往往会赢得上级或同事的认可,留下良好的第一印象,为以后的发展打下好的基础。

(2) 与顶头上司建立良好的工作关系。在单位,顶头上司是与你打交道最多的人。你的所有工作由他(她)来安排,你的考评以他(她)的意见为主。所以在单位里如果与你的顶头上司关系处好了,他(她)将成为你在单位里发展的"贵人"。相反如果你与顶头上司的关系搞僵了,那就有你的好看了,可能会"吃不了兜着走"。不信,你就试试,轻则处处找你的茬,重则让你卷铺盖走人。

(3)记住上司永远是对的。也许有人会觉得,这句话有些过分,但事实上,这句话是很符合实际情况的。一个人在单位中的成长和发展,在很大程度上取决于你对上司需求的满足程度。上司对你满意,你可能就有一个灿烂的前程。如果你对上司说"不",那你可能就麻烦了。

很多刚入职场的大学生常常会有这样一个误区:在一些问题上,坚持自己的意见,认为自己的见解或意见是正确的,符合逻辑的,而往往忽略一个最基本的"逻辑",那就是"胳膊拧不过大腿""上司永远是对的"。所以,往往会导致刚开始工作就陷入被动。

适应能力测评

下面是20道适应能力测验题,请在下列各题所列备选答案中选择最符合你的一项。

(1)受到别人的批评

1)想找机会反过来批评他。

2)想查明受批评的原因。

3)想直接听一下批评的理由。

(2)在嘈杂、混乱的环境里

1)总觉很烦,不能静下心来读书。

2)仍能集中精力学习,但效率降低了。

3)不受影响,照常学习。

(3)每次参加正式的考试或竞争

1)常常比平时的成绩更好些。

2)常常不如平时的成绩。

3)和平时的成绩差不多。

(4)参加各种比赛时,赛场越激烈,群众越加油,你的成绩

1)越好。

2)越上不去。

3)不受影响。

(5)假如你的朋友突然带来一个你最不喜欢的人到你家里

1)表示惊奇。

2)把你的感觉完全隐藏着。

3)暂时忍耐,以后再把实情告诉你朋友。

(6)你赞成下面哪一种说法
1)只要是正确的,就坚持,不怕打击,敢于孤立。
2)在矛盾方面让一让,就过去了。
3)尽量求和平,把批评和斗争降到最低的程度。
(7)当情况紧迫时
1)仍能注意到应该注意的细节。
2)粗心大意,丢三落四。
3)慌慌张张。
(8)当你选择衣服时
1)总是固定在一种款式上。
2)跟随新潮流,希望合适自己。
3)在选定以前,先听取陪同的朋友或售货员的意见。
(9)遇到难题时
1)毫不犹豫地向有关专家征求意见。
2)经常向熟人请教。
3)很少麻烦别人。
(10)你同意下列哪一种观点
1)为了深入地了解自己的国家,学习外国的东西是件好事。
2)外国的事与我们没有任何关系。
3)学习外国的东西比学习本国的东西更有兴趣。
(11)对自己的某次失败
1)只要别人有兴趣随时都会告诉他。
2)只在谈话时顺便说出来。
3)决不说,怕会被别人抓住弱点,对自己不利。
(12)你符合下面哪一种情况
1)不安于现状,总想改变点什么。
2)凡事只求"规范",不办破格的事。
3)礼貌要讲,但事也要办。
(13)假如自己被登报时
1)有点自豪,但不以为然。
2)很高兴,想让朋友也看看。
3)完全不感兴趣。
(14)为了给人留下好印象

1)想方设法,并花一定时间考虑计划。
2)不特意去做,但有机会就利用。
3)根本不想在别人面前做这种事。
(15)你骑车去一个较远的地方参加社交活动,中途找不到路标
1)赶快查自带的地图。
2)大声埋怨,不知何时才能到达目的地。
3)耐心等待过路车或有人走过时,问个清楚。
(16)对团体或社会性的集会
1)总是向领导讨论。
2)只有在知道讨论的题目时才参加。
3)讨厌在集会上说话,所以不参加。
(17)碰到阻力或困难时
1)经常改变既定的主意。
2)不改变既定的主意。
3)越有干劲。
(18)当你知道将要有不愉快的事时
1)自己进入紧张状态。
2)相信事实并不会如预料的厉害。
3)感觉完全有办法应付。
(19)和别人争吵起来时
1)能有力地反驳对方。
2)常常语无伦次,最后才想起如何反驳对方,可是已经晚了。
3)能反驳,但无多大力量。
(20)必须在大庭广众面前讲话时
1)因怯场,便不知所措或说话结结巴巴。
2)感觉虽然难,但还是想方设法完成。
3)侃侃而谈。

结果说明:

选择上述问题态度越积极的答案,表明你的适应能力越强。表明最积极的选项为3分,次积极的选项为2分,不积极的选项为1分。如果你的得分为40~60分,就表明你的适应能力很不错;得分为20~40分,就说明你的适应能力尚可;得分为20分以下,则说明你的适应能力还需要大力加强。

附 录

附录一 大学生就业创业政策100问

1. 国家对鼓励中小企业吸纳高校毕业生有哪些政策措施？

按照《国务院关于进一步做好新形势下就业创业工作的意见》(国发〔2015〕23号)、《国务院办公厅关于做好2014年全国普通高等学校毕业生就业创业工作的通知》(国发〔2014〕22号)、《国务院办公厅关于做好2013年全国普通高等学校毕业生就业工作的通知》(国办发〔2013〕35号)、《国务院关于进一步支持小型微型企业健康发展的意见》(国发〔2012〕14号)和《国务院关于进一步做好普通高等学校毕业生就业工作的通知》(国发〔2011〕16号)等文件规定：

(1)对招收高校毕业生达到一定数量的中小企业，地方财政应优先考虑安排扶持中小企业发展资金，并优先提供技术改造贷款贴息。

(2)对劳动密集型小企业当年新招收登记失业高校毕业生，达到企业现有在职职工总数30%(超过100人的企业达15%)以上，并与其签订一年以上劳动合同的劳动密集型小企业，可按规定申请最高不超过200万元的小额担保贷款并享受50%的财政贴息。

(3)高校毕业生到中小企业就业的，在专业技术职称评定、科研项目经费申请、科研成果或荣誉称号申报等方面，享受与国有企事业单位同类人员同等待遇。

(4)对小微企业新招用毕业年度高校毕业生，签订一年以上劳动合同并缴纳社会保险费的，给予1年社会保险补贴。

2. 国家对引导国有企业吸纳高校毕业生就业有哪些政策措施？

按照《国务院关于进一步做好新形势下就业创业工作的意见》(国发〔2015〕23号)、《国务院办公厅关于做好2014年全国普通高等学校毕业生就业创业工作的通知》(国发〔2014〕22号)、《国务院办公厅关于做好2013年全国普通高等学校毕业生就业工作的通知》(国办发〔2013〕35号)和《关于做好 2013—2014 年国有企业招收高校毕业生工作有关事项的通知》(国资厅发分配〔2013〕37号)等文件规定:

(1)承担对口支援西藏、青海、新疆任务的中央企业要结合援助项目建设,积极吸纳当地高校毕业生就业。

(2)建立国有企事业单位公开招聘制度,推动实现招聘信息公开、过程公开和结果公开。

(3)国有企业招聘应届高校毕业生,除涉密等特殊岗位外,要实行公开招聘,招聘应届高校毕业生信息要在政府网站公开发布,报名时间不少于七天;对拟聘人员应进行公示,明确监督渠道,公示期不少于七天。

3. 企业招收就业困难高校毕业生享受什么优惠政策?

按照《财政部、人力资源社会保障部关于进一步加强就业专项资金管理有关问题的通知》(财社〔2011〕64号)规定,对各类企业(单位)招用符合条件的就业困难高校毕业生,与之签订劳动合同并缴纳社会保险费的,按其为就业困难高校毕业生实际缴纳的基本养老保险费、基本医疗保险费和失业保险费给予补贴,不包括企业(单位)和个人应缴纳的其他社会保险费。

根据《就业促进法》有关规定,就业困难人员是指因身体状况、技能水平、家庭因素、失去土地等原因难以实现就业,以及连续失业一定时间仍未能实现就业的人员。就业困难人员的具体范围,由省、自治区、直辖市人民政府根据本行政区域的实际情况规定。

企业(单位)按季将符合享受社会保险补贴条件人员的缴费情况单独列出,向当地人力资源社会保障部门申请补贴。社会保险补贴申请材料应附:符合享受社会保险补贴条件的人员名单及《身份证》复印件、《就业创业证》复印件、劳动合同等就业证明材料复印件、社会保险征缴机构出具的社会保险费明细账(单)、企业(单位)在银行开立的基本账户等凭证材料,经人力资源社会保障部门审核后,财政部门将补贴资金支付到企业(单位)在银行开立的基本账户。

4. 企业为高校毕业生开展岗前培训享受什么优惠政策?

按照《国务院办公厅关于做好 2014 年全国普通高等学校毕业生就业创业工作的通知》(国发〔2014〕22号)、《财政部、人力资源社会保障部关于进一步加强就业专项资金管理有关问题的通知》(财社〔2011〕64号)等文件规定,企业新录用毕业年度高校毕业生与其签订六个月以上期限劳动合同,在劳动合同签订之日起六个月内由企业依托所属培训机构或政府认定的培训机构开展岗前就业技能培训的,根据培训后继续履行劳动合同情况,按照当地确定的职业培训补贴标准的一定比例,对企业给予定额职业培训补贴。

企业开展岗前培训前,需将培训计划大纲、培训人员花名册及《身份证》复印件、劳动合同复印件等材料报当地人力资源社会保障部门备案,培训后根据劳动者继续履行劳动合同情况,向人力资源社会保障部门申请职业培训补贴。申请材料经人力资源社会保障部门审核后,财政部门按规定将补贴资金直接拨入企业在银行开立的基本账户。企业申请职业培训补贴应附:培训人员花名册、培训人员《身份证》复印件、《就业创业证》复印件、劳动合同复印件、职业培训合格证书等凭证材料。

对小型微型企业新招用高校毕业生按规定开展岗前培训的,各地要根据当地物价水平,适当提高培训费补贴标准。

5. 高校毕业生从企业到机关事业单位就业后工龄如何计算?

按照《国务院关于进一步做好普通高等学校毕业生就业工作的通知》(国发〔2011〕16号)等文件规定,高校毕业生从企业、社会团体到机关事业单位就业的,其按规定参加企业职工基本养老保险的缴费年限合并为连续工龄。

6. 高校毕业生到企业特别是中小企业就业可否在当地落户?

按照《国务院办公厅关于做好2014年全国普通高等学校毕业生就业创业工作的通知》(国发〔2014〕22号)、《国务院办公厅关于做好2013年全国普通高等学校毕业生就业工作的通知》(国办发〔2013〕35号)文件规定,要简化高校毕业生就业程序,消除其在不同地区、不同类型单位之间流动就业的制度性障碍。切实落实允许包括专科生在内的高校毕业生在就(创)业地办理落户手续的政策(直辖市按有关规定执行)。

省会及以下城市要放开对吸收高校毕业生落户的限制,简化有关手续,应届毕业生凭《普通高等学校毕业证书》《全国普通高等学校毕业生就业报到证》、与用人单位签订的《就业协议书》或劳动(聘用)合同办理落户手续;非应届毕业生凭与用人单位签订的劳动(聘用)合同和《普通高等学校毕业证书》办理落户手续。高校毕业生到小型微型企业就业、自主创业的,其档案可由当地市、县一级的公共就业人才服务机构免费保管。办理高校毕业生档案转递手续,转正定级表、调整改派手续,不再作为接收审核档案的必备材料。

7. 流动人员人事档案如何保管?

按照《关于进一步加强流动人员人事档案管理服务工作的通知》(人社部

发〔2014〕90号)、《流动人员人事档案管理暂行规定》规定,流动人员档案具体包括:非公有制企业和社会组织聘用人员的档案;辞职辞退、取消录(聘)用或被开除的机关事业单位工作人员档案;与企事业单位解除或终止劳动(聘用)关系人员的档案;未就业的高校毕业生及中专毕业生的档案;自费出国留学及其他因私出国(境)人员的档案;外国企业常驻代表机构的中方雇员的档案;自由职业或灵活就业人员的档案;其他实行社会管理人员的档案。

流动人员人事档案管理实行集中统一、归口管理的管理体制,主管部门为政府人力资源社会保障部门,接受同级党委组织部门的监督和指导。流动人员人事档案具体由县级以上(含县级)公共就业和人才服务机构以及经人力资源社会保障部门授权的单位管理,其他单位未经授权不得管理流动人员人事档案。严禁个人保管本人或他人的档案。跨地区流动人员的人事档案,可由其户籍所在地或现工作单位所在地的公共就业和人才服务机构管理。

高校毕业生到具有档案管理权限的机关、事业单位、国有企业就业的,由单位直接接收、管理档案。到无档案管理权限的单位(私营企业、外资企业等)就业的,可由各地公共就业和人才服务机构负责提供档案管理等人事代理服务。高校毕业生离校时没有就业的,档案可由学校统一发回原户籍所在地公共就业和人才服务机构保管。档案不允许个人保存。

2015年1月1日起,取消收取人事关系及档案保管费、查阅费、证明费、档案转递费等名目的费用。各级公共就业和人才服务机构,应提供免费的流动人员人事档案基本公共服务。

8. 什么是人事代理?

公共就业和人才服务机构可在规定业务范围内接受用人单位和个人委托,从事下列人事代理服务:(1)流动人员人事档案管理;(2)因私出国政审;(3)在规定的范围内申报或组织评审专业技术职务任职资格;(4)转正定级和工龄核定;(5)大中专毕业生接收手续;(6)其他人事代理事项。

9. 高校毕业生怎样办理人事代理?

按照《人才市场管理规定》有关规定,人事代理方式可由单位集体委托代理,也可由个人委托代理;可多项委托代理,也可单项委托代理;可单位全员委托代理,也可部分人员委托代理。

单位办理委托人事代理,须向代理机构提交有效证件以及委托书,确定委托代理项目。经代理机构审定后,由代理机构与委托单位签订人事代理合同书,明确双方的权利和义务,确立人事代理关系。

10. 高校毕业生如何与用人单位订立劳动合同？

劳动合同法第七条规定，用人单位自用工之日起即与劳动者建立劳动关系。第十条规定，建立劳动关系，应当订立书面劳动合同。已建立劳动关系，未同时订立书面劳动合同的，应当自用工之日起一个月内订立书面劳动合同。用人单位与劳动者在用工前订立劳动合同的，劳动关系自用工之日起建立。

第八条规定，用人单位（企业、个体经济组织、民办非企业单位等组织）招用劳动者时，应当如实告知劳动者工作内容、工作条件、工作地点、职业危害、安全生产状况、劳动报酬，以及劳动者要求了解的其他情况；用人单位有权了解劳动者与劳动合同直接相关的基本情况，劳动者应当如实说明。

第九条规定，用人单位招用劳动者，不得扣押劳动者的居民身份证和其他证件，不得要求劳动者提供担保或者以其他名义向劳动者收取财物。

11. 什么是社会保险？我国建立了哪些社会保险制度？

社会保险是指国家通过立法，按照权利与义务相对应原则，多渠道筹集资金，对参保者在遭遇年老、疾病、工伤、失业、生育等风险情况下，提供物质帮助（包括现金补贴和服务），使其享有基本生活保障、免除或减少经济损失的制度安排。

社会保险法第二条规定，我国建立基本养老保险、基本医疗保险、工伤保险、失业保险、生育保险等社会保险制度，保障公民在年老、疾病、工伤、失业、生育等情况下依法从国家和社会获得物质帮助的权利。其中，基本养老保险制度包括职工基本养老保险制度、新型农村社会保险制度和城镇居民社会养老保险制度；基本医疗保险制度，包括职工基本医疗保险制度、新型农村合作医疗制度和城镇居民医疗保险制度。

12. 用人单位应该履行哪些社会保险义务？享有哪些社会保险权利？

（1）社会保险义务：一是申请办理社会保险登记的义务；二是申报和缴纳社会保险费的义务；三是代扣代缴职工社会保险的义务；四是向职工告知缴纳社会保险费明细的义务。

（2）社会保险权利：一是有权免费查询、核对其缴费记录；二是有权要求社会保险经办机构提供社会保险咨询等相关服务；三是可以参加社会保险监督委员会，对社会保险工作提出咨询意见和建议，实施社会监督；四是对侵害自身权益和不依法办理社会保险事务的行为，有权依法申请行政复议或者提起行政诉讼。此外，还有权对违反社会保险法律、法规的行为进行举报、投诉。

13. 参加社会保险的个人享有哪些权利？

高校毕业生依法缴纳社会保险费后,享有以下权利:

(1)有权依法享受社会保险待遇;

(2)有权监督本单位为其缴费情况;

(3)有权免费向社会保险经办机构查询、核对其缴费和享受社会保险待遇权益记录;

(4)有权要求社会保险经办机构提供社会保险咨询等相关服务;

(5)对侵害自身权益和不依法办理社会保险事务的行为,有权依法申请行政复议或者提起行政诉讼。

此外,还有权对违反社会保险法律、法规的行为进行举报、投诉。

14. 目前,国家对用人单位及其职工和参保个人缴纳社会保险费的费率是如何规定的?

(1)用人单位及其职工缴纳社会保险费的费率。根据《国务院关于完善企业职工基本养老保险制度的决定》(国发〔2005〕38号)、《国务院关于建立城镇职工基本医疗保险制度的决定》(国发〔1998〕44号)、《失业保险条例》(国务院令第258号)规定,用人单位缴纳基本养老保险、基本医疗保险和失业保险的费率,分别是原则上为本单位工资总额的20％、6％左右和2％;用人单位缴纳工伤保险费按照《工伤保险条例》(国务院令第586号)规定实行行业差别费率和浮动费率,有关费率确定按照国家相应规定执行;用人单位缴纳生育保险费的费率按照《企业职工生育保险试行办法》(劳部发〔1994〕504号)规定执行,由统筹地区政府根据实际情况自行确定,但不得超过用人单位工资总额的1％。职工本人缴纳基本养老保险、基本医疗保险和失业保险的费率,分别为本人工资的8％、2％和1％。

(2)参保个人缴纳社会保险费的费率。根据《国务院关于完善企业职工基本养老保险制度的决定》(国发〔2005〕38号)规定,无雇工的个体工商户和灵活就业人员参加职工基本养老保险的缴费费率为20％,其中8％计入个人账户;无雇工的个体工商户和灵活就业人员参加职工基本医疗保险的缴费费率,按国家有关规定,统筹地区可以参照当地基本医疗保险建立统筹基金的缴费水平确定。

(3)城镇居民参加居民医疗保险和农村居民参加新型农村社会养老保险及新型农村合作医疗,主要采取定额方式缴纳社会保险费。

15. 高校毕业生如何处理劳动人事纠纷?

发生劳动人事争议,可以通过协商解决。当事人不愿协商或协商不成的,可以向调解组织申请调解；不愿调解、调解不成，或者达成调解协议后不履行的，可以向劳动人事争议仲裁委员会申请仲裁；对仲裁裁决不服的，除法律另有规定的外，可以向人民法院提起诉讼。

对用人单位违反劳动保障法律、法规和规章的情况，高校毕业生可向人力资源社会保障部门举报、投诉。劳动保障监察机构将依法受理，纠正和查处有关违法行为。

16. 什么是服务外包和服务外包企业？

服务外包是指企业将其非核心的业务外包出去，利用外部最优秀的专业化团队来承接该业务，从而使其专注核心业务，达到降低成本、提高效率、增强企业核心竞争力和对环境应变能力的一种管理模式。

服务外包企业是指其与服务外包发包商签订中长期服务合同，承接服务外包业务的企业。

17. 目前服务外包产业主要涉及哪些领域及地区？

服务外包分为信息技术外包服务（ITO）、技术性业务流程外包服务（BPO）和技术性知识流程外包（KPO）等。ITO 包括软件研发及外包、信息技术研发服务外包、信息系统运营维护外包等领域。BPO 包括企业业务流程设计服务、企业内容管理数据库服务、企业运营数据库服务、企业供应链管理数据库服务等领域。KPO 包括知识产权研究、医药和生物技术研发和测试、产品技术研发、工业设计、分析学和数据挖掘、动漫及网游设计研发、教育课件研发、工程设计等领域。

我国目前有服务外包示范城市 21 个，分别是北京、天津、上海、重庆、大连、深圳、广州、武汉、哈尔滨、成都、南京、西安、济南、杭州、合肥、南昌、长沙、大庆、苏州、无锡、厦门。

18. 服务外包企业吸纳高校毕业生有哪些财政支持？

按照《国务院办公厅关于鼓励服务外包产业加快发展的复函》（国办函〔2010〕69 号）、《人力资源社会保障部、商务部关于加快服务外包产业发展促进高校毕业生就业的若干意见》（人社部发〔2009〕123 号）等文件规定，对符合条件的服务外包企业，每新录用一名大学以上学历员工从事服务外包工作并签订一年期以上劳动合同的，给予企业不超过每人 4 500 元的培训支持；对符合条件的培训机构培训的从事服务外包业务人才（大学以上学历），通过服务外包业务专业知识和技能培训考核，并与服务外包企业签订一年期以上劳动合同的，给予培训机构每人不超过 500 元的培训支持。

服务外包企业吸纳高校毕业生参加就业见习的,享受相关财政补助政策。服务外包企业吸纳就业困难高校毕业生就业,享受社会保险补贴等扶持政策。就业困难高校毕业生参加服务外包培训可按规定享受职业培训补贴和职业技能鉴定补贴。

鼓励引导高校毕业生面向城乡基层、中西部地区,以及民族地区、贫困地区和艰苦边远地区就业

19. 什么是基层就业?

基层就业就是到城乡基层工作。国家近几年出台了一系列优惠政策鼓励高校毕业生积极参加社会主义新农村建设、城市社区建设和应征入伍。一般来讲,"基层"既包括广大农村,也包括城市街道社区;既涵盖县级以下党政机关、企事业单位,也包括社会团体、非公有制组织和中小企业;既包含单位就业,也包括自主创业、自谋职业。

20. 国家鼓励毕业生到基层就业的主要优惠政策包括哪些?

按照《国务院关于进一步做好新形势下就业创业工作的意见》(国发〔2015〕23号)、《国务院办公厅关于做好2014年全国普通高等学校毕业生就业创业工作的通知》(国发〔2014〕22号)、《国务院办公厅关于做好2013年全国普通高等学校毕业生就业工作的通知》(国办发〔2013〕35号)和《国务院关于进一步做好普通高等学校毕业生就业工作的通知》(国发〔2011〕16号)等文件规定:

(1)完善工资待遇进一步向基层倾斜的办法,健全高校毕业生到基层工作的服务保障机制,鼓励毕业生到乡镇特别是困难乡镇机关事业单位工作。

(2)对高校毕业生到中西部地区、艰苦边远地区和老工业基地县以下基层单位就业、履行一定服务期限的,按规定给予学费补偿和国家助学贷款代偿(本科、专科学生每人每年最高不超过8 000元,研究生每人每年最高不超过12 000元)。

(3)结合政府购买服务工作的推进,在基层特别是街道(乡镇)、社区(村)购买一批公共管理和社会服务岗位,优先用于吸纳高校毕业生就业。

(4)落实完善见习补贴政策,对见习期满留用率达到50%以上的见习单位,适当提高见习补贴标准。

(5)将求职补贴调整为求职创业补贴,对象范围扩展到已获得国家助学贷款的毕业年度高校毕业生。

各地区要结合城镇化进程和公共服务均等化要求,充分挖掘教育、劳动就业、社会保障、医疗卫生、住房保障、社会工作、文化体育及残疾人服务、农技推广等基层公共管理和服务领域的就业潜力,吸纳高校毕业生就业。

要结合推进农业科技创新、健全农业社会化服务体系等,引导更多高校毕业生投身现代农业。

高校毕业生在中西部地区和艰苦边远地区县以下基层单位从事专业技术工作,申报相应职称时,可不参加职称外语考试或放宽外语成绩要求。充分挖掘社会组织吸纳高校毕业生就业潜力,对到省会及省会以下城市的社会团体、基金会、民办非企业单位就业的高校毕业生,所在地的公共就业人才服务机构要协助办理落户手续,在专业技术职称评定方面,享受与国有企事业单位同类人员同等待遇。

对到农村基层和城市社区从事社会管理和公共服务工作的高校毕业生,符合公益性岗位就业条件并在公益性岗位就业的,按照国家现行促进就业政策的规定,给予社会保险补贴和公益性岗位补贴。

(1)对到农村基层和城市社区其他社会管理和公共服务岗位就业的,给予薪酬或生活补贴,同时按规定参加有关社会保险。

(2)自2012年起,省级以上机关录用公务员,除部分特殊职位外,均应从具有两年以上基层工作经历的人员中录用。市(地)级以下机关特别是县乡机关招录公务员,应采取有效措施积极吸引优秀应届高校毕业生报考,录用计划应主要用于招收应届高校毕业生。

(3)对具有基层工作经历的高校毕业生,在研究生招录和事业单位选聘时实行优先。

21. 什么是基层社会管理和公共服务岗位?

所谓基层社会管理和公共服务岗位,包括大学生村官、支教、支农、支医、乡村扶贫,以及城市社区的法律援助、就业援助、社会保障协理、文化科技服务、养老服务、残疾人居家服务、廉租房配套服务等岗位。

2009年4月,人力资源社会保障部下发《关于公布第一批基层社会管理和公共服务岗位目录的通知》(人社部函〔2009〕135号),向社会公布第一批基层社会管理和公共服务岗位目录,以指导各地做好鼓励和引导高校毕业生到基层就业的工作。这批发布的岗位目录共分为基层人力资源和社会保障管理、基层农业服务、基层医疗卫生服务、基层文化科技服务、基层法律服务、基层民政、托老托幼、助残服务、基层市政管理、基层公共环境与设施管理维护以及其他等九大类领域,包括在街道(乡镇)、社区(村)等基层单位从事公共就业服务、社会保障、劳动关系协调、劳动监察、农业、扶贫开发、医疗、卫生、保健、防疫、文化、科技、体育、普法宣传、民事调解、托老、养老、托幼、助残、公共设施设备管理养护等相关事务管理服务工作的五十种岗位。

22. 什么是其他基层社会管理和公共服务岗位？

在街道社区、乡镇等基层开发或设立的相应的社会管理和公共服务岗位。部分由政府出资，或由相关组织和单位出资。所安排使用的人员按规定享受相关补贴。

23. 什么是公益性岗位？

由政府开发、以满足社区及居民公共利益为目的的管理和服务岗位。对符合条件在公益性岗位安置就业的就业困难人员，按规定给予社会保险补贴和岗位补贴。符合公益性岗位安置条件的就业困难高校毕业生，可按规定享受公益性岗位就业援助政策。

24. 什么是公益性岗位社会保险补贴？

按照《财政部、人力资源社会保障部关于进一步加强就业专项资金管理有关问题的通知》（财社〔2011〕64号）规定，对就业困难人员的社会保险补贴实行"先缴后补"的办法。在公益性岗位安排就业困难人员，并缴纳社会保险费的，按其为就业困难人员实际缴纳的基本养老保险费、基本医疗保险费和失业保险费给予补贴，不包括就业困难人员个人应缴纳的基本养老保险费、基本医疗保险费和失业保险费，以及企业（单位）和个人应缴纳的其他社会保险费。社会保险补贴期限，一般最长不超过三年。

25. 什么是公益性岗位补贴？

对在公益性岗位安排就业困难人员就业的单位，按其实际安排就业困难人员人数给予岗位补贴。公益性岗位补贴期限，一般最长不超过三年。

在公益性岗位安排就业困难人员就业的单位，可按季向当地人力资源社会保障部门申请公益性岗位补贴。公益性岗位补贴申请材料应附：符合享受公益性岗位补贴条件的人员名单及《身份证》复印件、《就业创业证》复印件、发放工资明细账（单）、单位在银行开立的基本账户等凭证材料，经人力资源社会保障部门审核后，财政部门将补贴资金支付到单位在银行开立的基本账户。

26. 为鼓励高校毕业生面向基层就业，实施学费补偿和助学贷款代偿政策的主要内容是什么？

按照《关于调整完善国家助学贷款相关政策措施的通知》（财教〔2014〕180号）、《财政部、教育部关于印发〈高等学校毕业生学费和国家助学贷款代偿暂行办法〉的通知》(财教〔2009〕15 号)等文件规定,中央部门所属高校应届毕业生(全日制本专科、高职生、研究生、第二学士学位毕业生)到中西部地区和艰苦边远地区基层单位就业、服务期在三年以上(含三年)的,其学费由国家实行补偿。在校学习期间获得国家助学贷款(含高校国家助学贷款和生源地信用助学贷款,下同)的,补偿的学费优先用于偿还国家助学贷款本金及其全部偿还之前产生的利息。定向、委培以及在校期间已享受免除全部学费政策的学生除外。

目前,国家助学贷款资助标准已经调整为,全日制普通本专科学生(含第二学士学位、高职学生,下同)每人每年申请贷款额度不超过 8 000 元;年度学费和住宿费标准总和低于 8 000 元的,贷款额度可按照学费和住宿费标准总和确定。全日制研究生每人每年申请贷款额度不超过 12 000 元;年度学费和住宿费标准总和低于 12 000 元的,贷款额度可按照学费和住宿费标准总和确定。

国家助学贷款资助标准调整后,《财政部 教育部 总参谋部关于印发〈高等学校学生应征入伍服义务兵役国家资助办法〉的通知》(财教〔2013〕236 号)、《财政部 教育部 民政部 总参谋部总政治部关于实施退役士兵教育资助政策的意见》(财教〔2011〕538 号)和《财政部 教育部关于印发〈高等学校毕业生学费和国家助学贷款代偿暂行办法〉的通知》(财教〔2009〕15 号)中有关学费补偿、国家助学贷款代偿和学费资助的标准,相应调整为本专科学生每人每年最高不超过 8 000 元、研究生每人每年最高不超过 12 000 元。学费补偿、国家助学贷款代偿和学费资助的其他事项,仍按原规定执行。

27. 国家实施补偿学费和代偿助学贷款的就业地域范围包括哪些?

国家对到中西部地区和艰苦边远地区基层单位就业、并履行一定服务期限的中央部门所属高校毕业生,按规定实施相应的学费补偿和助学贷款代偿。这里涉及的地域范围主要包括:

(1)西部地区:西藏、内蒙古、广西、重庆、四川、贵州、云南、陕西、甘肃、青海、宁夏、新疆等 12 个省(自治区、直辖市);

(2)中部地区:河北、山西、吉林、黑龙江、安徽、江西、河南、湖北、湖南、海南等 10 个省;

(3)艰苦边远地区:由国务院确定的经济水平、条件较差的一些州、县和少数民族地区。(详情可登录中国政府网查询:http://www.gov.cn)

(4)基层单位:

① 中西部地区和艰苦边远地区县以下机关、企事业单位,包括乡(镇)政府机关、农村中小学、国有农(牧、林)场、农业技术推广站、畜牧兽医站、乡镇卫生院、计划生育服务站、乡镇文化站、乡镇劳动就业服务站等;

② 工作现场地处以上地区县以下的气象、地震、地质、水电施工、煤炭、石油、航海、核工业等中央单位艰苦行业生产第一线。

28. 学费补偿和助学贷款代偿的标准和年限是多少?

学费补偿、国家助学贷款代偿及学费减免标准,本专科生每人每年最高不超过 8 000 元,研究生每人每年最高不超过 12 000 元。

本科、专科(高职)、研究生和第二学士学位毕业生补偿学费或代偿国家助学贷款的年限,分别按照国家规定的相应学制计算。在校学习的时间低于相应学制规定年限的,按照实际学习时间计算补偿学费或代偿助学贷款年限。在校学习时间高于相应学制年限的,按照学制规定年限计算。

每年代偿学费或国家助学贷款总额的三分之一,三年代偿完毕。

29. 中央部门所属高校毕业生如何申请学费补偿和助学贷款代偿?

(1)在办理离校手续时向学校递交《学费和国家助学贷款代偿申请表》和毕业生本人、就业单位与学校三方签署的到中西部地区和艰苦边远地区基层单位服务三年以上的就业协议;

(2)在校学习期间获得国家助学贷款的,在与国家助学贷款经办银行签订毕业后还款计划时,注明已申请国家助学贷款代偿,如获得国家助学贷款代偿资格,不需自行向银行还款;

(3)高校负责审查申请资格并上报全国学生资助管理中心。

30. 地方所属高校毕业生到基层就业如何获得学费补偿和助学贷款代偿?

按照《财政部、教育部关于印发〈高等学校毕业生学费和国家助学贷款代偿暂行办法〉的通知》(财教〔2009〕15号)要求,各地要抓紧研究制订本地所属高校毕业生面向本辖区艰苦边远地区基层单位就业的学费补偿和助学贷款代偿办法。地方所属高校毕业生到基层就业是否可以获得学费补偿或国家助学贷款代偿,以及如何申请办理补偿或代偿等,请向学校所在地政府有关部门查询。

31. 到基层就业如何办理户口、档案、党团关系等手续?

对到西部县以下基层单位和艰苦边远地区就业的高校毕业生,实行来去自由的政策,户口可留在原籍或根据本人意愿迁往就业地区;人事档案原则上统一转至就业单位所在地的县级政府人力资源社会保障部门,由公共就业和人才服务机构提供免费人事代理服务;党团组织关系转至就业单位,在工作期间积极要求入党的,由乡镇一级党组织按规定程序办理。

32. 中央有关部门实施了哪些基层就业项目?

近年来,中央各有关部门主要组织实施了五个引导高校毕业生到基层就业的专门项目,包括:团中央、教育部、财政部、人力资源社会保障部等四部门从2003年起组织实施的"大学生志愿服务西部计划";中组部、人力资源社会保障部、教育部等八部门从2006年开始组织实施的"三支一扶"(支教、支农、支医和扶贫)计划;教育部、财政部、人力资源社会保障部、中央编办等四部门从2006年开始组织实施的"农村义务教育阶段学校教师特设岗位计划";中组部、教育部、财政部、人力资源社会保障部等部门从2008年起组织实施的"选聘高校毕业生到村任职工作";农业部、人社部、教育部等部门从2103年起组织实施的"农业技术推广服务特设岗位计划"。

33. 什么是农村义务教育阶段学校教师特设岗位计划?

2006年,教育部、财政部、原人事部、中央编办下发《关于实施农村义务教育阶段学校教师特设岗位计划的通知》(教师〔2006〕2号),联合启动实施"特岗计划",公开招聘高校毕业生到"两基"攻坚县农村义务教育阶段学校任教。特岗教师聘期3年。

34. 农村教师特岗计划实施的地区范围包括哪些?

2006－2008年"特岗计划"的实施范围以国家西部地区"两基"攻坚县为主(含新疆生产建设兵团的部分团场),包括纳入国家西部开发计划的部分中部省份的少数民族自治州,适当兼顾西部地区一些有特殊困难的边境县、少数民族自治县和少小民族县。2009年,实施范围扩大到中西部地区国家扶贫开发工作重点县。

35. 农村教师特岗计划招聘对象和条件是什么?

(1)以高等师范院校和其他全日制普通高校应届本科毕业生为主,可招少量应届师范类专业专科毕业生。

(2)取得教师资格,具有一定教育教学实践经验,年龄在30岁以下的全日制普通高校往届本科毕业生。

(3)参加过"大学生志愿服务西部计划"、有从教经历的志愿者和参加过半年以上实习支教的师范院校毕业生同等条件下优先。

(4)报名者应同时符合教师资格条件要求和招聘岗位要求。

36. 农村教师特岗计划的招聘程序有哪些？

特岗教师实行公开招聘，合同管理。合同规定用人单位和应聘人员双方的权利和义务。

招聘工作由省级教育、人力资源社会保障、财政、编办等相关部门共同负责，遵循"公开、公平、自愿、择优"和"三定"（定县、定校、定岗）原则，按下列程序进行：①公布需求，②自愿报名，③资格审查，④考试考核，⑤集中培训，⑥资格认定，⑦签订合同，⑧上岗任教。

37. 什么是选聘高校毕业生到村任职？

2008年，中组部、教育部、财政部、人力资源和社会保障部出台了《关于印发〈关于选聘高校毕业生到村任职工作的意见（试行）〉的通知》（组通字〔2008〕18号），计划用五年时间选聘10万名高校毕业生到农村担任村党支部书记助理、村委会主任助理或团支部书记、副书记等职务。从2010年开始，扩大选聘规模，逐步实现"一村一名大学生村官"计划的目标。选聘的高校毕业生在村工作期限一般为2~3年。

38. 选聘到村任职的对象是什么？要满足哪些条件？

选聘对象为30岁以下应届和往届毕业的全日制普通高校专科以上学历的毕业生，重点是应届毕业和毕业一至两年的本科生、研究生，原则上为中共党员（含预备党员），非中共党员的优秀团干部、优秀学生干部也可以选聘。

基本条件是：①思想政治素质好，作风踏实，吃苦耐劳，组织纪律观念强。②学习成绩良好，具备一定的组织协调能力。③自愿到农村基层工作。④身体健康。此外，参加人力资源社会保障部、团中央等部门组织的到农村基层服务的"三支一扶""志愿服务西部计划"等活动期满的高校毕业生，本人自愿且具备选聘条件的，经组织推荐可作为选聘对象。

39. 选聘到村任职的程序是什么？

选聘工作一般通过个人报名、资格审查、组织考察、体检、公示、决定聘用、培训上岗等程序进行。

40. 什么是"三支一扶"计划？

三支一扶是支教、支医、支农、扶贫的简称。2006年，中组部、原人事部等八部门下发《关于组织开展高校毕业生到农村基层从事支教、支农、支医和扶贫工作的通知》（国人部发〔2006〕16号），以公开招募、自愿报名、组织选拔、统一派遣的方式，从2006年开始连续五年，每年招募两万名高校毕业生，主要安排到乡镇从事支教、支农、支医和扶贫工作。服务期限一般为2~3年。招募对象主要为全国普通高校应届毕业生。

2011年4月,人力资源社会保障部下发《关于继续做好高校毕业生三支一扶计划实施工作的通知》(人社部发〔2011〕27号),决定继续组织开展高校毕业生"三支一扶"计划,从2011年起,每年选拔两万名,五年内选拔10万名高校毕业生到基层从事"三支一扶"服务。

41. 什么是大学生志愿服务西部计划?

大学生志愿服务西部计划由共青团中央牵头,教育部、财政部、人力资源社会保障部共同组织实施。从2003年开始,每年招募1.8万名普通高等学校应届毕业生,到西部贫困县的乡镇从事为期1～3年的教育、卫生、农技、扶贫以及青年中心建设和管理等方面的志愿服务工作。

42. 什么是农业技术推广服务特设岗位计划?

农业技术推广服务特设岗位计划由农业部牵头,人力资源社会保障部、教育部和科技部共同组织实施。从2013年开始,每年招募一批普通高等学校应届毕业生,到乡镇或区域性农业技术推广机构从事为期2～3年的农业技术推广、动植物疫病防控、农产品质量安全服务等工作。

43. 参加中央部门组织实施的基层就业项目,服务期满后享受哪些优惠政策?

根据中组部、人力资源社会保障部、教育部、财政部、共青团中央《关于统筹实施引导高校毕业生到农村基层服务项目工作的通知》(人社部发〔2009〕42号)等政策规定,参加中央部门组织实施的基层就业项目、服务期满的毕业生,享受以下优惠政策:

(1)公务员招录优惠:每年拿出公务员考录计划的一定比例,专门用于定向招录服务期满且考核称职(合格)的服务基层项目人员。服务基层项目人员也可报考其他职位。

(2)事业单位招聘优惠:鼓励在项目结束后留在当地就业,参加各基层就业项目相对应的自然减员空岗,全部聘用服务期满的高校毕业生。从2009年起,到乡镇事业单位服务的高校毕业生服务满一年后,在现岗位空缺情况下,经考核合格,即可与所在单位签订不少于三年的聘用合同。同时,各省(区、市)县及县以上相关的事业单位公开招聘工作人员,应拿出不低于40%的比例,聘用各专门项目服务期满考核合格的高校毕业生。

(3)考学升学优惠:服务期满后三年内报考硕士研究生初试总分加10分;同等条件下优先录取;高职(高专)学生可免试入读成人本科。

(4)国家补偿学费和代偿助学贷款政策:参加各基层就业项目的毕业生,符合规定条件的,可享受相应的学费补偿和助学贷款代偿政策。

(5)服务期满自主创业的,可享受税收优惠、行政事业性收费减免、小额贷款担保和贴息等有关政策。

(6)其他:各基层就业项目服务年限计算工龄。服务期满到企业就业的,按照规定转接社会保险关系。

44. 高校毕业生到艰苦边远地区或国家扶贫开发工作重点县就业有什么优惠政策?

根据《国务院关于进一步做好普通高等学校毕业生就业工作的通知》(国发〔2011〕16号)规定,对到艰苦边远地区或国家扶贫开发工作重点县就业的高校毕业生,在机关工作的,试用期工资可直接按试用期满后工资确定,试用期满后级别工资高定一至两档;在事业单位工作的,可提前转正定级,转正定级时薪级工资高定一至两级。

鼓励大学生应征入伍,报效祖国

45. 国家鼓励大学生应征入伍服义务兵役,这里的"大学生"如何界定?

指根据国家有关规定批准设立、实施高等学历教育的全日制公办普通高等学校、民办普通高等学校和独立学院,按照国家招生规定录取的全日制普通本科、专科(含高职)、研究生、第二学士学位的应(往)届毕业生、在校生和已被普通高校录取但未报到入学的学生。

征集的大学生以男性为主,女性大学生征集根据军队需要确定。

46. 公民应征入伍需要满足哪些政治条件?

征集服现役的公民必须热爱中国共产党,热爱社会主义祖国,热爱人民军队,遵纪守法,品德优良,决心为抵抗侵略、保卫祖国、保卫人民的和平劳动而英勇奋斗。征兵政治审查的内容包括:应征公民的年龄、户籍、职业、政治面貌、宗教信仰、文化程度、现实表现,以及家庭主要成员和主要社会关系成员的政治情况等。

47. 公民应征入伍要满足哪些基本身体条件?

公民应征入伍要符合国防部颁布的《应征公民体格检查标准》和有关规定。其中,有几项基本条件:

身高:男性160 cm以上,女性158 cm以上。

体重:男性:不超过标准体重的30%,不低于标准体重的15%。

女性:不超过标准体重的20%,不低于标准体重的15%。

标准体重=(身高-110)kg。

视力:大学生右眼裸眼视力不低于4.6,左眼裸眼视力不低于4.5。屈光不正,准分子激光手术后半年以上,无并发症,视力达到相应标准的,合格。

内科:乙型肝炎表面抗原呈阴性,等等。

48. 应征入伍服义务兵役大学生的年龄是如何规定的?

男性普通高等学校在校生为年满18至22周岁,高职(专科)毕业生可放宽到23周岁,本科及以上学历毕业生可放宽到24周岁。

女性普通高等学校在校生为年满18到20周岁,应届毕业生放宽到22周岁。

49. 高校毕业生应征入伍服义务兵役要经过哪些程序?

(1)网上报名预征:有应征意向的高校毕业生可在夏秋季征兵开始之前登录"大学生应征入伍网上报名平台"(网址为 http://zbbm.chsi.com.cn 或 http://zbbm.chsi.cn,下同)进行报名,填写、打印《应届毕业生预征对象登记表》和《高校毕业生应征入伍学费补偿国家助学贷款代偿申请表》(以下分别简称《登记表》、《申请表》),交所在高校征兵工作管理部门。

(2)初审、初检:毕业生离校前,在高校参加身体初检、政治初审,符合条件者确定为预征对象,高校协助兵役机关将《登记表》和《申请表》审核盖章发给毕业生本人,并完成网上信息确认。初审、初检工作最晚在7月15日前完成。

(3)实地应征:高校应届毕业生可在学校所在地应征入伍,也可在入学前户籍所在地应征入伍。

(4)组织高校应届毕业生在学校所在地征集的,结合初审、初检工作同步进行体格检查和政治审查,在毕业生离校前完成预定兵,9月初学校所在地县(市、区)人民政府征兵办公室为其办理批准入伍手续。政治审查以本人现实表现为主,由其就读学校所在地的县(市、区)公安部门负责,学校分管部门具体承办,原则上不再对其入学前和就读返乡期间的现实表现情况进行调查。

(5)在入学前户籍所在地应征入伍的,高校应届毕业生7月30日前将户籍迁回入学前户籍地,持《登记表》和《申请表》到当地县级兵役机关参加实地应征,经体格检查、政治审查合格的,9月初由当地县(市、区)人民政府征兵办公室办理批准入伍手续。

50. 大学生征集工作由哪个部门牵头负责?

高校所在地兵役机关会同有关部门进入高校开展征集工作,高校由学生管理部门或学校武装部门牵头负责,有意向参军入伍的大学生可向所在学校学工部(处)、就业中心、资助中心或武装部咨询有关政策。

51. 高校毕业生应征入伍服义务兵役享受哪些优惠政策?

高校毕业生应征入伍服义务兵役,除享有优先报名应征、优先体检政审、优先审批定兵、优先安排使用"四个优先"政策,家庭按规定享受军属待遇外,还享受优先选拔使用、学费补偿和国家助学贷款代偿、退役后考学升学优惠、就业服务等政策。

52. 高校毕业生应征入伍"四个优先"政策是怎样规定的?

高校毕业生预征对象参军入伍享受"四优先"政策:

(1)优先报名应征。报名由县级兵役机关直接办理。夏秋季征兵开始前,县级兵役机关通知其报名时间、地点、注意事项等。确定为预征对象的高校毕业生,持《应届毕业生预征对象登记表》,可以直接到学校所在地或户籍所在地县级兵役机关报名应征。

(2)优先体检政审。体检由县级兵役机关直接办理。夏秋季征兵体检前,县级兵役机关通知其体检时间、地点、注意事项等。确定为预征对象的高校毕业生,未能在规定时间内在学校参加体检的,本人持《应届毕业生预征对象登记表》,可在征兵体检时间内报名直接参加体检。

(3)优先审批定兵。审批定兵时,应当优先批准体检政审合格的高校毕业生入伍。高职(专科)以上文化程度的合格青年未被批准入伍前,不得批准高中文化程度的青年入伍。

(4)优先安排使用。在安排兵员去向时,根据高校毕业生的学历、专业和个人特长,优先安排到军兵种或专业技术要求高的部队服役;部队对征集入伍的高校毕业生,优先安排到适合的岗位,充分发挥其专长。

53. 大学生应征入伍服义务兵役给予国家资助的内容是什么?

高等学校学生应征入伍服义务兵役国家资助,是指国家对应征入伍服义务兵役的高校学生,在入伍时对其在校期间缴纳的学费实行一次性补偿或获得的国家助学贷款(国家助学贷款包括校园地国家助学贷款和生源地信用助学贷款,下同)实行代偿;应征入伍服义务兵役前正在高等学校就读的学生(含按国家招生规定录取的高等学校新生),服役期间按国家有关规定保留学籍或入学资格、退役后自愿复学或入学的,国家实行学费减免。

54. 高校学生应征入伍享受学费补偿、国家助学贷款代偿及学费减免的标准是多少?

按照《关于调整完善国家助学贷款相关政策措施的通知》(财教〔2014〕180

号)、《财政部、教育部、总参谋部关于印发〈高等学校学生应征入伍服义务兵役国家资助办法〉的通知》(财教〔2013〕236号)规定:

(1)学费补偿、国家助学贷款代偿及学费减免标准,本专科生每人每年最高不超过8 000元,研究生每人每年最高不超过12 000元。

(2)学费补偿或国家助学贷款代偿金额,按学生实际缴纳的学费或获得的国家助学贷款(国家助学贷款包括本金及其全部偿还之前产生的利息,下同)两者金额较高者执行,据实补偿或者代偿。退役复学后学费减免金额,按学校实际收取学费金额执行。超出标准部分不予补偿、代偿或减免。

(3)获学费补偿学生在校期间获得国家助学贷款的,补偿资金必须首先用于偿还国家助学贷款。如补偿金额高于国家助学贷款金额,高出部分退还学生。

55. 高校学生应征入伍服义务兵役都可以享受国家资助政策吗?

在校期间已免除全部学费的学生,定向生、委培生和国防生,其他不属于服义务兵役到部队参军的学生,均不享受学费补偿和国家助学贷款代偿政策。

56. 高校学生应征入伍服义务兵役享受学费补偿、国家助学贷款代偿和学费减免的年限如何计算?

学费补偿、国家助学贷款代偿和学费减免的年限,按照国家对本科、专科(高职)、研究生和第二学士学位规定的相应修业年限据实计算。以入伍时间为准,入伍前已达到的修业规定年限,即为学费补偿或国家助学贷款代偿的年限;退役复学后应完成的国家规定的修业年限的剩余期限,即为学费减免的年限;复学后攻读更高层次学历不在减免学费范围之内。

专升本、本硕连读、中职高职连读、第二学士学位毕业生补偿学费或代偿国家助学贷款的年限,分别按照完成本科、硕士、高职和第二学士学位阶段学习任务规定的学习时间计算。

专升本、本硕连读学制在校生,在专科或本科学习阶段应征入伍的,以实际学习时间实行学费补偿或国家助学贷款代偿;在本科或硕士学习阶段应征入伍的,以本科已学习时间或硕士已学习时间计算,实行学费补偿或国家助学贷款代偿,其以前专科学习时间或本科学习时间不计入学费补偿或国家助学贷款代偿。中职高职连读学生学费补偿或国家助学贷款代偿的年限,按照高职阶段实际学习时间计算。

57. 高校学生申请应征入伍服义务兵役国家资助的程序是什么?

(1)应征报名的高校学生登录大学生征兵报名系统,按要求在线填写、打印《高校学生应征入伍学费补偿国家助学贷款代偿申请表》(一式两份,以下简称《申请表》)并提交学校学生资助管理部门。在校期间获得国家助学贷款的学生,需同时提供《国家助学贷款借款合同》复印件和本人签字的一次性偿还贷款计划书。

(2)学校相关部门对《申请表》中学生的资助资格、标准、金额(如有生源地信用助学贷款,学校应联系贷款经办银行或贷款经办地县级学生资助管理机构确认贷款金额)等相关信息审核无误后,对《申请表》加盖公章,一份留存,一份返还学生。

(3)学生在征兵报名时将《申请表》交至入伍所在地县级人民政府征兵办公室(以下简称"县级征兵办")。学生通过征兵体检被批准入伍后,县级征兵办对《申请表》加盖公章并返还学生。

(4)学生将《申请表》原件和入伍通知书复印件,寄送至原就读高校学生资助管理部门。

58. 因个人原因被部队退回,高校学生已获国家资助的经费要被收回吗?

因本人思想原因、故意隐瞒病史或弄虚作假、违法犯罪等行为造成退兵的学生,学校取消其受助资格,并不得申请学费减免。各省(区、市)人民政府征兵办公室应在接收退兵后及时将被退回学生的姓名、就读高校、退兵原因等情况逐级上报至国防部征兵办公室,并按照学生原就读高校的隶属关系,通报同级教育行政部门。

被部队退回并被取消资助资格的学生,如学生返回其原户籍所在地,已补偿的学费或代偿的国家助学贷款资金由学生户籍所在地县级教育行政部门会同同级人民政府征兵办公室收回;如学生返回其原就读高校,已补偿的学费或代偿的国家助学贷款由学生原就读高校会同退役安置地县级人民政府征兵办公室收回。各县级教育行政部门和各高校应在收回资金后十日内,逐级汇总上缴全国学生资助管理中心。收回资金按规定作为下一年度学费补偿或国家助学贷款代偿经费。

59. 高校毕业生入伍服义务兵役年限是多少?

我国现行的义务兵役制度服役年限是两年。

60. 大学生士兵退役后享受哪些就学优惠政策?

(1)高职(专科)学生入伍经历可作为毕业实习经历。

(2)退役大学生士兵入学或复学后免修军事技能训练,直接获得学分。

(3)设立"退役大学生士兵"专项硕士研究生招生计划。根据实际需求,每年安排一定数量专项计划,专门面向退役大学生士兵招生。专项计划规模控制在5 000人以内,在全国研究生招生总规模内单列下达,不得挪用。

(4)将高校在校生(含高校新生)服兵役情况纳入推免生遴选指标体系。鼓励开展推荐优秀应届本科毕业生免试攻读研究生工作的高校在制定本校推免生遴选办法时,结合本校具体情况,将在校期间服兵役情况纳入推免生遴选指标体系。在部队荣立二等功及以上的退役人员,符合研究生报名条件的可免试(指初试)攻读硕士研究生。

(5)将考研加分范围扩大至高校在校生(含高校新生)。退役人员在继续实行普通高校应届毕业生退役后按规定享受加分政策的基础上,允许普通高校在校生(含高校新生)应征入伍服义务兵役退役,在完成本科学业后三年内参加全国硕士研究生招生考试,初试总分加10分,同等条件下优先录取。

(6)退役大学生士兵专升本实行招生计划单列。高职(专科)学生应征入伍服义务兵役退役,在完成高职学业后参加普通本科专升本考试,实行计划单列,录取比例在现行30%的基础上适度扩大,具体比例由各省份根据本地实际和报名情况确定。

(7)高校新生录取通知书中附寄应征入伍优惠政策。高校向新生寄送《录取通知书》时,附寄应征入伍宣传单,宣传单主要内容包括优惠政策概要、报名流程指南、学籍注册要求等。

(8)放宽退役大学生士兵复学转专业限制。大学生士兵退役后复学,经学校同意并履行相关程序后,可转入本校其他专业学习。

(9)具有高职(高专)学历的,退役后免试入读成人本科,或经过一定考核入读普通本科;荣立三等功以上奖励的,在完成高职(专科)学业后,免试入读普通本科;

(10)应征入伍的高校毕业生退役后报考政法干警招录培养体制改革试点招生时,教育考试笔试成绩总分加10分。

61. 什么是政法干警招录培养体制改革试点考试?

国家为培养政治业务素质高,实战能力强的应用型、复合型政法人才,加强政法机关公务员队伍建设,2008年开始重点从部队退役士兵和普通高校毕业生中选拔优秀人才,为基层政法机关特别是中西部和其他经济欠发达地区的县(市)级以下基层政法机关提供人才保障和智力支持。

62. 应征入伍的高校应届毕业生离校后户口档案存放在哪里,如何迁转?

被确定为预征对象的高校应届毕业生,回入学前户籍所在地应征的,将户口迁回入学前户籍所在地,档案转到入学前户籍所在地人才交流中心存放。在学校所在地应征的,可将户籍和档案暂时保留在学校。

高校应届毕业生批准入伍后,其户口档案予以注销,档案放入新兵档案。

63. 高校应届毕业生退役后户档迁移有何优惠政策?

高校应届毕业生入伍服义务兵役退出现役后一年内,可视同当年的高校应届毕业生,凭用人单位录(聘)用手续,向原就读高校再次申请办理就业报到手续,户档随迁(直辖市按照有关规定执行)。

64. 什么是士官?与义务兵有什么区别?

我军现役士兵按兵役性质分为义务兵役制士兵和志愿兵役制士兵。义务兵役制士兵称为义务兵,志愿兵役制士兵称为士官。士官属于士兵军衔序列,但不同于义务兵役制士兵,是士兵中的骨干。义务兵实行供给制,发给津贴,士官实行工资制和定期增资制度。

65. 没有参加网上报名预征的大学生生是否还可以应征入伍并享受有关优惠政策?

未参加网上报名预征的大学生,在征兵期间需要补办网上预征手续,没有经过网上报名预征的大学生不享受有关优惠政策。

积极聘用高校毕业生参与国家和地方重大科研项目

66. 国家和地方重大科研项目包括哪些?

按照《科技部、教育部、财政部、人力资源社会保障部、国家自然科学基金委员会关于鼓励科研项目单位吸纳和稳定高校毕业生就业的若干意见》(国科发财〔2009〕97号)规定,由高校、科研机构和企业所承担的民口科技重大专项、973计划、863计划、科技支撑计划项目,以及国家自然科学基金会的重大重点项目等,可以聘用高校毕业生作为研究助理或辅助人员参与研究工作。此外的其他项目,承担研究的单位也可聘用高校毕业生。

67. 哪些高校毕业生可以被吸纳为研究助理或辅助人员?

吸纳对象主要以优秀的应届毕业生为主,包括高校,以及有学位授予权的科研机构培养的博士研究生、硕士研究生和本科生。

68. 科研项目吸纳的高校毕业生是否为在编职工?

不是项目承担单位的正式在编职工,被吸纳高校毕业生需与项目承担单位签订服务协议,明确双方的权利、责任和义务。

69. 科研项目承担单位与被吸纳高校毕业生签订的服务协议应包含哪些内容?

(1)项目承担单位的名称和地址;
(2)研究助理的姓名、居民身份证号码和住址;
(3)服务协议期限;
(4)工作内容;
(5)劳务性费用数额及支付方式;
(6)社会保险;
(7)双方协商约定的其他内容。

服务协议不得约定由毕业生承担违约金。

70. 服务协议的期限如何约定?

根据《人力资源社会保障部办公厅关于重大科研项目单位吸纳高校毕业生参与研究工作签订服务协议有关问题的通知》(人社厅发〔2009〕47号)等文件规定,服务协议期限最多可签订三年,三年以下的服务协议期限已满而项目执行期未满的,根据工作需要可以协商续签至三年。

71. 服务协议履行期间可以解除协议吗?

服务协议履行期间,毕业生可以提出解除服务协议,但应提前15天书面通知项目承担单位。

项目承担单位提出解除服务协议的,应当提前30日书面通知毕业生本人。研究助理被解除服务协议或协议期满终止后,符合条件的毕业生可按规定享受失业保险待遇。

72. 被吸纳高校毕业生如何获取报酬?

由项目承担单位向高校毕业生支付劳务性费用,具体数额按照国家有关规定、参照相应岗位标准,由双方协商确定。

73. 项目承担单位是否给被吸纳的高校毕业生上保险?

项目承担单位应当为毕业生办理社会保险,具体包括基本养老保险、基本医疗保险、失业保险、工伤保险、生育保险,并按时足额缴费。参保、缴费、待遇支付等具体办法参照各项社会保险有关规定执行。

74. 被吸纳的高校毕业生户档如何迁转?

毕业生参与项目研究期间,根据当地情况,其户口、档案可存放在项目承担单位所在地或入学前家庭所在地公共就业和人才服务机构。项目承担单位所在地或入学前家庭所在地公共就业和人才服务机构应当免费为其提供户口、档案托管服务。

75. 服务协议期满后如何就业?

协议期满,如果项目承担单位无意续聘,则毕业生到其他岗位就业。同时,国家鼓励项目承担单位正式聘用(招用)人员时,优先聘用担任过研究助理的人员。项目承担单位或其他用人单位正式聘用(招用)担任过研究助理的人员,应当分别依据《劳动合同法》、《国务院办公厅转发人事部关于在事业单位试行人员聘用制度意见的通知》(国办发〔2002〕35号)等规定执行。

76. 毕业生服务协议期满被用人单位正式录(聘)用后,如何办理落户手续?工龄如何接续?

担任过研究助理的人员被正式聘用(招用)后,按照有关规定,凭用人单位录(聘)用手续、劳动合同和《普通高等学校毕业证书》办理落户手续;工龄与参与项目研究期间的工作时间合并计算,社会保险缴费年限合并计算。

鼓励支持高校毕业生自主创业,稳定灵活就业

77. 高校毕业生自主创业,可以享受哪些优惠政策?

按照《国务院关于进一步做好新形势下就业创业工作的意见》(国发〔2015〕23号)、《国务院办公厅关于深化高等学校创新创业教育改革的实施意见》(国办发〔2015〕36号)等文件规定,高校毕业生自主创业优惠政策主要包括:

(1)税收优惠:简化大学生创业流程,取消《大学生自主创业证》。持人社部门核发《就业创业证》(注明"毕业年度内自主创业税收政策")的高校毕业生在毕业年度内(指毕业所在自然年,即1月1日至12月31日)创办个体工商户、个人独资企业的,三年内按每户每年8000元为限额依次扣减其当年实际应缴纳的营业税、城市维护建设税、教育费附加和个人所得税。对高校毕业生创办的小型微利企业,按国家规定享受相关税收支持政策。

(2)创业担保贷款和贴息支持:对符合条件的高校毕业生自主创业的,可在创业地按规定申请创业担保贷款,贷款额度为10万元。鼓励金融机构参照贷款基础利率,结合风险分担情况,合理确定贷款利率水平,对个人发放的创业担保贷款,在贷款基础利率基础上上浮三个百分点以内的,由财政给予贴息。

(3)免收有关行政事业性收费:毕业两年以内的普通高校毕业生从事个体经营(除国家限制的行业外)的,自其在工商部门首次注册登记之日起三年内,免收管理类、登记类和证照类等有关行政事业性收费。

(4)享受培训补贴:对高校毕业生在毕业学年(即从毕业前一年7月1日起的12个月)内参加创业培训的,根据其获得创业培训合格证书或就业、创业情况,按规定给予培训补贴。

(5)免费创业服务:有创业意愿的高校毕业生,可免费获得公共就业和人才服务机构提供的创业指导服务,包括政策咨询、信息服务、项目开发、风险评估、开业指导、融资服务、跟踪扶持等"一条龙"创业服务。各地在充分发挥各类创业孵化基地作用的基础上,因地制宜建设一批大学生创业孵化基地,并给予相关政策扶持。对基地内大学生创业企业要提供培训和指导服务,落实扶持政策,努力提高创业成功率,延长企业存活期。

(6)取消高校毕业生落户限制,允许高校毕业生在创业地办理落户手续(直辖市按有关规定执行)。

78.大学生创业工商登记有什么要求?

深化商事制度改革,进一步落实注册资本登记制度改革,坚决推行工商营业执照、组织机构代码证、税务登记证"三证合一",推进"三证合一"登记制度改革意见和统一社会信用代码方案,实现"一照一码"。放宽新注册企业场所登记条件限制,推动"一址多照"、集群注册等,降低大学生创业门槛。

79.对大学生自主创业学籍管理有什么要求?

对有自主创业意愿的大学生,实施弹性学制,放宽学生修业年限,允许调整学业进程、保留学籍休学创新创业。

80.高校对自主创业大学生可提供什么条件?

建设一批大学生创业示范基地,继续推动大学科技园、创业园、创业孵化基地和实习实践基地建设,高校应开辟专门场地用于学生创新创业实践活动,教育部工程研究中心、各类实验室、教学仪器设备等原则上都要向学生开放。各高校要优化经费支出结构,多渠道统筹安排资金,支持创新创业教育教学,资助学生创新创业项目。

81.高校毕业生怎样提升自主创业的能力?

各高校要根据人才培养定位和创新创业教育目标要求,促进专业教育与创新创业教育有机融合,调整专业课程设置,挖掘和充实各类专业课程的创新创业教育资源,在传授专业知识过程中加强创新创业教育。面向全体学生开发开设创新创业必修课和选修课,纳入学分管理。

各地人力资源社会保障部门已形成一些成熟的创业培训模式,如"GYB"(产生你的企业想法)、"SYB"(创办你的企业)、"IYB"(改善你的企业);高校毕业生可选择参加创业培训和实训,并可按规定享受培训补贴,以提高创业能力。

82. 高校如何开展创新创业教育？

健全创新创业教育课程体系。高校要加快创新创业教育优质课程信息化建设，推出一批资源共享的慕课、视频公开课等在线开放课程。建立在线开放课程学习认证和学分认定制度。组织学科带头人、行业企业优秀人才，联合编写具有科学性、先进性、适用性的创新创业教育重点教材。

改革教学方法和考核方法。高校要广泛开展启发式、讨论式、参与式教学，扩大小班化教学覆盖面，推动教师把国际前沿学术发展、最新研究成果和实践经验融入课堂教学，注重培养学生的批判性和创造性思维，激发创新创业灵感。运用"大数据"技术，掌握不同学生学习需求和规律，为学生自主学习提供更加丰富多样的教育资源。改革考试考核内容和方式，注重考查学生运用知识分析、解决问题的能力，探索非标准答案考试，破除"高分低能"积弊。

强化创新创业实践。高校要加强专业实验室、虚拟仿真实验室、创业实验室和训练中心建设，促进实验教学平台共享。各地区、各高校科技创新资源原则上向全体在校学生开放，开放情况纳入各类研究基地、重点实验室、科技园评估标准。鼓励各地区、各高校充分利用各种资源建设大学科技园、大学生创业园、创业孵化基地和小微企业创业基地，作为创业教育实践平台，建好一批大学生校外实践教育基地、创业示范基地、科技创业实习基地和职业院校实训基地。完善国家、地方、高校三级创新创业实训教学体系，深入实施大学生创新创业训练计划，扩大覆盖面，促进项目落地转化。举办全国大学生创新创业大赛，办好全国职业院校技能大赛，支持举办各类科技创新、创意设计、创业计划等专题竞赛。支持高校学生成立创新创业协会、创业俱乐部等社团，举办创新创业讲座论坛，开展创新创业实践。

83. 如何向高校毕业生创设的小微企业优先转移科技成果？

国家鼓励利用财政性资金设立的科研机构、普通高校、职业院校，通过合作实施、转让、许可和投资等方式，向高校毕业生创设的小微企业优先转移科技成果。

84. 怎样申请创业担保贷款？在哪些银行可以申请创业担保贷款？

创业担保贷款按照自愿申请、社区推荐、人力资源社会保障部门审查、贷款担保机构审核并承诺担保、商业银行核贷的程序，办理贷款手续。

各国有商业银行、股份制商业银行、城市商业银行和城乡信用社都可以开办创业担保贷款业务，各地区根据实际情况确定具体经办银行。在指定的具体经办银行可以办理创业担保贷款。

85. 哪些项目属于微利项目?

微利项目由各省、自治区、直辖市人民政府结合当地实际情况确定,并报财政部、中国人民银行、人力资源和社会保障部备案。对于从事微利项目的,财政据实全额贴息,展期不贴息。

86. 离校后未就业高校毕业生如何参加就业见习?

人力资源社会保障部门通过媒体、公共就业和人才服务机构以及电视、网络、报纸等多种渠道,发布就业见习信息,公布见习单位名单、岗位数量、期限、人员要求等有关内容,或者组织开展见习单位和高校毕业生的双向选择活动,帮助离校未就业高校毕业生和见习单位对接。离校后未就业回到原籍的高校毕业生可与原籍所在地人力资源社会保障部门及当地团组织联系,主动申请参加就业见习。

87. 就业见习期限有多长?

高校毕业生就业见习期限一般为3~12个月。

高校毕业生就业见习活动结束后,见习单位对高校毕业生进行考核鉴定,出具见习证明,作为用人单位招聘和选用见习高校毕业生的依据之一。在见习期间,由见习单位正式录(聘)用的,在该单位的见习期可以作为工龄计算。

88. 离校未就业高校毕业生参加就业见习享受哪些政策和服务?

(1)获得基本生活补助(基本生活补助费用由见习单位和地方政府分担,各地要根据当地经济发展和物价水平,合理确定和及时调整基本生活补助标准);

(2)免费办理人事代理;

(3)办理人身意外伤害保险;

(4)见习期满未被录用可继续享受就业指导与服务。

89. 见习单位能享受什么优惠政策?

对企业(单位)吸纳离校未就业高校毕业生参加就业见习的,由见习企业(单位)先行垫付见习人员见习期间基本生活补助,再按规定向当地人力资源社会保障部门申请就业见习补贴。

就业见习补贴申请材料应附:实际参加就业见习的人员名单、就业见习协议书、见习人员《身份证》《登记证》复印件和大学毕业证复印件、企业(单位)发放基本生活补助明细账(单)、企业(单位)在银行开立的基本账户等凭证材料,经人力资源社会保障部门审核后,财政部门将资金支付到企业(单位)在银行开立的基本账户。

见习单位支出的见习补贴相关费用,不计入社会保险缴费基数,但符合税收法律法规规定的,可以在计算企业所得税应纳税所得额时扣除。

90. 高校毕业生如何申请参加职业培训?

职业培训由各地人力资源社会保障部门负责组织实施。高校毕业生可到当地人力资源社会保障部门咨询了解职业培训开展情况,选择适宜的培训项目参加。

职业培训工作主要由政府认定的培训机构、技工院校或企业所属培训机构承担。

91. 高校毕业生能否享受职业培训补贴政策?如何申请职业培训补贴?

高校毕业生毕业年度内参加就业技能培训或创业培训,可按规定向当地人力资源社会保障部门申请职业培训补贴。毕业后按规定进行了失业登记的高校毕业生参加就业技能培训或创业培训,也可向当地人力资源社会保障部门申请职业培训补贴。

按照《财政部、人力资源社会保障部关于进一步加强就业专项资金管理有关问题的通知》(财社〔2011〕64号)等文件规定,申请材料经人力资源社会保障部门审核后,财政部门按规定将补贴资金直接拨付给申请者本人。职业培训补贴申请材料应附:培训人员《身份证》复印件、《就业创业证》复印件、职业资格证书(专项职业能力证书或培训合格证书)复印件、就业或创业证明材料、职业培训机构开具的行政事业性收费票据(或税务发票)等凭证材料。

高校毕业生参加就业技能培训或创业培训后,培训合格并通过职业技能鉴定取得初级以上职业资格证书(未颁布国家职业技能标准的职业应取得专项职业能力证书或创业培训合格证书),六个月内实现就业的,按职业培训补贴标准的100%给予补贴。六个月内没有实现就业的,取得初级以上职业资格证书,按职业培训补贴标准的80%给予补贴;取得专项职业能力证书或创业培训合格证书,按职业培训补贴标准的60%给予补贴。

92. 高校毕业生如何获取职业资格证书?

高校毕业生个人可向职业技能鉴定所(站)自主申请职业技能鉴定。职业技能鉴定要参加理论知识考试和操作技能(专业能力)考核。经鉴定合格者,由人力资源社会保障部门核发相应的职业资格证书。

93. 高校毕业生能否享受职业技能鉴定补贴政策,如何申请技能鉴定补贴?

按照《财政部、人力资源社会保障部关于进一步加强就业专项资金管理有关问题的通知》(财社〔2011〕64号)等文件规定,对高校毕业生在毕业年度内通过初次职业技能鉴定并取得职业资格证书或专项职业能力证书的,按规定给予一次性职业技能鉴定补贴。

通过初次职业技能鉴定并取得职业资格证书或专项职业能力证书的,可向职业技能鉴定所在地人力资源社会保障部门申请一次性职业技能鉴定补贴。职业技能鉴定补贴申请材料应附:申请人《身份证》复印件、《就业创业证》复印件、职业资格证书复印件、职业技能鉴定机构开具的行政事业性收费票据(或税务发票)等凭证材料,经人力资源社会保障部门审核后,财政部门按规定将补贴资金支付给申请者本人。

为高校毕业生提供就业指导、就业服务和就业援助

94. 主要有哪些机构为高校毕业生提供就业服务?

(1)公共就业和人才服务机构

由各级人力资源社会保障部门举办的公共就业和人才服务机构,为高校毕业生免费提供政策咨询、就业信息、职业指导、职业介绍、就业援助、就业与失业登记或求职登记等各项公共服务,按规定为登记失业高校毕业生免费提供人事档案管理等服务。此外,还定期开展面向高校毕业生的公共就业和人才服务专项活动。比如,每年5月"民营企业招聘周"、每年9月"高校毕业生就业服务月"、每年11月"高校毕业生就业服务周"等,为高校毕业生和用人单位搭建供需对接平台。

(2)高校毕业生就业指导机构

目前,各省教育部门、各高校普遍建立了高校毕业生就业指导机构,为毕业生提供就业咨询、用人单位招聘及实习实训信息、求职技巧、职业生涯辅导、毕业生推荐、实习实践能力提升和就业手续办理等多项就业指导和服务。

(3)职业中介机构

主要包括从事人力资源服务的经营性机构,政府鼓励各类职业中介机构为高校毕业生提供就业服务,对为登记失业高校毕业生提供服务并符合条件的职业中介机构按规定给予职业介绍补贴。

95. 职业中介机构如何享受职业介绍补贴?

按照《财政部、人力资源社会保障部关于进一步加强就业专项资金管理有关问题的通知》(财社〔2011〕64号)等文件规定,在工商行政部门登记注册的职业中介机构,可按经其就业服务后实际就业的登记失业人员人数向当地人力资源社会保障部门申请职业介绍补贴。

职业介绍补贴申请材料应附：经职业中介机构就业服务后已实现就业的登记失业人员名单、接受就业服务的本人签名及《居民身份证》（以下简称《身份证》）复印件、《就业创业证》（以下简称《登记证》）复印件、劳动合同等就业证明材料复印件、职业中介机构在银行开立的基本账户等凭证材料。申请材料经人力资源社会保障部门审核后，财政部门按规定将补贴资金支付到职业中介机构在银行开立的基本账户。

96. 高校毕业生获取就业信息的主要渠道有哪些？

（1）浏览各类就业信息网站，包括中央有关部门主办的全国性就业信息网站、地方有关部门主办的就业信息网站、各高校就业信息网站及校内bbs求职版面、其他专业性就业网站等；

（2）参加各类招聘和双向选择活动，包括国家有关部门、各地、学校、用人单位等相关机构组织的各类现场或网络招聘活动；

（3）参与校企合作实习，包括社会实践、毕业实习等活动；

（4）查阅媒体广告，如报纸、刊物、电台、电视台、视频媒体等；

（5）他人推荐，如导师、校友、亲友等；

（6）主动到单位求职自荐等。

97. 在校期间高校毕业生可以通过哪些途径提升就业能力？

在学好专业知识技能的同时，根据学校要求或安排，毕业生可以通过选修或必修就业指导课程、参与学校组织的就业实习、技巧辅导、模拟招聘等活动，学习和了解相关职业的资料和信息，充分借助社会实践平台，全面提升就业能力。

高校毕业生还可通过学校实施的毕业证书与职业资格证书"双证书"制度、组织到企业顶岗实习、参加人力资源社会保障部门认定的定点机构开展的职业技能培训等，切实增强自身的岗位适应能力与就业竞争力，促进职业素养的养成。

98. 困难家庭高校毕业生包括哪些毕业生？享受哪些帮扶政策？

困难家庭高校毕业生是指：来自城镇低保家庭、低保边缘户家庭、农村贫困家庭和残疾人家庭的普通高校毕业生。

各级机关考录公务员、事业单位招聘工作人员时，免收困难家庭高校毕业生的报名费和体检费。

为帮助困难家庭的高校毕业生求职就业，高校一般都会安排经费作为困难家庭毕业生的求职补助，或对已成功就业的困难家庭毕业生给予奖励。困难家庭的毕业生可向所在院系书面申请。学校也应根据平时掌握的情况,对困难家庭的毕业生给予主动帮助。

从2013年起,对享受城乡居民最低生活保障家庭、获得国家助学贷款的毕业年度内高校毕业生,可给予一次性求职创业补贴,补贴标准由各省级财政、人力资源社会保障部门会同有关部门根据当地实际制定,所需资金按规定列入就业专项资金支出范围。

99. 高校毕业生如何办理就业登记和失业登记?离校后未就业如何获得相应的就业指导和服务?

在法定劳动年龄内、有劳动能力和就业要求、处于无业状态的城镇常住人员,可以到常住地的公共就业服务机构进行失业登记。各地公共就业服务机构要为登记失业的各类人员提供均等化的政策咨询、职业指导、职业介绍等公共就业服务和普惠性就业政策,并逐步使外来劳动者与当地户籍人口享有同等的就业扶持政策。将《就业失业登记证》调整为《就业创业证》,免费发放,作为劳动者享受公共就业服务及就业扶持政策的凭证。有条件的地方可积极推动社会保障卡在就业领域的应用。

100. 离校未就业高校毕业生享受哪些服务和政策?

按照《国务院办公厅关于做好2013年全国普通高等学校毕业生就业工作的通知》(国办发[2013]35号)和《人力资源社会保障部关于实施离校未就业高校毕业生就业促进计划的通知》(人社部发[2013]41号)要求,为做好离校未就业高校毕业生就业工作,从2013年起实施离校未就业高校毕业生就业促进计划:

(1)地方各级人社部门所属公共就业人才服务机构和基层公共就业服务平台要面向所有离校未就业高校毕业生(包括户籍不在本地的高校毕业生)开放,办理求职登记或失业登记手续,发放《就业创业证》,摸清就业服务需求。其中,直辖市为非本地户籍高校毕业生办理失业登记办法按现行规定执行;

(2)对实名登记的所有未就业高校毕业生提供更具针对性的职业指导;

(3)对有求职意愿的高校毕业生要及时提供就业信息;

(4)对有创业意愿的高校毕业生,各地要纳入当地创业服务体系,提供政策咨询、项目开发、创业培训、融资服务、跟踪扶持等"一条龙"创业服务。及时提供就业信息;

(5)要将零就业家庭、经济困难家庭、残疾等就业困难的未就业高校毕业生列为重点工作对象,提供"一对一"个性化就业帮扶,确保实现就业;

（6）对有就业见习意愿的高校毕业生，各地要及时纳入就业见习工作对象范围，确保能够随时参加；

（7）对有培训意愿的离校未就业高校毕业生，各地要结合其专业特点，组织参加职业培训和技能鉴定，按规定落实相关补贴政策；

（8）地方各级公共就业人才服务机构要为离校未就业高校毕业生免费提供档案托管、人事代理、社会保险办理和接续等一系列服务，简化服务流程，提高服务效率；有条件的地方可对到小微企业就业的离校未就业高校毕业生，提供免费的人事劳动保障代理服务；

（9）加大人力资源市场监管力度，严厉打击招聘过程中的欺诈行为，及时纠正性别歧视和其他各类就业歧视。加大劳动用工、缴纳社会保险费等方面的劳动保障监察力度，切实维护高校毕业生就业后的合法权益。

附录二　中国执业药师职业道德准则

（中国执业药师协会2006年10月18日）

一、救死扶伤，不辱使命

执业药师应当将患者及公众的身体健康和生命安全放在首位，以我们的专业知识、技能和良知，尽心尽职尽责为患者及公众提供药品和药学服务。

二、尊重患者，一视同仁

执业药师应当尊重患者或者消费者的价值观、知情权、自主权、隐私权，对待患者或者消费者应不分年龄、性别、民族、信仰、职业、地位、贫富，一律平等相待。

三、依法执业，质量第一

执业药师应当遵守药品管理法律、法规，恪守职业道德，依法独立执业，确保药品质量和药学服务质量，科学指导用药，保证公众用药安全、有效、经济、合理。

四、进德修业，珍视声誉

执业药师应当不断学习新知识、新技术，加强道德修养，提高专业水平和执业能力；知荣明耻，正直清廉，自觉抵制不道德行为和违法行为，努力维护职业声誉。

五、尊重同仁,密切协作

执业药师应当与同仁和医护人员相互理解,相互信任,以诚相待,密切配合,建立和谐的工作关系,共同为药学事业的发展和人类的健康奉献力量。

中国执业药师职业道德准则适用指导

中国执业药师协会(2007 年 3 月 13 日)

第一章 总则

第一条 为便于贯彻实施《中国执业药师职业道德准则》,规范执业药师的执业行为,特制定《中国执业药师职业道德准则适用指导》(以下简称《指导》)。

第二条 本《指导》适用于中国境内的执业药师,包括依法暂时代为履行执业药师职责的其他药学技术人员。

第三条 执业药师在执业过程中应当接受各级药品监督治理部门、执业药师协会和社会公众的监督。

第二章 救死扶伤,不辱使命

第四条 执业药师应当以维护患者和公众的生命安全和健康利益为最高行为准则,以自己的专业知识、技能和良知,尽心尽职尽责为患者及公众服务。

第五条 执业药师应当以救死扶伤,实行人道主义为己任,时刻为患者着想,竭尽全力为患者解除病痛。

第六条 在患者和公众生命安全存在危险的紧急情况下,为了患者及公众的利益,执业药师应当提供必要的药学服务和救助措施。

第七条 执业药师应当树立敬业精神,遵守职业道德,全面履行自己的职责,为患者及公众提供高质量的药品和药学服务。

第三章 尊重患者,一视同仁

第八条 执业药师应当按规定着装,佩戴全国统一的执业药师徽记和标明其姓名和执业药师称谓等内容的胸卡,同时,《执业药师注册证》应当悬挂在所执业的药店或药房中醒目、易见的地方。

第九条 执业药师应当言语、举止文明礼貌,热心、耐心、平等对待患者,不得有任何歧视性或其他不道德的行为。

第十条 执业药师应当尊重患者隐私,对在执业过程中知晓的患者隐私,不得无故泄漏。

第十一条 在执业过程中,除非确有正当合法的理由,执业药师不得拒绝为患者调配处方、提供药品或药学服务。

第十二条 执业药师应当满足患者的用药咨询需求,提供专业、真实、准确、全面的药学信息，不得在药学专业服务的项目、内容、费用等方面欺骗患者。

第四章　依法执业，质量第一

第十三条　执业药师应当遵守药品治理法律、法规,恪守中国执业药师职业道德准则,依法独立执业,认真履行职责,科学指导用药,确保药品质量和药学服务质量,保证公众用药安全、有效、经济。

第十四条　执业药师应当按规定进行注册,参加继续教育,并依法执行药学服务业务。

第十五条　执业药师应当在合法的药品零售企业、医疗机构从事合法的药学技术业务活动,不得在执业场所以外从事经营性药品零售业务。

第十六条　执业药师不得将自己的《执业药师资格证书》、《执业药师注册证》、徽记、胸卡交于其他人或机构使用;不得在药品零售企业、医疗机构只挂名而不现场执业;不得同意或授意他人使用自己的名义向公众推销药品或提供药学服务。

第十七条　执业药师应当在职在岗,不得同时在两个或两个以上执业范围和执业地区执业。暂时离开执业场所并没有其他执业药师替代时,应当有执业药师暂时离开、暂停要害药学服务业务的告示。

第十八条　执业药师应当了解药品的性质、功能与主治和适应证、作用机理、不良反应、禁忌、药物相互作用、储藏条件及注重事项。

第十九条　执业药师应当向患者准确解释药品说明书,注重对药品使用禁忌、不良反应、注重事项和使用方法的解释说明,并详尽回答患者的用药疑问。

第二十条　执业药师应当客观地告知患者使用药品可能出现的不良反应,不得夸大药品的疗效,也不得故意对可能出现的用药风险做不恰当的表述或做虚假承诺。

第二十一条　执业药师应当凭医师处方调配、销售处方药,应对医师处方进行审核,确认处方的合法性与合理性,并签字后依据处方正确调配、销售药品。对处方不得擅自超越法律授权更改或代用。对有配伍、使用禁忌或超剂量的处方,应当拒绝调配、销售,必要时,经处方医师更正或者重新签字,方可调配、销售。

第二十二条　执业药师应当对患者正确使用处方药、选购和使用甲类非处方药提供用药指导;对于患者提出的乙类非处方药选择、使用等问题,以及其他有关药品和健康方面的问题,应当给予热情、耐心、准确、完整地解答。

第二十三条 对于病因不明或用药后可能掩盖病情、延误治疗或加重病情的患者,执业药师应向其提出寻求医师诊断、治疗的建议。

第二十四条 对于儿童、孕妇、老人等特殊人群使用的药品,或者具有禁忌、严重不良反应或服用不当可能影响疗效甚至危及患者健康和生命安全的药品,在交付药品时,执业药师应当要求患者严格按照药品使用说明书的规定使用药品并给予明确的口头提醒。

对于国家特殊管理的药品,执业药师应当自觉严格遵守相关法律、法规的规定。

第二十五条 执业药师应当治理所执业机构的药品质量和药学服务质量,依法组织制定、修订并监督实施能够有效保证药品质量和药学服务质量的治理规章和制度。

第二十六条 执业药师应当依法购进、贮藏药品,保证药品购进渠道、储藏条件合法,保证购进、储藏药品的质量。

第二十七条 执业药师不得调配、推销、分发质量不合格、不符合购进药品验收规定或过期、回收的药品给患者。

第二十八条 执业药师不应当接受自己不能办理的药学业务,但在紧急情况下为了患者及公众的利益必须提供的药学服务和救助措施除外。

第二十九条 执业药师因执业过错给所在执业单位造成损失的,应当依法承担相应的责任。

第三十条 执业药师应当谨慎保管配药记录,保证其不丢失或毁损,便于查阅。

第三十一条 执业药师应当恪守独立执业、履行职责的原则,拒绝任何明显危害患者生命安全或身体健康、违反法律或社会伦理道德的购药要求。

第三十二条 执业药师应当指导、监督和治理其药学技术助理或药学实习生的处方药调配、销售或服务过程,对药学服务质量负责。对于不正确的处方药调配、销售或服务,执业药师应予以纠正。

第三十三条 执业药师应当关注药品不良反应并注重收集药品不良反应信息,自觉严格执行药品不良反应报告制度。

第五章 进德修业,珍视声誉

第三十四条 执业药师应当积极参加执业药师自律组织举办的有益于职业发展的活动,珍视和维护职业声誉,模范遵守社会公德,提高职业道德水准。

第三十五条 执业药师应当积极主动接受继续教育,不断完善和扩充专业知识,关注与执业活动相关的法律法规的变化,以不断提高执业水平。

第三十六条　执业药师应当积极参加社会公益活动,深入社区和乡村为城乡居民提供广泛的药品和药学服务,大力宣传和普及安全用药知识和保健知识。

第三十七条　执业药师应当遵守行业竞争规范,公平竞争,自觉维护执业秩序,维护执业药师职业的荣誉和社会形象。执业药师不得有下列行为:

以贬低同行的专业能力和水平等方式招揽业务;

以提供或承诺提供回扣等方式承揽业务;

利用新闻媒介或其他手段提供虚假信息或夸大自己的专业能力;

在名片或胸卡上印有各种学术、学历、职称、社会职务以及所获荣誉等;

私自收取回扣、礼物等不正当收入。

第三十八条　执业药师不得并抵制采用有奖销售、附赠药品或礼品销售等销售方式向公众促销药品,干扰、误导购药者的购药行为。不得以牟取自身利益或所在执业单位及其他单位的利益为目的,利用自己的职业声誉和影响以任何形式向公众进行误导性或欺骗性的药品及药学、医疗服务宣传和推荐。

第三十九条　执业药师在执业过程中不得饮酒,在面对面提供药学服务的过程中不得有吸烟、饮食及其他与所提供药学服务无关的行为。

第四十条　执业药师应当对涉及药学领域内任何成员的不道德或不老实的行为以及败坏职业荣誉的行为进行揭露和抵制。

第四十一条　执业药师不得与药品生产、经营企业及其业务人员、医疗机构及其医师、护理人员等执业相关人员共谋不合法利益,不得利用执业药师身份开展或参与不合法的商业活动。

第六章　尊重同仁,密切合作

第四十二条　执业药师应当尊重同行,同业互助,公平竞争,共同提高执业水平,不应诋毁、损害其他执业药师的威信和声誉。

第四十三条　执业药师应当加强与医护人员、患者之间的联系,保持良好的沟通、交流与合作,积极参与用药方案的制订、修订过程,提供专业、负责的药学支持。

第四十四条　执业药师应当与医护人员相互理解,以诚相待,密切配合,建立和谐的工作关系。发生责任事故时应分清自己的责任,不得相互推诿。

第七章　附则

第四十五条　各级执业药师协会及相关组织,应当采取有效措施,切实贯彻《中国执业药师职业道德准则》及本《指导》。

第四十六条　对于违反《中国执业药师职业道德准则》和本《指导》的执业

药师及代行执业药师职责的其他药学技术人员,由执业药师协会给予相应的处理。

第四十七条 本《指导》由中国执业药师协会负责解释。

第四十八条 本《指导》自发布之日起施行。

附录三 中华人民共和国药品管理法

(1984年9月20日第六届全国人民代表大会常务委员会第七次会议通过 2001年2月28日第九届全国人民代表大会常务委员会第二十次会议修订)

第一章 总则

第一条 为加强药品监督管理,保证药品质量,保障人体用药安全,维护人民身体健康和用药的合法权益,特制定本法。

第二条 在中华人民共和国境内从事药品的研制、生产、经营、使用和监督管理的单位或者个人,必须遵守本法。

第三条 国家发展现代药和传统药,充分发挥其在预防、医疗和保健中的作用。

国家保护野生药材资源,鼓励培育中药材。

第四条 国家鼓励研究和创制新药,保护公民、法人和其他组织研究、开发新药的合法权益。

第五条 国务院药品监督管理部门主管全国药品监督管理工作。国务院有关部门在各自的职责范围内负责与药品有关的监督管理工作。

省、自治区、直辖市人民政府药品监督管理部门负责本行政区域内的药品监督管理工作。省、自治区、直辖市人民政府有关部门在各自的职责范围内负责与药品有关的监督管理工作。

国务院药品监督管理部门应当配合国务院经济综合主管部门,执行国家制定的药品行业发展规划和产业政策。

第六条 药品监督管理部门设置或者确定的药品检验机构,承担依法实施药品审批和药品质量监督检查所需的药品检验工作。

第二章 药品生产企业管理

第七条 开办药品生产企业,须经企业所在地省、自治区、直辖市人民政府药品监督管理部门批准并发给《药品生产许可证》,凭《药品生产许可证》到工商行政管理部门办理登记注册。无《药品生产许可证》的,不得生产药品。

《药品生产许可证》应当标明有效期和生产范围,到期重新审查发证。

药品监督管理部门批准开办药品生产企业,除依据本法第八条规定的条件外,还应当符合国家制定的药品行业发展规划和产业政策,防止重复建设。

第八条 开办药品生产企业,必须具备以下条件:

(一)具有依法经过资格认定的药学技术人员、工程技术人员及相应的技术工人;

(二)具有与其药品生产相适应的厂房、设施和卫生环境;

(三)具有能对所生产药品进行质量管理和质量检验的机构、人员以及必要的仪器设备;

(四)具有保证药品质量的规章制度。

第九条 药品生产企业必须按照国务院药品监督管理部门依据本法制定的《药品生产质量管理规范》组织生产。药品监督管理部门按照规定对药品生产企业是否符合《药品生产质量管理规范》的要求进行认证;对认证合格的,发给认证证书。

《药品生产质量管理规范》的具体实施办法、实施步骤由国务院药品监督管理部门规定。

第十条 除中药饮片的炮制外,药品必须按照国家药品标准和国务院药品监督管理部门批准的生产工艺进行生产,生产记录必须完整准确。药品生产企业改变影响药品质量的生产工艺的,必须报原批准部门审核批准。

中药饮片必须按照国家药品标准炮制;国家药品标准没有规定的,必须按照省、自治区、直辖市人民政府药品监督管理部门制定的炮制规范炮制。省、自治区、直辖市人民政府药品监督管理部门制定的炮制规范应当报国务院药品监督管理部门备案。

第十一条 生产药品所需的原料、辅料,必须符合药用要求。

第十二条 药品生产企业必须对其生产的药品进行质量检验;不符合国家药品标准或者不按照省、自治区、直辖市人民政府药品监督管理部门制定的中药饮片炮制规范炮制的,不得出厂。

第十三条 经国务院药品监督管理部门或者国务院药品监督管理部门授权的省、自治区、直辖市人民政府药品监督管理部门批准,药品生产企业可以接受委托生产药品。

第三章 药品经营企业管理

第十四条 开办药品批发企业,须经企业所在地省、自治区、直辖市人民政府药品监督管理部门批准并发给《药品经营许可证》；开办药品零售企业，须经企业所在地县级以上地方药品监督管理部门批准并发给《药品经营许可证》，凭《药品经营许可证》到工商行政管理部门办理登记注册。无《药品经营许可证》的，不得经营药品。

《药品经营许可证》应当标明有效期和经营范围，到期重新审查发证。

药品监督管理部门批准开办药品经营企业，除依据本法第十五条规定的条件外，还应当遵循合理布局和方便群众购药的原则。

第十五条 开办药品经营企业必须具备以下条件：

（一）具有依法经过资格认定的药学技术人员；

（二）具有与所经营药品相适应的营业场所、设备、仓储设施、卫生环境；

（三）具有与所经营药品相适应的质量管理机构或者人员；

（四）具有保证所经营药品质量的规章制度。

第十六条 药品经营企业必须按照国务院药品监督管理部门依据本法制定的《药品经营质量管理规范》经营药品。药品监督管理部门按照规定对药品经营企业是否符合《药品经营质量管理规范》的要求进行认证；对认证合格的，发给认证证书。

《药品经营质量管理规范》的具体实施办法、实施步骤由国务院药品监督管理部门规定。

第十七条 药品经营企业购进药品，必须建立并执行进货检查验收制度，验明药品合格证明和其他标识；不符合规定要求的，不得购进。

第十八条 药品经营企业购销药品，必须有真实完整的购销记录。购销记录必须注明药品的通用名称、剂型、规格、批号、有效期、生产厂商、购（销）货单位、购（销）货数量、购销价格、购（销）货日期及国务院药品监督管理部门规定的其他内容。

第十九条 药品经营企业销售药品必须准确无误，并正确说明用法、用量和注意事项；调配处方必须经过核对，对处方所列药品不得擅自更改或者代用。对有配伍禁忌或者超剂量的处方，应当拒绝调配；必要时，经处方医师更正或者重新签字，方可调配。

药品经营企业销售中药材，必须标明产地。

第二十条 药品经营企业必须制定和执行药品保管制度，采取必要的冷藏、防冻、防潮、防虫、防鼠等措施，保证药品质量。

药品入库和出库必须执行检查制度。

第二十一条 城乡集市贸易市场可以出售中药材，国务院另有规定的除外。

城乡集市贸易市场不得出售中药材以外的药品，但持有《药品经营许可证》的药品零售企业在规定的范围内可以在城乡集市贸易市场设点出售中药材以外的药品。具体办法由国务院规定。

第四章　医疗机构的药剂管理

第二十二条　医疗机构必须配备依法经过资格认定的药学技术人员。非药学技术人员不得直接从事药剂技术工作。

第二十三条　医疗机构配制制剂，须经所在地省、自治区、直辖市人民政府卫生行政部门审核同意，由省、自治区、直辖市人民政府药品监督管理部门批准，发给《医疗机构制剂许可证》。无《医疗机构制剂许可证》的，不得配制制剂。

《医疗机构制剂许可证》应当标明有效期，到期重新审查发证。

第二十四条　医疗机构配制制剂，必须具有能够保证制剂质量的设施、管理制度、检验仪器和卫生条件。

第二十五条　医疗机构配制的制剂，应当是本单位临床需要而市场上没有供应的品种，并须经所在地省、自治区、直辖市人民政府药品监督管理部门批准后方可配制。配制的制剂必须按照规定进行质量检验；合格的，凭医师处方在本医疗机构使用。特殊情况下，经国务院或者省、自治区、直辖市人民政府的药品监督管理部门批准，医疗机构配制的制剂可以在指定的医疗机构之间调剂使用。

医疗机构配制的制剂，不得在市场销售。

第二十六条　医疗机构购进药品，必须建立并执行进货检查验收制度，验明药品合格证明和其他标识；不符合规定要求的，不得购进和使用。

第二十七条　医疗机构的药剂人员调配处方，必须经过核对，对处方所列药品不得擅自更改或者代用。对有配伍禁忌或者超剂量的处方，应当拒绝调配；必要时，经处方医师更正或者重新签字，方可调配。

第二十八条　医疗机构必须制定和执行药品保管制度，采取必要的冷藏、防冻、防潮、防虫、防鼠等措施，保证药品质量。

第五章　药品管理

第二十九条　研制新药，必须按照国务院药品监督管理部门的规定如实报送研制方法、质量指标、药理及毒理试验结果等有关资料和样品，经国务院药品监督管理部门批准后，方可进行临床试验。药物临床试验机构资格的认定办法，由国务院药品监督管理部门、国务院卫生行政部门共同制定。

完成临床试验并通过审批的新药,由国务院药品监督管理部门批准,发给新药证书。

第三十条　药物的非临床安全性评价研究机构和临床试验机构必须分别执行药物非临床研究质量管理规范、药物临床试验质量管理规范。

药物非临床研究质量管理规范、药物临床试验质量管理规范由国务院确定的部门制定。

第三十一条　生产新药或者已有国家标准的药品的,须经国务院药品监督管理部门批准,并发给药品批准文号;但是,生产没有实施批准文号管理的中药材和中药饮片除外。实施批准文号管理的中药材、中药饮片品种目录由国务院药品监督管理部门会同国务院中医药管理部门制定。

药品生产企业在取得药品批准文号后,方可生产该药品。

第三十二条　药品必须符合国家药品标准。中药饮片依照本法第十条第二款的规定执行。

国务院药品监督管理部门颁布的《中华人民共和国药典》和药品标准为国家药品标准。

国务院药品监督管理部门组织药典委员会,负责国家药品标准的制定和修订。

国务院药品监督管理部门的药品检验机构负责标定国家药品标准品、对照品。

第三十三条　国务院药品监督管理部门组织药学、医学和其他技术人员,对新药进行审评,对已经批准生产的药品进行再评价。

第三十四条　药品生产企业、药品经营企业、医疗机构必须从具有药品生产、经营资格的企业购进药品;但是,购进没有实施批准文号管理的中药材除外。

第三十五条　国家对麻醉药品、精神药品、医疗用毒性药品、放射性药品,实行特殊管理。管理办法由国务院制定。

第三十六条　国家实行中药品种保护制度。具体办法由国务院制定。

第三十七条　国家对药品实行处方药与非处方药分类管理制度。具体办法由国务院制定。

第三十八条　禁止进口疗效不确、不良反应大或者其他原因危害人体健康的药品。

第三十九条　药品进口,须经国务院药品监督管理部门组织审查,经审查确认符合质量标准、安全有效的,方可批准进口,并发给进口药品注册证书。

医疗单位临床急需或者个人自用进口的少量药品,按照国家有关规定办理进口手续。

第四十条 药品必须从允许药品进口的口岸进口,并由进口药品的企业向口岸所在地药品监督管理部门登记备案。海关凭药品监督管理部门出具的《进口药品通关单》放行。无《进口药品通关单》的,海关不得放行。

口岸所在地药品监督管理部门应当通知药品检验机构按照国务院药品监督管理部门的规定对进口药品进行抽查检验,并依照本法第四十一条第二款的规定收取检验费。

允许药品进口的口岸由国务院药品监督管理部门会同海关总署提出,报国务院批准。

第四十一条 国务院药品监督管理部门对下列药品在销售前或者进口时,指定药品检验机构进行检验;检验不合格的,不得销售或者进口:

(一)国务院药品监督管理部门规定的生物制品;

(二)首次在中国销售的药品;

(三)国务院规定的其他药品。

前款所列药品的检验费项目和收费标准由国务院财政部门同国务院价格主管部门核定并公告。检验费收缴办法由国务院财政部门会同国务院药品监督管理部门制定。

第四十二条 国务院药品监督管理部门对已经批准生产或者进口的药品,应当组织调查;对疗效不确、不良反应大或者其他原因危害人体健康的药品,应当撤销批准文号或者进口药品注册证书。

已被撤销批准文号或者进口药品注册证书的药品,不得生产或者进口、销售和使用;已经生产或者进口的,由当地药品监督管理部门监督销毁或者处理。

第四十三条 国家实行药品储备制度。

国内发生重大灾情、疫情及其他突发事件时,国务院规定的部门可以紧急调用企业药品。

第四十四条 对国内供应不足的药品,国务院有权限制或者禁止出口。

第四十五条 进口、出口麻醉药品和国家规定范围内的精神药品,必须持有国务院药品监督管理部门发给的《进口准许证》《出口准许证》。

第四十六条 新发现和从国外引种的药材,经国务院药品监督管理部门审核批准后,方可销售。

第四十七条 地区性民间习用药材的管理办法,由国务院药品监督管理部门会同国务院中医药管理部门制定。

第四十八条 禁止生产(包括配制,下同)、销售假药。

有下列情形之一的,为假药:

(一)药品所含成分与国家药品标准规定的成分不符的;

(二)以非药品冒充药品或者以他种药品冒充此种药品的。

有下列情形之一的药品,按假药论处:

(一)国务院药品监督管理部门规定禁止使用的;

(二)依照本法必须批准而未经批准生产、进口,或者依照本法必须检验而未经检验即销售的;

(三)变质的;

(四)被污染的;

(五)使用依照本法必须取得批准文号而未取得批准文号的原料药生产的;

(六)所标明的适应症或者功能主治超出规定范围的。

第四十九条 禁止生产、销售劣药。

药品成分的含量不符合国家药品标准的,为劣药。

有下列情形之一的药品,按劣药论处:

(一)未标明有效期或者更改有效期的;

(二)不注明或者更改生产批号的;

(三)超过有效期的;

(四)直接接触药品的包装材料和容器未经批准的;

(五)擅自添加着色剂、防腐剂、香料、矫味剂及辅料的;

(六)其他不符合药品标准规定的。

第五十条 列入国家药品标准的药品名称为药品通用名称。已经作为药品通用名称的,该名称不得作为药品商标使用。

第五十一条 药品生产企业、药品经营企业和医疗机构直接接触药品的工作人员,必须每年进行健康检查。患有传染病或者其他可能污染药品的疾病的,不得从事直接接触药品的工作。

第六章 药品包装的管理

第五十二条 直接接触药品的包装材料和容器,必须符合药用要求,符合保障人体健康、安全的标准,并由药品监督管理部门在审批药品时一并审批。药品生产企业不得使用未经批准的直接接触药品的包装材料和容器。对不合格的直接接触药品的包装材料和容器,由药品监督管理部门责令停止使用。

第五十三条　药品包装必须适合药品质量的要求,方便储存、运输和医疗使用。

发运中药材必须有包装。在每件包装上,必须注明品名、产地、日期、调出单位,并附有质量合格的标志。

第五十四条　药品包装必须按照规定印有或者贴有标签并附有说明书。标签或者说明书上必须注明药品的通用名称、成分、规格、生产企业、批准文号、产品批号、生产日期、有效期、适应症或者功能主治、用法、用量、禁忌、不良反应和注意事项。

麻醉药品、精神药品、医疗用毒性药品、放射性药品、外用药品和非处方药的标签,必须印有规定的标志。

第七章　药品价格和广告的管理

第五十五条　依法实行政府定价、政府指导价的药品,政府价格主管部门应当依照《中华人民共和国价格法》规定的定价原则,依据社会平均成本、市场供求状况和社会承受能力合理制定和调整价格,做到质价相符,消除虚高价格,保护用药者的正当利益。

药品的生产企业、经营企业和医疗机构必须执行政府定价、政府指导价,不得以任何形式擅自提高价格。

药品生产企业应当依法向政府价格主管部门如实提供药品的生产经营成本,不得拒报、虚报、瞒报。

第五十六条　依法实行市场调节价的药品,药品的生产企业、经营企业和医疗机构应当按照公平、合理和诚实信用、质价相符的原则制定价格,为用药者提供价格合理的药品。

药品的生产企业、经营企业和医疗机构应当遵守国务院价格主管部门关于药价管理的规定,制定和标明药品零售价格,禁止暴利和损害用药者利益的价格欺诈行为。

第五十七条　药品的生产企业、经营企业、医疗机构应当依法向政府价格主管部门提供其药品的实际购销价格和购销数量等资料。

第五十八条　医疗机构应当向患者提供所用药品的价格清单;医疗保险定点医疗机构还应当按照规定的办法如实公布其常用药品的价格,加强合理用药的管理。具体办法由国务院卫生行政部门规定。

第五十九条　禁止药品的生产企业、经营企业和医疗机构在药品购销中账外暗中给予、收受回扣或者其他利益。

禁止药品的生产企业、经营企业或者其代理人以任何名义给予使用其药品的医疗机构的负责人、药品采购人员、医师等有关人员以财物或者其他利益。禁止医疗机构的负责人、药品采购人员、医师等有关人员以任何名义收受药品的生产企业、经营企业或者其代理人给予的财物或者其他利益。

第六十条　药品广告须经企业所在地省、自治区、直辖市人民政府药品监督管理部门批准,并发给药品广告批准文号;未取得药品广告批准文号的,不得发布。

处方药可以在国务院卫生行政部门和国务院药品监督管理部门共同指定的医学、药学专业刊物上介绍,但不得在大众传播媒介发布广告或者以其他方式进行以公众为对象的广告宣传。

第六十一条　药品广告的内容必须真实、合法,以国务院药品监督管理部门批准的说明书为准,不得含有虚假的内容。

药品广告不得含有不科学的表示功效的断言或者保证;不得利用国家机关、医药科研单位、学术机构或者专家、学者、医师、患者的名义和形象作证明。

非药品广告不得有涉及药品的宣传。

第六十二条　省、自治区、直辖市人民政府药品监督管理部门应当对其批准的药品广告进行检查,对于违反本法和《中华人民共和国广告法》的广告,应当向广告监督管理机关通报并提源于理的建议,广告监督管理机关应当依法作源于理。

第六十三条　药品价格和广告,本法未规定的,适用《中华人民共和国价格法》、《中华人民共和国广告法》的规定。

第八章　药品监督

第六十四条　药品监督管理部门有权按照法律、行政法规的规定对报经其审批的药品研制和药品的生产、经营以及医疗机构使用药品的事项进行监督检查,有关单位和个人不得拒绝和隐瞒。

药品监督管理部门进行监督检查时,必须出示证明文件,对监督检查中知悉的被检查人的技术秘密和业务秘密应当保密。

第六十五条　药品监督管理部门根据监督检查的需要,可以对药品质量进行抽查检验。抽查检验应当按照规定抽样,并不得收取任何费用。所需费用按照国务院规定列支。

药品监督管理部门对有证据证明可能危害人体健康的药品及其有关材料可以采取查封、扣押的行政强制措施,并在七日内做出行政处理决定;药品需要检验的,必须自检验报告书发出之日起十五日内做出行政处理决定。

第六十六条　国务院和省、自治区、直辖市人民政府的药品监督管理部门应当定期公告药品质量抽查检验的结果;公告不当的,必须在原公告范围内予以更正。

第六十七条 当事人对药品检验机构的检验结果有异议的,可以自收到药品检验结果之日起七日内向原药品检验机构或者上一级药品监督管理部门设置或者确定的药品检验机构申请复验,也可以直接向国务院药品监督管理部门设置或者确定的药品检验机构申请复验。受理复验的药品检验机构必须在国务院药品监督管理部门规定的时间内作出复验结论。

第六十八条 药品监督管理部门应当按照规定,依据《药品生产质量管理规范》、《药品经营质量管理规范》,对经其认证合格的药品生产企业、药品经营企业进行认证后的跟踪检查。

第六十九条 地方人民政府和药品监督管理部门不得以要求实施药品检验、审批等手段限制或者排斥非本地区药品生产企业依照本法规定生产的药品进入本地区。

第七十条 药品监督管理部门及其设置的药品检验机构和确定的专业从事药品检验的机构不得参与药品生产经营活动,不得以其名义推荐或者监制、监销药品。

药品监督管理部门及其设置的药品检验机构和确定的专业从事药品检验的机构的工作人员不得参与药品生产经营活动。

第七十一条 国家实行药品不良反应报告制度。药品生产企业、药品经营企业和医疗机构必须经常考察本单位所生产、经营、使用的药品质量、疗效和反应。发现可能与用药有关的严重不良反应,必须及时向当地省、自治区、直辖市人民政府药品监督管理部门和卫生行政部门报告。具体办法由国务院药品监督管理部门同国务院卫生行政部门制定。

对已确认发生严重不良反应的药品,国务院或者省、自治区、直辖市人民政府的药品监督管理部门可以采取停止生产、销售、使用的紧急控制措施,并应当在五日内组织鉴定,自鉴定结论做出之日起十五日内依法做出行政处理决定。

第七十二条 药品生产企业、药品经营企业和医疗机构的药品检验机构或者人员,应当接受当地药品监督管理部门设置的药品检验机构的业务指导。

第九章 法律责任

第七十三条 未取得《药品生产许可证》《药品经营许可证》或者《医疗机构制剂许可证》生产药品、经营药品的,依法予以取缔,没收违法生产、销售的药品和违法所得,并处违法生产、销售的药品(包括已售出的和未售出的药品,下同)货值金额两倍以上五倍以下的罚款;构成犯罪的,依法追究刑事责任。

第七十四条 生产、销售假药的,没收违法生产、销售的药品和违法所得,并处违法生产、销售药品货值金额两倍以上五倍以下的罚款;有药品批准证明文件的予以撤销,并责令停产、停业整顿;情节严重的,吊销《药品生产许可证》《药品经营许可证》或者《医疗机构制剂许可证》;构成犯罪的,依法追究刑事责任。

第七十五条 生产、销售劣药的,没收违法生产、销售的药品和违法所得,并处违法生产、销售药品货值金额一倍以上三倍以下的罚款;情节严重的,责令停产、停业整顿或者撤销药品批准证明文件、吊销《药品生产许可证》《药品经营许可证》或者《医疗机构制剂许可证》;构成犯罪的,依法追究刑事责任。

第七十六条 从事生产、销售假药及生产、销售劣药情节严重的企业或者其他单位,其直接负责的主管人员和其他直接责任人员十年内不得从事药品生产、经营活动。

对生产者专门用于生产假药、劣药的原辅材料、包装材料、生产设备,予以没收。

第七十七条 知道或者应当知道属于假劣药品而为其提供运输、保管、仓储等便利条件的,没收全部运输、保管、仓储的收入,并处违法收入百分之五十以上三倍以下的罚款;构成犯罪的,依法追究刑事责任。

第七十八条 对假药、劣药的处罚通知,必须载明药品检验机构的质量检验结果。但是,本法第四十八条第三款第(一)、(二)、(五)、(六)项和第四十九条第三款规定的情形除外。

第七十九条 药品的生产企业、经营企业、药物非临床安全性评价研究机构、药物临床试验机构未按照规定实施《药品生产质量管理规范》、《药品经营质量管理规范》、药物非临床研究质量管理规范、药物临床试验质量管理规范的,给予警告,责令限期改正;逾期不改正的,责令停产、停业整顿,并处五千元以上二万元以下的罚款;情节严重的,吊销《药品生产许可证》、《药品经营许可证》和药物临床试验机构的资格。

第八十条 药品的生产企业、经营企业或者医疗机构违反本法第三十四条的规定,从无《药品生产许可证》《药品经营许可证》的企业购进药品的,责令改正,没收违法购进的药品,并处违法购进药品货值金额两倍以上五倍以下的罚款;有违法所得的,没收违法所得;情节严重的,吊销《药品生产许可证》《药品经营许可证》或者医疗机构执业许可证书。

第八十一条 进口已获得药品进口注册证书的药品,未按照本法规定向允许药品进口的口岸所在地的药品监督管理部门登记备案的,给予警告,责令限期改正;逾期不改正的,撤销进口药品注册证书。

第八十二条 伪造、变造、买卖、出租、出借许可证或者药品批准证明文件的,没收违法所得,并处违法所得一倍以上三倍以下的罚款;没有违法所得的,处二万元以上十万元以下的罚款;情节严重的,并吊销卖方、出租方、出借方的《药品生产许可证》《药品经营许可证》《医疗机构制剂许可证》或者撤销药品批准证明文件;构成犯罪的,依法追究刑事责任。

第八十三条 违反本法规定,提供虚假的证明、文件资料样品或者采取其他欺骗手段取得《药品生产许可证》《药品经营许可证》《医疗机构制剂许可证》或者药品批准证明文件的,吊销《药品生产许可证》《药品经营许可证》《医疗机构制剂许可证》或者撤销药品批准证明文件,五年内不受理其申请,并处一万元以上三万元以下的罚款。

第八十四条 医疗机构将其配制的制剂在市场销售的,责令改正,没收违法销售的制剂,并处违法销售制剂货值金额一倍以上三倍以下的罚款;有违法所得的,没收违法所得。

第八十五条 药品经营企业违反本法第十八条、第十九条规定的,责令改正,给予警告;情节严重的,吊销《药品经营许可证》。

第八十六条 药品标识不符合本法第五十四条规定的,除依法应当按照假药、劣药论处的外,责令改正,给予警告;情节严重的,撤销该药品的批准证明文件。

第八十七条 药品检验机构出具虚假检验报告,构成犯罪的,依法追究刑事责任;不构成犯罪的,责令改正,给予警告,对单位并处三万元以上五万元以下的罚款;对直接负责的主管人员和其他直接责任人员依法给予降级、撤职、开除的处分,并处三万元以下的罚款;有违法所得的,没收违法所得;情节严重的,撤销其检验资格。药品检验机构出具的检验结果不实,造成损失的,应当承担相应的赔偿责任。

第八十八条 本法第七十三条至第八十七条规定的行政处罚,由县级以上药品监督管理部门按照国务院药品监督管理部门规定的职责分工决定;吊销《药品生产许可证》、《药品经营许可证、《医疗机构制剂许可证》、医疗机构执业许可证书或者撤销药品批准证明文件的,由原发证批准的部门决定。

第八十九条 违反本法第五十五条、第五十六条第五十七条关于药品价格管理的规定的,依照《中华人民共和国价格法》的规定处罚。

第九十条 药品的生产企业、经营企业、医疗机构在药品购销中暗中给予、收受回扣或者其他利益的,药品的生产企业、经营企业或者其代理人给予使用其药品的医疗机构的负责人、药品采购人员、医师等有关人员以财物或者其他利益的,由工商行政管理部门处一万元以上二十万元以下的罚款,有违法所得的,予以没收;情节严重的,由工商行政管理部门吊销药品生产企业、药品经营企业的营业执照,并通知药品监督管理部门,由药品监督管理部门吊销其《药品生产许可证》《药品经营许可证》;构成犯罪的,依法追究刑事责任。

第九十一条 药品的生产企业、经营企业的负责人、采购人员等有关人员在药品购销中收受其他生产企业、经营企业或者其代理人给予的财物或者其他利益的,依法给予处分,没收违法所得;构成犯罪的,依法追究刑事责任。

医疗机构的负责人、药品采购人员、医师等有关人员收受药品生产企业、药品经营企业或者其代理人给予的财物或者其他利益的,由卫生行政部门或者本单位给予处分,没收违法所得;对违法行为情节严重的执业医师,由卫生行政部门吊销其执业证书;构成犯罪的,依法追究刑事责任。

第九十二条 违反本法有关药品广告的管理规定的,依照《中华人民共和国广告法》的规定处罚,并由发给广告批准文号的药品监督管理部门撤销广告批准文号,一年内不受理该品种的广告审批申请;构成犯罪的,依法追究刑事责任。

药品监督管理部门对药品广告不依法履行审查职责,批准发布的广告有虚假或者其他违反法律、行政法规的内容的,对直接负责的主管人员和其他直接责任人员依法给予行政处分;构成犯罪的,依法追究刑事责任。

第九十三条 药品的生产企业、经营企业、医疗机构违反本法规定,给药品使用者造成损害的,依法承担赔偿责任。

第九十四条 药品监督管理部门违反本法规定,有下列行为之一的,由其上级主管机关或者监察机关责令收回违法发给的证书、撤销药品批准证明文件,对直接负责的主管人员和其他直接责任人员依法给予行政处分;构成犯罪的,依法追究刑事责任:

(一)对不符合《药品生产质量管理规范》《药品经营质量管理规范》的企业发给符合有关规范的认证证书的,或者对取得认证证书的企业未按照规定履行跟踪检查的职责,对不符合认证条件的企业未依法责令其改正或者撤销其认证证书的;

(二)对不符合法定条件的单位发给《药品生产许可证》《药品经营许可证》或者《医疗机构制剂许可证》的;

(三)对不符合进口条件的药品发给进口药品注册证书的;

(四) 对不具备临床试验条件或者生产条件而批准进行临床试验、发给新药证书、发给药品批准文号的。

第九十五条　药品监督管理部门或者其设置的药品检验机构或者其确定的专业从事药品检验的机构参与药品生产经营活动的,由其上级机关或者监察机关责令改正,有违法收入的予以没收;情节严重的,对直接负责的主管人员和其他直接责任人员依法给予行政处分。

药品监督管理部门或者其设置的药品检验机构或者其确定的专业从事药品检验的机构的工作人员参与药品生产经营活动的,依法给予行政处分。

第九十六条　药品监督管理部门或者其设置、确定的药品检验机构在药品监督检验中违法收取检验费用的,由政府有关部门责令退还,对直接负责的主管人员和其他直接责任人员依法给予行政处分。对违法收取检验费用情节严重的药品检验机构,撤销其检验资格。

第九十七条　药品监督管理部门应当依法履行监督检查职责,监督已取得《药品生产许可证》《药品经营许可证》的企业依照本法规定从事药品生产、经营活动。

已取得《药品生产许可证》《药品经营许可证》的企业生产、销售假药、劣药的,除依法追究该企业的法律责任外,对有失职、渎职行为的药品监督管理部门直接负责的主管人员和其他直接责任人员依法给予行政处分;构成犯罪的,依法追究刑事责任。

第九十八条　药品监督管理部门对下级药品监督管理部门违反本法的行政行为,责令限期改正;逾期不改正的,有权予以改变或者撤销。

第九十九条　药品监督管理人员滥用职权、徇私舞弊、玩忽职守,构成犯罪的,依法追究刑事责任;尚不构成犯罪的,依法给予行政处分。

第一百条　依照本法被吊销《药品生产许可证》《药品经营许可证》的,由药品监督管理部门通知工商行政管理部门办理变更或者注销登记。

第一百零一条　本章规定的货值金额以违法生产、销售药品的标价计算;没有标价的,按照同类药品的市场价格计算。

第十章　附则

第一百零二条　本法下列用语的含义是:

药品,是指用于预防、治疗、诊断人的疾病,有目的地调节人的生理机能并规定有适应症或者功能主治、用法和用量的物质,包括中药材、中药饮片、中成药、化学原料药及其制剂、抗生素、生化药品、放射性药品、血清、疫苗、血液制品和诊断药品等。

辅料,是指生产药品和调配处方时所用的赋形剂和附加剂。

药品生产企业,是指生产药品的专营企业或者兼营企业。

药品经营企业,是指经营药品的专营企业或者兼营企业。

第一百零三条　中药材的种植、采集和饲养的管理办法,由国务院另行制定。

第一百零四条　国家对预防性生物制品的流通实行特殊管理。具体办法由国务院制定。

第一百零五条　中国人民解放军执行本法的具体办法,由国务院、中央军事委员会依据本法制定。

第一百零六条　本法自2001年12月1日起施行。

附录四　中华人民共和国药品管理法实施条例

第一章　总则

第一条　根据《中华人民共和国药品管理法》(以下简称《药品管理法》),制定本条例。

第二条　国务院药品监督管理部门设置国家药品检验机构。

省、自治区、直辖市人民政府药品监督管理部门可以在本行政区域内设置药品检验机构。地方药品检验机构的设置规划由省、自治区、直辖市人民政府药品监督管理部门提出,报省、自治区、直辖市人民政府批准。

国务院和省、自治区、直辖市人民政府的药品监督管理部门可以根据需要,确定符合药品检验条件的检验机构承担药品检验工作。

第二章　药品生产企业管理

第三条　开办药品生产企业,应当按照下列规定办理《药品生产许可证》:

(一)申办人应当向拟办企业所在地省、自治区、直辖市人民政府药品监督管理部门提出申请。省、自治区、直辖市人民政府药品监督管理部门应当自收到申请之日起三十个工作日内,按照国家发布的药品行业发展规划和产业政策进行审查,并做出是否同意筹建的决定。

(二)申办人完成拟办企业筹建后,应当向原审批部门申请验收。原审批部门应当自收到申请之日起三十个工作日内,依据《药品管理法》第八条规定的开办条件组织验收。验收合格的,发给《药品生产许可证》。申办人凭《药品生产许可证》到工商行政管理部门依法办理登记注册。

第四条　药品生产企业变更《药品生产许可证》许可事项的,应当在许可事项发生变更三十日前,向原发证机关申请《药品生产许可证》变更登记;未经批准,不得变更许可事项。原发证机关应当自收到申请之日起十五个工作日内做出决定。申请人凭变更后的《药品生产许可证》到工商行政管理部门依法办理变更登记手续。

第五条　省级以上人民政府药品监督管理部门应当按照《药品生产质量管理规范》和国务院药品监督管理部门规定的实施办法和实施步骤,组织对药品生产企业的认证工作;符合《药品生产质量管理规范》的,发给认证证书。其中,生产注射剂、放射性药品和国务院药品监督管理部门规定的生物制品的药品生产企业的认证工作,由国务院药品监督管理部门负责。

《药品生产质量管理规范》认证证书的格式由国务院药品监督管理部门统一规定。

第六条　新开办药品生产企业、药品生产企业新建药品生产车间或者新增生产剂型的,应当自取得药品生产证明文件或者经批准正式生产之日起三十日内,按照规定向药品监督管理部门申请《药品生产质量管理规范》认证。受理申请的药品监督管理部门应当自收到企业申请之日起六个月内,组织对申请企业是否符合《药品生产质量管理规范》进行认证;认证合格的,发给认证证书。

第七条　国务院药品监督管理部门应当设立《药品生产质量管理规范》认证检查员库。《药品生产质量管理规范》认证检查员必须符合国务院药品监督管理部门规定的条件。进行《药品生产质量管理规范》认证,必须按照国务院药品监督管理部门的规定,从《药品生产质量管理规范》认证检查员库中随机抽取认证检查员组成认证检查组进行认证检查。

第八条　《药品生产许可证》有效期为五年。有效期届满,需要继续生产药品的,持证企业应当在许可证有效期届满前六个月,按照国务院药品监督管理部门的规定申请换发《药品生产许可证》。

药品生产企业终止生产药品或者关闭的,《药品生产许可证》由原发证部门缴销。

第九条　药品生产企业生产药品所使用的原料药,必须具有国务院药品监督管理部门核发的药品批准文号或者进口药品注册证书、医药产品注册证书;但是,未实施批准文号管理的中药材、中药饮片除外。

第十条　依据《药品管理法》第十三条规定,接受委托生产药品的,受托方必须是持有与其受托生产的药品相适应的《药品生产质量管理规范》认证证书的药品生产企业。

疫苗、血液制品和国务院药品监督管理部门规定的其他药品,不得委托生产。

第三章 药品经营企业管理

第十一条 开办药品批发企业,申办人应当向拟办企业所在地省、自治区、直辖市人民政府药品监督管理部门提出申请。省、自治区、直辖市人民政府药品监督管理部门应当自收到申请之日起三十个工作日内,依据国务院药品监督管理部门规定的设置标准作出是否同意筹建的决定。申办人完成拟办企业筹建后,应当向原审批部门申请验收。原审批部门应当自收到申请之日起三十个工作日内,依据《药品管理法》第十五条规定的开办条件组织验收;符合条件的,发给《药品经营许可证》。申办人凭《药品经营许可证》到工商行政管理部门依法办理登记注册。

第十二条 开办药品零售企业,申办人应当向拟办企业所在地设区的市级药品监督管理机构或者省、自治区、直辖市人民政府药品监督管理部门直接设置的县级药品监督管理机构提出申请。受理申请的药品监督管理机构应当自收到申请之日起三十个工作日内,依据国务院药品监督管理部门的规定,结合当地常住人口数量、地域、交通状况和实际需要进行审查,做出是否同意筹建的决定。申办人完成拟办企业筹建后,应当向原审批机构申请验收。原审批机构应当自收到申请之日起十五个工作日内,依据《药品管理法》第十五条规定的开办条件组织验收;符合条件的,发给《药品经营许可证》。申办人凭《药品经营许可证》到工商行政管理部门依法办理登记注册。

第十三条 省、自治区、直辖市人民政府药品监督管理部门负责组织药品经营企业的认证工作。药品经营企业应当按照国务院药品监督管理部门规定的实施办法和实施步骤,通过省、自治区、直辖市人民政府药品监督管理部门组织的《药品经营质量管理规范》的认证,取得认证证书。《药品经营质量管理规范》认证证书的格式由国务院药品监督管理部门统一规定。

新开办药品批发企业和药品零售企业,应当自取得《药品经营许可证》之日起三十日内,向发给其《药品经营许可证》的药品监督管理部门或者药品监督管理机构申请《药品经营质量管理规范》认证。受理药品零售企业认证申请的药品监督管理机构应当自收到申请之日起七个工作日内,将申请移送负责组织药品经营企业认证工作的省、自治区、直辖市人民政府药品监督管理部门。省、自治区、直辖市人民政府药品监督管理部门应当自收到认证申请之日起三个月内,按照国务院药品监督管理部门的规定,组织对申请认证的药品批发企业或者药品零售企业是否符合《药品经营质量管理规范》进行认证。认证合格的,发给认证证书。

第十四条 省、自治区、直辖市人民政府药品监督管理部门应当设立《药品经营质量管理规范》认证检查员库。《药品经营质量管理规范》认证检查员必须符合国务院药品监督管理部门规定的条件。进行《药品经营质量管理规范》认证,必须按照国务院药品监督管理部门的规定,从《药品经营质量管理规范》认证检查员库中随机抽取认证检查员组成认证检查组进行认证检查。

第十五条 国家实行处方药和非处方药分类管理制度。国家根据非处方药品的安全性,将非处方药分为甲类非处方药和乙类非处方药。

经营处方药、甲类非处方药的药品零售企业,应当配备执业药师或者其他依法经资格认定的药学技术人员。经营乙类非处方药的药品零售企业,应当配备经设区的市级药品监督管理机构或者省、自治区、直辖市人民政府药品监督管理部门直接设置的县级药品监督管理机构组织考核合格的业务人员。

第十六条 药品经营企业变更《药品经营许可证》许可事项的,应当在许可事项发生变更三十日前,向原发证机关申请《药品经营许可证》变更登记;未经批准,不得变更许可事项。原发证机关应当自收到企业申请之日起十五个工作日内做出决定。申请人凭变更后的《药品经营许可证》到工商行政管理部门依法办理变更登记手续。

第十七条 《药品经营许可证》有效期为五年。有效期届满,需要继续经营药品的,持证企业应当在许可证有效期届满前六个月,按照国务院药品监督管理部门的规定申请换发《药品经营许可证》。

药品经营企业终止经营药品或者关闭的,《药品经营许可证》由原发证机关缴销。

第十八条 交通不便的边远地区城乡集市贸易市场没有药品零售企业的,当地药品零售企业经所在地县(市)药品监督管理机构批准并到工商行政管理部门办理登记注册后,可以在该城乡集市贸易市场内设点并在批准经营的药品范围内销售非处方药品。

第十九条 通过互联网进行药品交易的药品生产企业、药品经营企业、医疗机构及其交易的药品,必须符合《药品管理法》和本条例的规定。互联网药品交易服务的管理办法,由国务院药品监督管理部门会同国务院有关部门制定。

第四章 医疗机构的药剂管理

第二十条 医疗机构设立制剂室,应当向所在地省、自治区、直辖市人民政府卫生行政部门提出申请,经审核同意后,报同级人民政府药品监督管理部门审批;省、自治区、直辖市人民政府药品监督管理部门验收合格的,予以批准,发给《医疗机构制剂许可证》。

省、自治区、直辖市人民政府卫生行政部门和药品监督管理部门应当在各自收到申请之日起三十个工作日内,做出是否同意或者批准的决定。

第二十一条　医疗机构变更《医疗机构制剂许可证》许可事项的,应当在许可事项发生变更三十日前,依照本条例第二十条的规定向原审核、批准机关申请《医疗机构制剂许可证》变更登记;未经批准,不得变更许可事项。原审核、批准机关应当在各自收到申请之日起十五个工作日内做出决定。

医疗机构新增配制剂型或者改变配制场所的,应当经所在地省、自治区、直辖市人民政府药品监督管理部门验收合格后,依照前款规定办理《医疗机构制剂许可证》变更登记。

第二十二条　《医疗机构制剂许可证》有效期为五年。有效期届满,需要继续配制制剂的,医疗机构应当在许可证有效期届满前六个月,按照国务院药品监督管理部门的规定申请换发《医疗机构制剂许可证》。

医疗机构终止配制制剂或者关闭的,《医疗机构制剂许可证》由原发证机关缴销。

第二十三条　医疗机构配制制剂,必须按照国务院药品监督管理部门的规定报送有关资料和样品,经所在地省、自治区、直辖市人民政府药品监督管理部门批准,并发给制剂批准文号后,方可配制。

第二十四条　医疗机构配制的制剂不得在市场上销售或者变相销售,不得发布医疗机构制剂广告。

发生灾情、疫情、突发事件或者临床急需而市场没有供应时,经国务院或者省、自治区、直辖市人民政府的药品监督管理部门批准,在规定期限内,医疗机构配制的制剂可以在指定的医疗机构之间调剂使用。

国务院药品监督管理部门规定的特殊制剂的调剂使用以及省、自治区、直辖市之间医疗机构制剂的调剂使用,必须经国务院药品监督管理部门批准。

第二十五条　医疗机构审核和调配处方的药剂人员必须是依法经资格认定的药学技术人员。

第二十六条　医疗机构购进药品,必须有真实、完整的药品购进记录。药品购进记录必须注明药品的通用名称、剂型、规格、批号、有效期、生产厂商、供货单位、购货数量、购进价格、购货日期,以及国务院药品监督管理部门规定的其他内容。

第二十七条 医疗机构向患者提供的药品应当与诊疗范围相适应,并凭执业医师或者执业助理医师的处方调配。

计划生育技术服务机构采购和向患者提供药品,其范围应当与经批准的服务范围相一致,并凭执业医师或者执业助理医师的处方调配。

个人设置的门诊部、诊所等医疗机构不得配备常用药品和急救药品以外的其他药品。常用药品和急救药品的范围和品种,由所在地的省、自治区、直辖市人民政府卫生行政部门会同同级人民政府药品监督管理部门规定。

第五章 药品管理

第二十八条 药物非临床安全性评价研究机构必须执行《药物非临床研究质量管理规范》,药物临床试验机构必须执行《药物临床试验质量管理规范》。《药物非临床研究质量管理规范》《药物临床试验质量管理规范》由国务院药品监督管理部门分别同国务院科学技术行政部门和国务院卫生行政部门制定。

第二十九条 药物临床试验、生产药品和进口药品,应当符合《药品管理法》及本条例的规定,经国务院药品监督管理部门审查批准;国务院药品监督管理部门可以委托省、自治区、直辖市人民政府药品监督管理部门对申报药物的研制情况及条件进行审查,对申报资料进行形式审查,并对试制的样品进行检验。具体办法由国务院药品监督管理部门制定。

第三十条 研制新药,需要进行临床试验的,应当依照《药品管理法》第二十九条的规定,经国务院药品监督管理部门批准。

药物临床试验申请经国务院药品监督管理部门批准后,申报人应当在经依法认定的具有药物临床试验资格的机构中选择承担药物临床试验的机构,并将该临床试验机构报国务院药品监督管理部门和国务院卫生行政部门备案。

药物临床试验机构进行药物临床试验,应当事先告知受试者或者其监护人真实情况,并取得其书面同意。

第三十一条 生产已有国家标准的药品,应当按照国务院药品监督管理部门的规定,向省、自治区、直辖市人民政府药品监督管理部门或者国务院药品监督管理部门提出申请,报送有关技术资料并提供相关证明文件。省、自治区、直辖市人民政府药品监督管理部门应当自受理申请之日起三十个工作日内进行审查,提出意见后报送国务院药品监督管理部门审核,并同时将审查意见通知申报方。国务院药品监督管理部门经审核符合规定的,发给药品批准文号。

第三十二条　生产有试行期标准的药品,应当按照国务院药品监督管理部门的规定,在试行期满前三个月,提出转正申请;国务院药品监督管理部门应当自试行期满之日起十二个月内对该试行期标准进行审查,对符合国务院药品监督管理部门规定的转正要求的,转为正式标准;对试行标准期满未按照规定提出转正申请或者原试行标准不符合转正要求的,国务院药品监督管理部门应当撤销该试行标准和依据该试行标准生产药品的批准文号。

第三十三条　变更研制新药、生产药品和进口药品已获批准证明文件及其附件中载明事项的,应当向国务院药品监督管理部门提出补充申请。国务院药品监督管理部门经审核符合规定的,应当予以批准。

第三十四条　国务院药品监督管理部门根据保护公众健康的要求,可以对药品生产企业生产的新药品种设立不超过五年的监测期;在监测期内,不得批准其他企业生产和进口。

第三十五条　国家对获得生产或者销售含有新型化学成分药品许可的生产者或者销售者提交的自行取得且未披露的试验数据和其他数据实施保护,任何人不得对该未披露的试验数据和其他数据进行不正当的商业利用。

自药品生产者或者销售者获得生产、销售新型化学成分药品的许可证明文件之日起六年内,对其他申请人未经已获得许可的申请人同意,使用前款数据申请生产、销售新型化学成分药品许可的,药品监督管理部门不予许可。但是,其他申请人提交自行取得数据的除外。

除下列情形外,药品监督管理部门不得披露本条第一款规定的数据:

(一)公共利益需要;

(二)已采取措施确保该类数据不会被不正当地进行商业利用。

第三十六条　申请进口的药品,应当是在生产国家或者地区获得上市许可的药品;未在生产国家或者地区获得上市许可的,经国务院药品监督管理部门确认该药品品种安全、有效而且临床需要的,可以依照《药品管理法》及本条例的规定批准进口。

进口药品,应当按照国务院药品监督管理部门的规定申请注册。国外企业生产的药品取得《进口药品注册证》,中国香港、澳门和台湾地区企业生产的药品取得《医药产品注册证》后,方可进口。

第三十七条　医疗机构因临床急需进口少量药品的,应当持《医疗机构执业许可证》向国务院药品监督管理部门提出申请;经批准后,方可进口。进口的药品应当在指定医疗机构内用于特定医疗目的。

第三十八条　进口药品到岸后,进口单位应当持《进口药品注册证》或者

《医药产品注册证》以及产地证明原件、购货合同副本、装箱单、运单、货运发票、出厂检验报告书、说明书等材料,向口岸所在地药品监督管理部门备案。口岸所在地药品监督管理部门经审查,提交的材料符合要求的,发给《进口药品通关单》。进口单位凭《进口药品通关单》向海关办理报关验放手续。

口岸所在地药品监督管理部门应当通知药品检验机构对进口药品逐批进行抽查检验;但是,有《药品管理法》第四十一条规定情形的除外。

第三十九条 疫苗类制品、血液制品、用于血源筛查的体外诊断试剂以及国务院药品监督管理部门规定的其他生物制品在销售前或者进口时,应当按照国务院药品监督管理部门的规定进行检验或者审核批准;检验不合格或者未获批准的,不得销售或者进口。

第四十条 国家鼓励培育中药材。对集中规模化栽培养殖、质量可以控制并符合国务院药品监督管理部门规定条件的中药材品种,实行批准文号管理。

第四十一条 国务院药品监督管理部门对已批准生产、销售的药品进行再评价,根据药品再评价结果,可以采取责令修改药品说明书,暂停生产、销售和使用的措施;对不良反应大或者其他原因危害人体健康的药品,应当撤销该药品批准证明文件。

第四十二条 国务院药品监督管理部门核发的药品批准文号、《进口药品注册证》、《医药产品注册证》的有效期为五年。有效期届满,需要继续生产或者进口的,应当在有效期届满前六个月申请再注册。药品再注册时,应当按照国务院药品监督管理部门的规定报送相关资料。有效期届满,未申请再注册或者经审查不符合国务院药品监督管理部门关于再注册的规定的,注销其药品批准文号、《进口药品注册证》或者《医药产品注册证》。

第四十三条 非药品不得在其包装、标签、说明书及有关宣传资料上进行含有预防、治疗、诊断人体疾病等有关内容的宣传;但是,法律、行政法规另有规定的除外。

第六章 药品包装的管理

第四十四条 药品生产企业使用的直接接触药品的包装材料和容器,必须符合药用要求和保障人体健康、安全的标准,并经国务院药品监督管理部门批准注册。

直接接触药品的包装材料和容器的管理办法、产品目录和药用要求与标准,由国务院药品监督管理部门组织制定并公布。

第四十五条 生产中药饮片,应当选用与药品性质相适应的包装材料和容器;包装不符合规定的中药饮片,不得销售。中药饮片包装必须印有或者贴有标签。

中药饮片的标签必须注明品名、规格、产地、生产企业、产品批号、生产日期,实施批准文号管理的中药饮片还必须注明药品批准文号。

第四十六条 药品包装、标签、说明书必须依照《药品管理法》第五十四条和国务院药品监督管理部门的规定印制。

药品商品名称应当符合国务院药品监督管理部门的规定。

第四十七条 医疗机构置制制剂所使用的直接接触药品的包装材料和容器、制剂的标签和说明书应当符合《药品管理法》第六章和本条例的有关规定,并经省、自治区、直辖市人民政府药品监督管理部门批准。

第七章 药品价格和广告的管理

第四十八条 国家对药品价格实行政府定价、政府指导价或者市场调节价。

列入国家基本医疗保险药品目录的药品以及国家基本医疗保险药品目录以外具有垄断性生产、经营的药品,实行政府定价或者政府指导价;对其他药品,实行市场调节价。

第四十九条 依法实行政府定价、政府指导价的药品,由政府价格主管部门依照《药品管理法》第五十五条规定的原则,制定和调整价格;其中,制定和调整药品销售价格时,应当体现对药品社会平均销售费用率、销售利润率和流通差率的控制。具体定价办法由国务院价格主管部门依照《中华人民共和国价格法》(以下简称《价格法》)的有关规定制定。

第五十条 依法实行政府定价和政府指导价的药品价格制定后,由政府价格主管部门依照《价格法》第二十四条的规定,在指定的刊物上公布并明确该价格施行的日期。

第五十一条 实行政府定价和政府指导价的药品价格,政府价格主管部门制定和调整药品价格时,应当组织药学、医学、经济学等方面专家进行评审和论证;必要时,应当听取药品生产企业、药品经营企业、医疗机构、公民,以及其他有关单位及人员的意见。

第五十二条 政府价格主管部门依照《价格法》第二十八条的规定实行药品价格监测时,为掌握、分析药品价格变动和趋势,可以指定部分药品生产企业、药品经营企业和医疗机构作为价格监测定点单位;定点单位应当给予配合、支持,如实提供有关信息资料。

第五十三条 发布药品广告,应当向药品生产企业所在地省、自治区、直辖市人民政府药品监督管理部门报送有关材料。省、自治区、直辖市人民政府药品监督管理部门应当自收到有关材料之日起十个工作日内做出是否核发药品广告批准文号的决定；核发药品广告批准文号的，应当同时报国务院药品监督管理部门备案。具体办法由国务院药品监督管理部门制定。

发布进口药品广告，应当依照前款规定向进口药品代理机构所在地省、自治区、直辖市人民政府药品监督管理部门申请药品广告批准文号。

在药品生产企业所在地和进口药品代理机构所在地以外的省、自治区、直辖市发布药品广告的，发布广告的企业应当在发布前向发布地省、自治区、直辖市人民政府药品监督管理部门备案。接受备案的省、自治区、直辖市人民政府药品监督管理部门发现药品广告批准内容不符合药品广告管理规定的，应当交由原核发部门处理。

第五十四条　经国务院或者省、自治区、直辖市人民政府的药品监督管理部门决定，责令暂停生产、销售和使用的药品，在暂停期间不得发布该品种药品广告；已经发布广告的，必须立即停止。

第五十五条　未经省、自治区、直辖市人民政府药品监督管理部门批准的药品广告，使用伪造、冒用、失效的药品广告批准文号的广告，或者因其他广告违法活动被撤销药品广告批准文号的广告，发布广告的企业、广告经营者、广告发布者必须立即停止该药品广告的发布。

对违法发布药品广告，情节严重的，省、自治区、直辖市人民政府药品监督管理部门可以予以公告。

第八章　药品监督

第五十六条　药品监督管理部门（含省级人民政府药品监督管理部门依法设立的药品监督管理机构，下同）依法对药品的研制、生产、经营、使用实施监督检查。

第五十七条　药品抽样必须由两名以上药品监督检查人员实施，并按照国务院药品监督管理部门的规定进行抽样；被抽检方应当提供抽检样品，不得拒绝。

药品被抽检单位没有正当理由，拒绝抽查检验的，国务院药品监督管理部门和被抽检单位所在地省、自治区、直辖市人民政府药品监督管理部门可以宣布停止该单位拒绝抽检的药品上市销售和使用。

第五十八条　对有掺杂、掺假嫌疑的药品，在国家药品标准规定的检验方法和检验项目不能检验时，药品检验机构可以补充检验方法和检验项目进行药品检验；经国务院药品监督管理部门批准后，使用补充检验方法和检验项目所得出的检验结果,可以作为药品监督管理部门认定药品质量的依据。

第五十九条 国务院和省、自治区、直辖市人民政府的药品监督管理部门应当根据药品质量抽查检验结果,定期发布药品质量公告。药品质量公告应当包括抽验药品的品名、检品来源、生产企业、生产批号、药品规格、检验机构、检验依据、检验结果、不合格项目等内容。药品质量公告不当的,发布部门应当自确认公告不当之日起五日内,在原公告范围内予以更正。

当事人对药品检验机构的检验结果有异议,申请复验的,应当向负责复验的药品检验机构提交书面申请、原药品检验报告书。复验的样品从原药品检验机构留样中抽取。

第六十条 药品监督管理部门依法对有证据证明可能危害人体健康的药品及其有关证据材料采取查封、扣押的行政强制措施的,应当自采取行政强制措施之日起七日内做出是否立案的决定;需要检验的,应当自检验报告书发出之日起十五日内做出是否立案的决定;不符合立案条件的,应当解除行政强制措施;需要暂停销售和使用的,应当由国务院或者省、自治区、直辖市人民政府的药品监督管理部门做出决定。

第六十一条 药品抽查检验,不得收取任何费用。

当事人对药品检验结果有异议,申请复验的,应当按照国务院有关部门或者省、自治区、直辖市人民政府有关部门的规定,向复验机构预先支付药品检验费用。复验结论与原检验结论不一致的,复验检验费用由原药品检验机构承担。

第六十二条 依据《药品管理法》和本条例的规定核发证书、进行药品注册、药品认证和实施药品审批检验及其强制性检验,可以收取费用。具体收费标准由国务院财政部门、国务院价格主管部门制定。

第九章 法律责任

第六十三条 药品生产企业、药品经营企业有下列情形之一的,由药品监督管理部门依照《药品管理法》第七十九条的规定给予处罚:

(一)开办药品生产企业、药品生产企业新建药品生产车间、新增生产剂型,在国务院药品监督管理部门规定的时间内未通过《药品生产质量管理规范》认证,仍进行药品生产的。

(二)开办药品经营企业,在国务院药品监督管理部门规定的时间内未通过《药品经营质量管理规范》认证,仍进行药品经营的。

第六十四条 违反《药品管理法》第十三条的规定,擅自委托或者接受委托生产药品的,对委托方和受托方均依照《药品管理法》第七十四条的规定给予处罚。

第六十五条　未经批准,擅自在城乡集市贸易市场设点销售药品或者在城乡集市贸易市场设点销售的药品超出批准经营的药品范围的,依照《药品管理法》第七十三条的规定给予处罚。

第六十六条　未经批准,医疗机构擅自使用其他医疗机构配制的制剂的,依照《药品管理法》第八十条的规定给予处罚。

第六十七条　个人设置的门诊部、诊所等医疗机构向患者提供的药品超出规定的范围和品种的,依照《药品管理法》第七十三条的规定给予处罚。

第六十八条　医疗机构使用假药、劣药的,依照《药品管理法》第七十四条、第七十五条的规定给予处罚。

第六十九条　违反《药品管理法》第二十九条的规定,擅自进行临床试验的,对承担药物临床试验的机构,依照《药品管理法》第七十九条的规定给予处罚。

第七十条　药品申报者在申报临床试验时,报送虚假研制方法、质量标准、药理及毒理试验结果等有关资料和样品的,国务院药品监督管理部门对该申报药品的临床试验不予批准,对药品申报者给予警告;情节严重的,三年内不受理该药品申报者申报该品种的临床试验申请。

第七十一条　生产没有国家药品标准的中药饮片,不符合省、自治区、直辖市人民政府药品监督管理部门制定的炮制规范的;医疗机构不按照省、自治区、直辖市人民政府药品监督管理部门批准的标准配制制剂的,依照《药品管理法》第七十五条的规定给予处罚。

第七十二条　药品监督管理部门及其工作人员违反规定,泄露生产者、销售者为获得生产、销售含有新型化学成分药品许可而提交的未披露试验数据或者其他数据,造成申请人损失的,由药品监督管理部门依法承担赔偿责任;药品监督管理部门赔偿损失后,应当责令故意或者有重大过失的工作人员承担部分或者全部赔偿费用,并对直接责任人员依法给予行政处分。

第七十三条　药品生产企业、药品经营企业生产、经营的药品及医疗机构配制的制剂,其包装、标签、说明书违反《药品管理法》及本条例规定的,依照《药品管理法》第八十六条的规定给予处罚。

第七十四条　药品生产企业、药品经营企业和医疗机构变更药品生产经营许可事项,应当办理变更登记手续而未办理的,由原发证部门给予警告,责令限期补办变更登记手续;逾期不补办的,宣布其《药品生产许可证》《药品经营许可证》和《医疗机构制剂许可证》无效;仍从事药品生产经营活动的,依照

《药品管理法》第七十三条的规定给予处罚。

第七十五条 违反本条例第四十八条、第四十九条、第五十条、第五十一条、第五十二条关于药品价格管理的规定的，依照《价格法》的有关规定给予处罚。

第七十六条 篡改经批准的药品广告内容的，由药品监督管理部门责令广告主立即停止该药品广告的发布，并由原审批的药品监督管理部门依照《药品管理法》第九十二条的规定给予处罚。

药品监督管理部门撤销药品广告批准文号后，应当自作出行政处理决定之日起五个工作日内通知广告监督管理机关。广告监督管理机关应当自收到药品监督管理部门通知之日起十五个工作日内，依照《中华人民共和国广告法》的有关规定做出行政处理决定。

第七十七条 发布药品广告的企业在药品生产企业所在地或者进口药品代理机构所在地以外的省、自治区、直辖市发布药品广告，未按照规定向发布地省、自治区、直辖市人民政府药品监督管理部门备案的，由发布地的药品监督管理部门责令限期改正；逾期不改正的，停止该药品品种在发布地的广告发布活动。

第七十八条 未经省、自治区、直辖市人民政府药品监督管理部门批准，擅自发布药品广告的，药品监督管理部门发现后，应当通知广告监督管理部门依法查处。

第七十九条 违反《药品管理法》和本条例的规定，有下列行为之一的，由药品监督管理部门在《药品管理法》和本条例规定的处罚幅度内从重处罚：

（一）以麻醉药品、精神药品、医疗用毒性药品、放射性药品冒充其他药品，或者以其他药品冒充上述药品的；

（二）生产、销售以孕产妇、婴幼儿及儿童为主要使用对象的假药、劣药的；

（三）生产、销售的生物制品、血液制品属于假药、劣药的；

（四）生产、销售、使用假药、劣药，造成人员伤害后果的；

（五）生产、销售、使用假药、劣药，经处理后重犯的；

（六）拒绝、逃避监督检查，或者伪造、销毁、隐匿有关证据材料的，或者擅自动用查封、扣押物品的。

第八十条 药品监督管理部门设置的派出机构，有权做出《药品管理法》和本条例规定的警告、罚款、没收违法生产、销售的药品和违法所得的行政处罚。

第八十一条 药品经营企业、医疗机构未违反《药品管理法》和本条例的有关规定,并有充分证据证明其不知道所销售或者使用的药品是假药、劣药的,应当没收其销售或者使用的假药、劣药和违法所得;但是,可以免除其他行政处罚。

第八十二条　依照《药品管理法》和本条例的规定没收的物品,由药品监督管理部门按照规定监督处理。

第十章　附则

第八十三条　本条例下列用语的含义:

药品合格证明和其他标识,是指药品生产批准证明文件、药品检验报告书、药品的包装、标签和说明书。

新药,是指未曾在中国境内上市销售的药品。

处方药,是指凭执业医师和执业助理医师处方方可购买、调配和使用的药品。

非处方药,是指由国务院药品监督管理部门公布的,不需要凭执业医师和执业助理医师处方,消费者可以自行判断、购买和使用的药品。

医疗机构制剂,是指医疗机构根据本单位临床需要经批准而配制、自用的固定处方制剂。

药品认证,是指药品监督管理部门对药品研制、生产、经营、使用单位实施相应质量管理规范进行检查、评价并决定是否发给相应认证证书的过程。

药品经营方式,是指药品批发和药品零售。

药品经营范围,是指经药品监督管理部门核准经营药品的品种类别。

药品批发企业,是指将购进的药品销售给药品生产企业、药品经营企业、医疗机构的药品经营企业。

药品零售企业,是指将购进的药品直接销售给消费者的药品经营企业。

第八十四条　《药品管理法》第四十一条中"首次在中国销售的药品",是指国内或者国外药品生产企业第一次在中国销售的药品,包括不同药品生产企业生产的相同品种。

第八十五条　《药品管理法》第五十九条第二款"禁止药品的生产企业、经营企业或者其代理人以任何名义给予使用其药品的医疗机构的负责人、药品采购人员、医师等有关人员以财物或者其他利益"中的"财物或者其他利益",是指药品的生产企业、经营企业或者其代理人向医疗机构的负责人、药品采购人员、医师等有关人员提供的目的在于影响其药品采购或者药品处方行为的不正当利益。

第八十六条　本条例自2002年9月15日起施行。

附录五　医师、中医师个体开业暂行管理办法

（发布日期1988年11月21日）

【正文】

第一章　总则

第一条　为发挥个体开业医师、中医师的作用，加强对这支队伍的管理，保护人民健康，特制定本办法。

第二条　个体开业医师、中医师依法从事医疗卫生工作，受国家法律保护。个体医疗卫生机构是社会主义公有制卫生事业的补充。

第三条　个体开业医师、中医师必须遵守国家法律、法规、医疗卫生工作制度和技术操作规程。遵守医疗道德规范，坚持文明行医，钻研业务技术，保证医疗卫生工作质量。

第四条　个体开业医师、中医师应贯彻预防为主的方针，承担卫生行政部门规定的初级卫生保健任务。

第五条　鼓励个体开业医师、中医师到缺医少药地区开业；鼓励个体开业医师、中医师自愿组织联合医疗机构。

第六条　个体开业医师、中医师由所在县（市区）卫生行政部门核发开业执照，进行监督管理，并收取管理费。

个体开业医师、中医师须参加当地的卫生工作者协会。

第七条　卫生工作者协会是卫生工作人员的群众组织，受卫生行政部门委托对个体开业医师、中医师进行行业性监督、管理和业务培训。

第二章　开业资格

第八条　凡具有下列资格之一者，可申请个体开业：

一、获得高等医学院校毕业文凭，在国家和集体医疗机构连续从事本专业工作三年以上（牙科、针灸、推拿两年以上），经地、市卫生行政主管部门审核合格者。

二、按卫生部关于卫生技术人员的职称评定和职务聘任制度的规定，取得医师、中医师资格后，在国家和集体医疗机构连续从事本专业工作三年以上（牙科、针灸、推拿两年以上），经地、市卫生行政主管部门审核合格者。

三、通过省、自治区、直辖市卫生行政主管部门统一考试和考核，取得医

师、中医师资格,并在国家承认的医疗机构连续从事本专业工作三年以上(牙科、针灸、推拿两年以上),经地、市卫生行政主管部门审核合格者。

第九条 凡属下列情形之一者,不得申请开业:
一、精神病患者;
二、在执业中犯有严重过错,被撤销医师、中医师资格者;
三、全民所有制和集体所有制卫生机构的在职人员。

第三章 执业管理

第十条 个体开业医师、中医师必须获得开业执照方得开业。

第十一条 凡申请开业的医师、中医师,应向所在县(市区)卫生主管部门交验以下证件与材料:
一、开业申请书;
二、医师、中医师资格证明文件;
三、体格检查表;
四、离休、退休、退职或无业证明;
五、业务用房产权证书或租赁合约;
六、流动资金及医疗仪器设备情况;
七、从事医疗技术工作的辅助人员名单及资格证明文件;
八、组织管理办法及规章制度。

第十二条 个体开业医师、中医师应严格按批准的地点、诊疗科目及业务范围执业,变更地点、诊疗科目、业务范围和诊所名称,应报发照机关批准。到外省、市、县开业者;必须到所到地区卫生行政主管部门申请办理开业执照。

第十三条 个体开业医师、中医师的开业执照由发照机关每年审核校验一次。

第十四条 个体开业医师、中医师启用诊所印章和个人执业名章,应报发照机关备案。

第十五条 个体开业医师、中医师停业须报发照机关批准并交回执照。死亡时,其家属或关系人须在十五日内报发照机关,注销开业执照。逾期未报的,发照机关查实后应立即注销。

第十六条 个体开业医师、中医师诊所设立药柜必须经发照机关审批,其所备用的药品种类也必须经发照机关核准。药柜仅限常见病治疗和急症抢救药品。不得经营麻醉药品、剧毒药品、放射性药品,不得对非就诊病人售药,不得自行加工制剂。对有特殊疗效的配方,由县(区)卫生行政主管部门确认后,指定有条件的医药机构代为加工。代制药品应接受药政部门的监督。

第十七条 个体开业医师、中医师聘用从事医疗技术工作的辅助人员,必须经过专业技术培训并取得合格证书,报发照机关审核批准。不准用非医疗技术人员从事医疗技术工作。

第十八条 个体开业医师、中医师诊所经发照机关审核批准可设置十九张以下病床。

第十九条 个体开业医师、中医师必须做到看病有病历、开药有处方、收费有单据,出具疾病诊断证明和报告书有存根。病历、处方、报告、单据及证明存根应保存3年。

第二十条 个体开业医师、中医师必须按卫生行政主管部门规定作好疫情和疾病报告,并采取防治措施。

第二十一条 个体开业医师、中医师使用的病历、诊疗手册、处方、卡片、报告书、证明书等,由省、自治区、直辖市卫生行政主管部门统一制定。

第二十二条 个体开业医师、中医师的收费标准必须报当地卫生、物价主管部门核准,并张贴公布。

第二十三条 个体开业医师、中医师进行广告宣传,必须报经发照机关核准。其内容只限诊所名称、地址、医师或中医师姓名、技术职称、学衔、专业特长、诊疗科目及诊疗时间,严禁虚夸宣传。

第四章 奖惩

第二十四条 个体开业医师、中医师在防病治病中,做出显著成绩者,应给予表彰、奖励。

第二十五条 个体开业医师、中医师违反本办法,当地卫生主管部门按其情节轻重给予警告、罚款、停业整顿、吊销开业执照处分。以上处分可以并用。

第二十六条 对无照行医者,由当地卫生主管部门取缔,没收其药械并酌情处以罚款。

第五章 附则

第二十七条 本办法实施细则由省、自治区、直辖市卫生主管部门制定。

第二十八条 医士、助产士、护士、口腔技师等中等专业医务人员个体开业的管理办法,由各省、自治区、直辖市卫生行政主管部门制定。中医士及其他中医人员个体开业管理办法由国家中医药管理局制定。

第二十九条 本办法自公布之日起执行。

附录六　中华人民共和国执业医师法

(1998年6月26日第九届全国人民代表大会常务委员会第三次会议通过)

第一章　总　则

第一条　为了加强医师队伍的建设,提高医师的职业道德和业务素质,保障医师的合法权益,保护人民健康,制定本法。

第二条　依法取得执业医师资格或者执业助理医师资格,经注册在医疗、预防、保健机构中执业的专业医务人员,适用本法。

本法所称医师,包括执业医师和执业助理医师。

第三条　医师应当具备良好的职业道德和医疗执业水平,发扬人道主义精神,履行防病治病、救死扶伤、保护人民健康的神圣职责。

全社会应当尊重医师。医师依法履行职责,受法律保护。

第四条　国务院卫生行政部门主管全国的医师工作。

县级以上地方人民政府卫生行政部门负责管理本行政区域内的医师工作。

第五条　国家对在医疗、预防、保健工作中做出贡献的医师,给予奖励。

第六条　医师的医学专业技术职称和医学专业技术职务的评定、聘任,按照国家有关规定办理。

第七条　医师可以依法组织和参加医师协会。

第二章　考试和注册

第八条　国家实行医师资格考试制度。医师资格考试分为执业医师资格考试和执业助理医师资格考试。

医师资格统一考试的办法,由国务院卫生行政部门制定。医师资格考试由省级以上人民政府卫生行政部门组织实施。

第九条　具有下列条件之一的,可以参加执业医师资格考试:

(一)具有高等学校医学专业本科以上学历,在执业医师指导下,在医疗、预防、保健机构中试用期满一年的;

(二)取得执业助理医师执业证书后,具有高等学校医学专科学历,在医疗、预防、保健机构中工作满二年的;具有中等专业学校医学专业学历,在医疗、预防、保健机构中工作满五年的。

第十条 具有高等学校医学专科学历或者中等专业学校医学专业学历,在执业医师指导下,在医疗、预防、保健机构中试用期满一年的,可以参加执业助理医师资格考试。

第十一条 以师承方式学习传统医学满三年或者经多年实践医术确有专长的,经县级以上人民政府卫生行政部门确定的传统医学专业组织或者医疗、预防、保健机构考核合格并推荐,可以参加执业医师资格或者执业助理医师资格考试。考试的内容和办法由国务院卫生行政部门另行制定。

第十二条 医师资格考试成绩合格,取得执业医师资格或者执业助理医师资格。

第十三条 国家实行医师执业注册制度。

取得医师资格的,可以向所在地县级以上人民政府卫生行政部门申请注册。

除有本法第十五条规定的情形外,受理申请的卫生行政部门应当自收到申请之日起三十日内准予注册,并发给由国务院卫生行政部门统一印制的医师执业证书。

医疗、预防、保健机构可以为本机构中的医师集体办理注册手续。

第十四条 医师经注册后,可以在医疗、预防、保健机构中按照注册的执业地点、执业类别、执业范围执业,从事相应的医疗、预防、保健业务。

未经医师注册取得执业证书,不得从事医师执业活动。

第十五条 有下列情形之一的,不予注册:

(一)不具有完全民事行为能力的;

(二)因受刑事处罚,自刑罚执行完毕之日起至申请注册之日止不满二年的;

(三)受吊销医师执业证书行政处罚,自处罚决定之日起至申请注册之日止不满二年的;

(四)有国务院卫生行政部门规定不宜从事医疗、预防、保健业务的其他情形的。

受理申请的卫生行政部门对不符合条件不予注册的,应当自收到申请之日起三十日内书面通知申请人,并说明理由。申请人有异议的,可以自收到通知之日起十五日内,依法申请复议或者向人民法院提起诉讼。

第十六条 医师注册后有下列情形之一的,其所在的医疗、预防、保健机构应当在三十日内报告准予注册的卫生行政部门,卫生行政部门应当注销注

册,收回医师执业证书;

(一)死亡或者被宣告失踪的;

(二)受刑事处罚的;

(三)受吊销医师执业证书行政处罚的;

(四)依照本法第三十一条规定暂停执业活动期满,再次考核仍不合格的。

(五)中止医师执业活动满二年的;

(六)有国务院卫生行政部门规定不宜从事医疗、预防、保健业务的其他情形的。

被注销注册的当事人有异议的,可以自收到注销注册通知之日起十五日内,依法申请复议或者向人民法院提起诉讼。

第十七条 医师变更执业地点、执业类别、执业范围等注册事项的,应当到准予注册的卫生行政部门依照本法第十三条的规定办理变更注册手续。

第十八条 中止医师执业活动二年以上以及有本法第十五条规定情形消失的,申请重新执业,应当由本法第三十一条规定的机构考核合格,并依照本法第十三条的规定重新注册。

第十九条 申请个体行医的执业医师,须经注册后在医疗、预防、保健机构中执业满五年,并按照国家有关规定办理审批手续;未经批准,不得行医。

县级以上地方人民政府卫生行政部门对个体行医的医师,应当按照国务院卫生行政部门的规定,经常监督检查,凡发现有本法第十六条规定的情形的,应当及时注销注册,收回医师执业证书。

第二十条 县级以上地方人民政府卫生行政部门应当将准予注册和注销注册的人员名单予以公告,并由省级人民政府卫生行政部门汇总,报国务院卫生行政部门备案。

第三章 执业规则

第二十一条 医师在执业活动中享有下列权利:

(一)在注册的执业范围内,进行医学诊查、疾病调查、医学处置、出具相应的医学证明文件,选择合理的医疗、预防、保健方案;

(二)按照国务院卫生行政部门规定的标准,获得与本人执业活动相当的医疗设备基本条件;

(三)从事医学研究、学术交流,参加专业学术团体;

(四)参加专业培训,接受继续医学教育;

(五)在执业活动中,人格尊严、人身安全不受侵犯;

（六）获取工资报酬和津贴，享受国家规定的福利待遇；

（七）对所在机构的医疗、预防、保健工作和卫生行政部门的工作提出意见和建议，依法参与所在机构的民主管理。

第二十二条　医师在执业活动中履行下列义务：

（一）遵守法律、法规，遵守技术操作规范；

（二）树立敬业精神，遵守职业道德，履行医师职责，尽职尽责为患者服务；

（三）关心、爱护、尊重患者，保护患者的隐私；

（四）努力钻研业务，更新知识，提高专业技术水平；

（五）宣传卫生保健知识，对患者进行健康教育。

第二十三条　医师实施医疗、预防、保健措施，签署有关医学证明文件，必须亲自诊查、调查，并按照规定及时填写医学文书，不得隐匿、伪造或者销毁医学文书及有关资料。

医师不得出具与自己执业范围无关或者与执业类别不相符的医学证明文件。

第二十四条　对急危患者，医师应当采取紧急措施进行诊治；不得拒绝急救处置。

第二十五条　医师应当使用经国家有关部门批准使用的药品、消毒药剂和医疗器械。

除正当诊断治疗外，不得使用麻醉药品、医疗用毒性药品、精神药品和放射性药品。

第二十六条　医师应当如实向患者或者其家属介绍病情，但应注意避免对患者产生不利后果。

医师进行实验性临床医疗，应当经医院批准并征得患者本人或者其家属同意。

第二十七条　医师不得利用职务之便，索取、非法收受患者财物或者牟取其他不正当利益。

第二十八条　遇有自然灾害、传染病流行、突发重大伤亡事故及其他严重威胁人民生命健康的紧急情况时，医师应当服从县级以上人民政府卫生行政部门的调遣。

第二十九条　医师发生医疗事故或者发现传染病疫情时，应当按照有关规定及时向所在机构或者卫生行政部门报告。

医师发现患者涉嫌伤害事件或者非正常死亡时，应当按照有关规定向有关部门报告。

第三十条 执业助理医师应当在执业医师的指导下,在医疗、预防、保健机构中按照其执业类别执业。

在乡、民族乡、镇的医疗、预防、保健机构中工作的执业助理医师,可以根据医疗诊治的情况和需要,独立从事一般的执业活动。

第四章 考核和培训

第三十一条 受县级以上人民政府卫生行政部门委托的机构或者组织应当按照医师执业标准,对医师的业务水平、工作成绩和职业道德状况进行定期考核。

对医师的考核结果,考核机构应当报告准予注册的卫生行政部门备案。

对考核不合格的医师,县级以上人民政府卫生行政部门可以责令其暂停执业活动三个月至六个月,并接受培训和继续医学教育。暂停执业活动期满,再次进行考核,对考核合格的,允许其继续执业;对考核不合格的,由县级以上人民政府卫生行政部门注销注册,收回医师执业证书。

第三十二条 县级以上人民政府卫生行政部门负责指导、检查和监督医师考核工作。

第三十三条 医师有下列情形之一的,县级以上人民政府卫生行政部门应当给予表彰或者奖励:

(一)在执业活动中,医德高尚,事迹突出的;

(二)对医学专业技术有重大突破,做出显著贡献的;

(三)遇有自然灾害、传染病流行、突发重大伤亡事故及其他严重威胁人民生命健康的紧急情况时,救死扶伤、抢救诊疗表现突出的;

(四)长期在边远贫困地区、少数民族地区条件艰苦的基层单位努力工作的;

(五)国务院卫生行政部门规定应当予以表彰或者奖励的其他情形的。

第三十四条 县级以上人民政府卫生行政部门应当制定医师培训计划,对医师进行多种形式的培训,为医师接受继续医学教育提供条件。

县级以上人民政府卫生行政部门应当采取有力措施,对在农村和少数民族地区从事医疗、预防、保健业务的医务人员实施培训。

第三十五条 医疗、预防、保健机构应当依照规定和计划保证本机构医师的培训和继续医学教育。

县级以上人民政府卫生行政部门委托的承担医师考核任务的医疗卫生机

构,应当为医师的培训和接受继续医学教育提供和创造条件。

第五章 法律责任

第三十六条 以不正当手段取得医师执业证书的,由发给证书的卫生行政部门予以吊销;对负有直接责任的主管人员和其他直接责任人员,依法给予行政处分。

第三十七条 医师在执业活动中,违反本法规定,有下列行为之一的,由县级以上人民政府卫生行政部门给予警告或者责令暂停六个月以上一年以下执业活动;情节严重的,吊销其执业证书;构成犯罪的,依法追究刑事责任:

(一)违反卫生行政规章制度或者技术操作规范,造成严重后果的;

(二)由于不负责任延误急危患者的抢救和诊治,造成严重后果的;

(三)造成医疗责任事故的;

(四)未经亲自诊查、调查,签署诊断、治疗、流行病学等证明文件或者有关出生、死亡等证明文件的;

(五)隐匿、伪造或者擅自销毁医学文书及有关资料的;

(六)使用未经批准使用的药品、消毒药剂和医疗器械的;

(七)不按照规定使用麻醉药品、医疗用毒性药品、精神药品和放射性药品的;

(八)未经患者或者其家属同意,对患者进行实验性临床医疗的;

(九)泄露患者隐私,造成严重后果的;

(十)利用职务之便,索取、非法收受患者财物或者牟取其他不正当利益的;

(十一)发生自然灾害、传染病流行、突发重大伤亡事故以及其他严重威胁人民生命健康的紧急情况时,不服从卫生行政部门调遣的;

(十二)发生医疗事故或者发现传染病疫情,患者涉嫌伤害事件或者非正常死亡,不按照规定报告的。

第三十八条 医师在医疗、预防、保健工作中造成事故的,依照法律或者国家有关规定处理。

第三十九条 未经批准擅自开办医疗机构行医或者非医师行医的,由县级以上人民政府卫生行政部门予以取缔,没收其违法所得及其药品、器械,并处十万元以下的罚款;对医师吊销其执业证书;给患者造成损害的,依法承担赔偿责任;构成犯罪的,依法追究刑事责任。

第四十条 阻碍医师依法执业,侮辱、诽谤、威胁、殴打医师或者侵犯医师人身自由、干扰医师正常工作、生活的,依照治安管理处罚条例的规定处罚;构成犯罪的,依法追究刑事责任。

第四十一条　医疗、预防、保健机构未依照本法第十六条的规定履行报告职责,导致严重后果的,由县级以上人民政府卫生行政部门给予警告;并对该机构的行政负责人依法给予行政处分。

第四十二条　卫生行政部门工作人员或者医疗、预防、保健机构工作人员违反本法有关规定,弄虚作假、玩忽职守、滥用职权、徇私舞弊,尚不构成犯罪的,依法给予行政处分;构成犯罪的,依法追究刑事责任。

第六章　附　则

第四十三条　本法颁布之日前按照国家有关规定取得医学专业技术职称和医学专业技术职务的人员,由所在机构报请县级以上人民政府卫生行政部门认定,取得相应的医师资格。其中在医疗、预防、保健机构中从事医疗、预防、保健业务的医务人员,依照本法规定的条件,由所在机构集体核报县级以上人民政府卫生行政部门,予以注册并发给医师执业证书。具体办法由国务院卫生行政部门会同国务院人事行政部门制定。

第四十四条　计划生育技术服务机构中的医师,适用本法。

第四十五条　在乡村医疗卫生机构中向村民提供预防、保健和一般医疗服务的乡村医生,符合本法有关规定的,可以依法取得执业医师资格或者执业助理医师资格;不具备本法规定的执业医师资格或者执业助理医师资格的乡村医生,由国务院另行制定管理办法。

第四十六条　军队医师执行本法的实施办法,由国务院、中央军事委员会依据本法的原则制定。

第四十七条　境外人员在中国境内申请医师考试、注册、执业或者从事临床示教、临床研究等活动的,按照国家有关规定办理。

第四十八条　本法自1999年5月1日起施行。

附录七　中华人民共和国护士法

第一章　总　则

第一条　为加强护士管理,提高护理质量,保障医疗和护理安全,保护护士的合法权益,制定本办法。

第二条　本办法所称护士系指按本办法规定取得《中华人民共和国护士

执业证书》并经过注册的护理专业技术人员。

第三条　国家发展护理事业,促进护理学科的发展,加强护士队伍建设,重视和发挥护士在医疗、预防、保健和康复工作中的作用。

第四条　护士的执业权利受法律保护。护士的劳动受全社会的尊重。

第五条　各省、自治区、直辖市卫生行政部门负责护士的监督管理。

第二章　考　试

第六条　凡申请护士执业者必须通过卫生部统一执业考试,取得《中华人民共和国护士执业证书》。

第七条　获得高等医学院校护理专业专科以上毕业文凭者,以及获得经省级以上卫生行政部门确认免考资格的普通中等卫生(护士)学校护理专业毕业文凭者,可以免于护士执业考试。

获得其他普通中等卫生(护士)学校护理专业毕业文凭者,可以申请护士执业考试。

第八条　护士执业考试每年举行一次。

第九条　护士执业考试的具体办法另行制定。

第十条　符合本办法第七条规定以及护士执业考试合格者,由省、自治区、直辖市卫生行政部门发给《中华人民共和国护士执业证书》。

第十一条　《中华人民共和国护士执业证书》由卫生部监制。

第三章　注　册

第十二条　获得《中华人民共和国护士执业证书》者,方可申请护士执业注册。

第十三条　护士注册机关为执业所在地的县级卫生行政部门。

第十四条　申请首次护士注册必须填写《护士注册申请表》,缴纳注册费,并向注册机关缴验:

(一)《中华人民共和国护士执业证书》;

(二)身份证明;

(三)健康检查证明;

(四)省级卫生行政部门规定提交的其他证明。

第十五条　注册机关在受理注册申请后,应当在三十日内完成审核,审核合格的,予以注册;审核不合格的,应当书面通知申请者。

第十六条　护士注册的有效期为二年。

护士连续注册,在前一注册期满前六十日,对《中华人民共和国护士执业证书》进行个人或集体校验注册。

第十七条 中断注册五年以上者,必须按省、自治区、直辖市卫生行政部门的规定参加临床实践三个月,并向注册机关提交有关证明,方可办理再次注册。

第十八条 有下列情形之一的,不予注册:

(一)服刑期间;

(二)因健康原因不能或不宜执行护理业务;

(三)违反本办法被中止或取消注册;

(四)其他不宜从事护士工作的。

第四章 执 业

第十九条 未经护士执业注册者不得从事护士工作。

护理专业在校生或毕业生进行专业实习,以及按本办法第十八条规定进行临床实践的,必须按照卫生部的有关规定在护士的指导下进行。

第二十条 护理员只能在护士的指导下从事临床生活护理工作。

第二十一条 护士在执业中应当正确执行医嘱,观察病人的身心状态,对病人进行科学的护理。遇紧急情况应及时通知医生并配合抢救,医生不在场时,护士应当采取力所能及的急救措施。

第二十二条 护士有承担预防保健工作、宣传防病治病知识、进行康复指导、开展健康教育、提供卫生咨询的义务。

第二十三条 护士执业必须遵守职业道德和医疗护理工作的规章制度及技术规范。

第二十四条 护士在执业中得悉就医者的隐私,不得泄露,但法律另有规定的除外。

第二十五条 遇有自然灾害、传染病流行、突发重大伤亡事故及其他严重威胁人群生命健康的紧急情况,护士必须服从卫生行政部门的调遣,参加医疗救护和预防保健工作。

第二十六条 护士依法履行职责的权利受法律保护,任何单位和个人不得侵犯。

第五章 罚 则

第二十七条 违反本办法第十九条规定,未经护士执业注册从事护士工作的,由卫生行政部门予以取缔。

第二十八条 非法取得《中华人民共和国护士执业证书》的,由卫生行政部门予以缴销。

第二十九条 护士执业违反医疗护理规章制度及技术规范的,由卫生行政部门视情节予以警告、责令改正、中止注册直至取消其注册。

第三十条 违反本办法第二十六条规定,非法阻挠护士依法执业或侵犯护士人身权利的,由护士所在单位提请公安机关予以治安行政处罚;情节严重,触犯刑律的,提交司法机关依法追究刑事责任。

第三十一条 违反本办法其他规定的,由卫生行政部门视情节予以警告、责令改正、中止注册直至取消其注册。

第三十二条 当事人对行政处理决定不服的,可以依照国家法律、法规的规定申请行政复议或者提起行政诉讼。当事人对行政处理决定不履行又未在法定期限内申请复议或提起诉讼的,卫生行政部门可以申请人民法院强制执行。

第六章 附 则

第三十三条 本办法实施前已经取得护士以上技术职称者,经省、自治区、直辖市卫生行政部门审核合格,发给《中华人民共和国护士执业证书》,并准许按本办法的规定办理护士执业注册。

本办法实施前从事护士工作但未取得护士职称者的执业证书颁发办法,由省、自治区、直辖市卫生行政部门根据本地区的实际情况和当事人实际水平做出具体规定。

第三十四条 境外人员申请在中华人民共和国境内从事护士工作的,必须依本办法的规定通过执业考试,取得《中华人民共和国护士执业证书》并办理注册。

第三十五条 护士申请开业及成立护理服务机构,由县级以上卫生行政部门比照医疗机构管理的有关规定审批。

第三十六条 本办法的解释权在卫生部。

第三十七条 本办法的实施细则由省、自治区、直辖市制定。

第三十八条 本办法自1994年1月1日起施行。

参考文献

[1] 吴国平,陈健尔.大学生就业与创业指导[M].北京:人民军医出版社,2008.

[2] 史梅.找对出路:大学生就业与创业指导[M].北京:高等教育出版社,2010.

[3] 邢铁申,涂凌智.医学生职业指导教程[M].西安:世界图书出版西安公司,2010.

[4] 阎德才,崔万立.大学生自主创业指南[M].郑州:大象出版社,2009.

[5] 魏志健.高校毕业生就业模式创新与三位一体创业工作指导手册[M].北京:中国教育出版社,2010.

[6] 刘延刚,彭荔,刘振忠.大学生职业发展与就业创业指导[M].天津:南开大学出版社,2010.

[7] 高校教材委员会.大学生就业指导[M].长春:吉林大学出版社,2005.

[8] 唐俊琪,段西涛.大学生就业指导——就业与创业[M].北京:光明日报出版社,2007.

[9] 张长保,路正社,孙全学.祝你飞翔:当代大学生就业指导手册[M].西安:陕西师范大学出版总社有限公司,2010.

[10] 代凤兰,官素琼.创业就业指导[M].北京:科学出版社,2008.

[11] 温树田.就业与创业指导[M].北京:人民卫生出版社,2003.

[12] 邱小林.大学生就业与创业指导[M].大连:大理工大学出版社,2007.

[13] 张天桥,侯全生,李朝辉.大学生创业第一步[M].北京:清华大学出版社,2008.

[14] 刘红梅.大学生创新培养研究[M].上海:上海财经大学出版社,2008.

[15] 北京高校毕业生就业指导中心.大学生就业指导理论与实践[M].北京:中国财政经济出版社,2004.

[16] 杨贵琦,耿庆义.医德要览[M].西安:陕西人民出版社,2010.

[17] 董文强,潭初春.大学生就业指导[M].西安:西北工业大学出版社,2007.